ALS GOD

ZWIJGT...

Over de stilte van onbeantwoord gebed

PETE GREIG

insideout publishers

Als je pijn lijdt en je heimelijk afvraagt, ‘Waar is God?’ en ‘Waarom overkomt mij dit?’ en ‘Hoe komt het dat mijn gebed niet werkt?’ dan draag ik dit boek aan je op...

... en aan Samie

ALS GOD

ZWIJGT...

Over de stilte van onbeantwoord gebed

PETE GREIG

insideout
publishers

Inside Out Publishers
Postbus 2573
3800 GC Amersfoort

t. 033 – 455 92 42
f. 033 – 455 92 52
www.insideoutpublishers.nl

Als God zwijgt...

Deze uitgave is oorsponkelijk verschenen onder de titel *God on mute*
bij David C Cook, Lee Vande View, Colorado Springs, USA

Auteur: Pete Greig
Vertaling:InTune
Omslagontwerp: Pankra
Redactie: Maneno tekstredactie
Eindredactie: Anri van Toor

Bijbelcitaten afkomstig uit de Nieuwe Bijbel vertaling, tenzij anders
aangegeven

ISBN 13 978 90 77992 30 2
NUR 707

1e druk

Ani Ma'amin

אני מאמין בשמש אפילו שאינה זורחת

אני מאמין באהבה אפילו כשאני לבד

אני מאמין באלוהים אפילו כשהוא שותק

Ik geloof in de zon, zelfs wanneer hij niet schijnt
Ik geloof in liefde, zelfs wanneer ik alleen ben
Ik geloof in God, zelfs wanneer Hij zwijgt

(Muurschrift, gevonden in 1945 in een kelder in Keulen, Duitsland, waar vermoedelijk een Joodse gelovige zich verborgen hield voor de Gestapo.

Opmerking van de auteur over de gebruikte termen

Veel van de namen die in dit boek voorkomen zijn uit privacyoverwegingen veranderd. Ik heb ook mijn best gedaan een inclusief taalgebruik te hanteren. Het heeft bijvoorbeeld mijn voorkeur om aan het Oude Testament te refereren als het Hebreeuwse Testament uit respect voor onze Joodse voorouders die het in eerste instantie ontvingen. Ik heb er wel voor gekozen om de traditionele mannelijke voornaamwoorden te gebruiken voor God, hoewel ik erken dat mannen en vrouwen samen het karakter van hun Schepper weerspiegelen en dat we dat in dezelfde mate doen (Gen. 1:27).

Over de auteur

Pete Greig is een auteur, gemeentestichter en een van de oprichters van 24-7prayer, een Britse stichting die onverwacht van een enkele dag-en-nachtgebedsruimte uitgroeide tot een internationale, oecumenische christelijke gemeenschap die zich richt op gebed, zending en gerechtigheid. Dankzij hun vernieuwende benadering van spiritualiteit en cultuur heeft 24-7prayer de aandacht weten te trekken van kranten en magazines, waaronder Rolling Stone en Reader's Digest, en heeft het Britse Channel 4 een zeer gewaardeerde tv-documentaire over hen gemaakt. Pete werd door het magazine Relevant uitgeroepen tot een van de top 50 'revolutionaire leiders' van zijn generatie. Hij is een populaire spreker en schrijver wiens boeken, waaronder Red Moon Rising en The Vision and the Vow, in meerdere talen zijn vertaald.
Pete is getrouwd met Samie en ze hebben twee kinderen. Ze wonen in Guildford waar ze gastvrijheid in de praktijk proberen te brengen en deel zijn van zendingsgemeenschap The Guildford Boiler Room (www.guildfordboilerroom.com).

Over de kunstenaar

Linnea Spransy is een kunstenares die verbonden is aan de 24-7 Boiler Room in Kansas City, Missouri, waar ze kunst creëert in de context van gebed. Ze heeft een MFA programma in Yale gevolgd en ze heeft al een aantal exposities op haar naam staan, waaronder één in de Christine Wang Gallery in New York en één in Kunming, China. Kijk een s op haar website: www.linneagabriella.com.

Inhoud

Voorwoord

Bidden is zo'n beetje het belangrijkste en het mooiste in de relatie met God. Wij geloven in een God die met ons in gesprek is, die naar ons luistert, die Zich met ons leven bemoeit. God spreekt en wij kunnen en mogen terugpraten, reageren, vragen stellen. Wij spreken tot God en God belooft dat Hij ons hoort en daarop reageert. Daarom is bidden zo mooi.

Maar wat moet je als God niet reageert? Wat moet je als kind van de hemelse Vader als je Vader niet ingrijpt, niet lijkt te luisteren, de lastigste situaties gewoon laat voortbestaan? Iedereen die bidt, kent deze ervaring. Je vraagt vol vertrouwen of je smeekt wanhopig, maar er verandert niets. Waarom niet? Waarom reageert God niet? Die ervaring hakt er vaak diep. Want het is niet alleen het gevoel dat God je gebed afwijst, het voelt alsof God jou afwijst. Onverhoorde gebeden doen daarom iets met je relatie met God, brengen alles tussen Hem en jou aan het wankelen.

Als gelovige heb ik dit ook regelmatig meegemaakt. Je bidt, je smeekt, je pleit bij God, maar Hij antwoordt niet, grijpt niet in. In die perioden heb ik me echt door God afgewezen gevoeld en dat was zo ingrijpend, zo eenzaam. Ook als pastor heb ik 20 jaar lang met mensen gebeden, in hun bijzijn God gesmeekt. Soms gebeurden er wonderen, genezingen, herstel van relaties, prachtig ingrijpen van God. Vaak gebeurde er niets, liep het slecht af. Het overlijden van twee jonge kinderen kort na elkaar na een kort ziekbed was een absoluut dieptepunt in m'n leven met God. De ouders en de familie klampen zich aan je vast: 'Bidden dominee, bidden, dan gaat God iets doen. Ik heb me letterlijk schor gebeden in dat ziekenhuis aan de bedden van die kinderen. Maar ze stierven beiden onder m'n gevouwen handen.' Naast de wanhoop van de ouders ervaarde ik ook een andere wanhoop: God luistert niet naar me, werkt niet door mij heen. Het voelde als een afwijzing van mij als gelovige en als dienaar van de Heere. Een lange worsteling met het bidden en met God volgde.

Vanuit de Bijbel valt er van alles over onverhoorde gebeden te zeggen, maar als je ermee te maken hebt, werken de bekende antwoorden niet. Die komen meestal te snel en te makkelijk en klinken te gepolijst.

Daarom ben ik zo dankbaar voor dit boek. Pete Greig leidt een wereldwijde gebedsbeweging, maar als z'n jonge vrouw Samie op een nacht ernstig ziek blijkt en God z'n smeken niet verhoort, zakt ook hij door alle zekerheden en waarheden heen. Dan begint ook voor hem een intensieve zoektocht, die in dit boek heel persoonlijk beschreven wordt. Het is een boek dat de echte en lastige vragen durft te verwoorden. Daarmee is het een pijnlijk boek, je voelt zijn wanhoop en herkent daar iets van. Maar het is ook een gelovig boek, de hartenkreet van een kind op zoek naar z'n Vader die niet op zijn bidden lijkt te reageren. Hij is in staat om dit thema te beschrijven met een lach en een traan.

In de zoektocht naar het omgaan met onverhoorde gebeden volgt Pete Greig de biddende Jezus in Getsemane en aan het kruis. Op Witte Donderdag bidt Jezus in Getsemane: 'Mag deze drinkbeker aan Mij voorbijgaan?' en Pete herkent die vraag: Hoe kom ik hier doorheen? Op Goede Vrijdag roept Jezus vanaf het kruis:' Mijn God, mijn God, waarom hebt U mij verlaten?' en Pete vraagt zich af: Waarom worden mijn gebeden niet beantwoord? Op Stille Zaterdag ligt Jezus in het graf en Pete vraagt zich af: Waar is God als de hemel stil blijft? Samen met Pete worstelen we met God en met mogelijke antwoorden op de vragen die zo herkenbaar zijn. Maar de zoektocht stopt niet op Stille Zaterdag. Ook in dit boek wordt het Paaszondag en belijdt Pete na al zijn zoeken en tasten dat onze gebeden echt beantwoord zullen worden.

Het boek eindigt met een nawoord van z'n vrouw Samie, geen makkelijk happy end, maar een diep doorleefde afhankelijkheid van de hemelse Vader die je niet altijd begrijpt, maar wiens liefde je in alles mag leren kennen.

Dit boek had ik graag jaren eerder gehad, voor mijzelf en voor de velen met wie ik heb gebeden.

Ds. Ron van der Spoel
Amersfoort, november 2014

Introductie

Hoe ik een krachtige bediening onder basketballers ontwikkelde dankzij mijn ongelofelijk domme vriend

Als je diepste, meest wanhopige gebeden niet worden beantwoord, als het leven soms zo'n pijn doet dat je je stiekem afvraagt of God wel bestaat, en als Hij bestaat, of Hij om je geeft, en als Hij om je geeft, waarom Hij in vredesnaam dan niet gewoon iets *doet* om je te helpen, dan ben je niet de enige.

Verrassend genoeg laat de Bijbel zien dat Jezus – zelfs Jezus – leed onder de stilte van onbeantwoord gebed. Degene die water in wijn veranderde, die zieken genas en zelfs de doden opwekte, werd ook afgewezen en schijnbaar verlaten door de Vader. Sterker nog, op basis van wat we kunnen afleiden uit de vier evangeliën, lijken de onbeantwoorde gebeden van Christus zich te concentreren op de tijd waarin zijn nood het grootst was: de vier dagen van zijn lijden.

Op *Witte Donderdag* vroeg Jezus aan zijn Vader Hem het lijden te besparen, maar uit elk kruisbeeld spreekt de doodsangst van dat onverhoorde gebed. Eerder die dag had Jezus meerdere malen voor eenheid onder christenen gebeden. Maar kijk om je heen! Tragisch genoeg blijft, om welke reden dan ook, dat cruciale gebed onverhoord.

Op *Goede Vrijdag* zijn we getuige van een derde gebed dat niet wordt beantwoord. Genageld aan een kruis, langzaam stikkend, schreeuwde de Zoon het uit naar de Vader met een vraag waar je het koud van krijgt: 'Mijn God,' riep Hij terwijl Hij naar adem snakte, 'Mijn God, waarom heeft u mij verlaten?' Er kwam geen antwoord op het 'waarom'. Geen duif die neerdaalde. Geen donderende stem. Geen antwoord dat aantoonde dat de vraag onterecht was.

Op *Stille Zaterdag* lagen de hoop en de gebeden van elke discipel kapotgeslagen en gebroken in het graf. Maar God deed niets. Zei niets. Geen ander geluid dan het gezoem van vliegen rondom het lijk van de Zoon.

En toen, op *Paaszondag*, verbrak God de stilte. Hij werd wakker. Hij sprak. En aan hen die – hoe aarzelend ook – wandelen in Jezus' voetstappen van Getsemane en Golgota naar het graf, biedt Paaszondag een niet te onderdrukken hoop. Dat ene ultieme wonder – de opstanding van de Zoon van God uit de dood – verzekert ons ervan dat begraven dromen en uiteengeslagen hoop uiteindelijk zullen worden opgenomen, uit de dood zullen opstaan, in een realiteit die veel groter is dan we ons nu kunnen voorstellen.

Meer gebed dan seks

Toen ik mijn vriend Mike vroeg of ik zijn belevenissen rondom onbeantwoord gebed in dit boek mocht vertellen, lachte hij laconiek. Hij vertelde dat hij liever een vermelding kreeg in de *Forbes Rich List*. 'Het was niet bepaald mijn jeugddroom om te dienen als voorbeeld voor onverhoord gebed,' grapte hij. Ik snap hoe hij zich voelt. Hoe vastberaden we ook bidden voor een goede gezondheid, rijkdom en een fijne thuissituatie, ergens gaat het leven een keer de verkeerde kant uit.

Uiteindelijk worden we allemaal een keer gekaapt.

Het ene moment vlieg je van A naar B op 10 kilometer hoogte, friemelend aan je koptelefoon en genietend van het leven. Het volgende ogenblik ben je banger dan ooit, bevind je je in een situatie waarvoor je altijd bad dat je er nooit in zou belanden, vliegend in de richting van een plaats waar je liever niet wilde zijn. Deze angst kent vele verschijningsvormen: een plotseling trauma, een langdurige ziekte, het verlies van een geliefde, de dood van een droom.

Michael Stipe, de zanger van R.E.M., heeft gelijk. *Everybody hurts sometimes*. Iedereen heeft wel eens pijn.

En als we pijn lijden, gaan de meesten van ons bidden. Veel meer mensen dan je denkt. Veel meer mensen dan dat er naar de kerk gaan. De jonge vrouw bij de kassa die hoopt dat ze niet zwanger is, de zakenman die zijn verkoopcijfers bekijkt, de tiener die bloemen langs de kant van de weg legt. De koningin doet het, voetbalfans doen het, priesters, professoren en chirurgen doen het, evenals terroristen. Zelfs atheïsten vervallen er af en toe in. Er zijn meer Amerikanen die zeggen elke week te bidden dan Amerikanen die zeggen elke week te werken, te sporten of seks te hebben. Ik las in het prachtige boek *God verstaan* van Dallas Willard een citaat – maar vind het moeilijk te geloven – dat maar liefst 20 procent van de atheïsten en agnosten schoorvoetend toegeeft dat ze *dagelijks* bidden! Er wordt dus nogal wat afgebeden. 'Het is voor ons niet mogelijk te zeggen, ik zal bidden of ik zal niet bidden, alsof het erom gaat dat we er onszelf een plezier mee doen,' observeerde de grote theoloog Karl Barth. Gebed is volgens hem 'een noodzaak, zoals ademen noodzakelijk is om te leven.'[1]

Maar de kille waarheid is dat, hoewel de meesten van ons bidden, gebed niet altijd lijkt te werken en het is niet makkelijk om daar eerlijk over te zijn.

Op de universiteit kende ik een jongen die Captain Scarlet werd genoemd (naar een hoofdrolspeler in de cult-poppenserie op TV, *Captain Scarlet and the Mysterons*). Iedereen mocht Captain Scarlet omdat hij een beetje geflipt was en heel erg enthousiast kon zijn over dingen waar niemand anders over wilde nadenken. Hij was christen en combineerde dit met heel erg positief zijn over positief denken. Hij geloofde een tijdlang dat het Gods wil is dat iedereen op aarde, met name studenten en Afrikanen, superrijk, voor eeuwig gezond en net zo verslaafd aan cassettebandjes met Kenneth Copeland preken zou zijn als hij. En laten we wel zijn, dit klinkt beter dan platzak, depressief en fan van Marilyn Manson zijn.

De Captain was de enige 19-jarige die ik ooit ben tegengekomen die televisiedominees als rolmodellen beschouwde. Voor de Captain was Jezus koning kassa!

Afijn, op een keer vertelde hij me dat hij genezen was van een serieus en pijnlijk rugprobleem. Hij voegde er in alle ernst aan toe: 'Ik raak alleen de symptomen maar niet kwijt.' Serieus. Ik was zo perplex, dat ik alleen maar 'Wow!' kon uitbrengen en hem omhelzen, wat gezien zijn klachten een slecht idee bleek te zijn...

Ik ben het nog steeds niet eens met Captain Scarlets zienswijze. Het kan volgens mij zelfs gevaarlijk zijn om zo'n vertrouwen in geloof te hebben dat we de feiten negeren en ons gezonde verstand buitenspel zetten. Maar toch ben ik geen cynicus. Ik geloof in Gods grootheid en goedheid en probeer al bijna mijn hele leven om anderen te helpen om dat ook in te zien. Misschien dat ik het daarom, net als Captain Scarlet, moeilijk vind om mijn teleurstellingen en frustraties over gebed erkennen. Het is makkelijker om blijde boodschappen van grote vreugde de mensheid bekend te maken.

Ik ben ervan overtuigd dat grotere en kleinere wonderen vaker gebeuren dan mensen zich realiseren en dat als we er één meemaken, we het van de daken zouden moeten schreeuwen. Maar laten we ook eerlijk zijn over de realiteit van onbeantwoord gebed, zodat we er intelligent over kunnen nadenken en we de diepe vragen van ons leven met gevoel kunnen benaderen.

Glorieuze verhalen

Een paar jaar geleden zag een van mijn vrienden (met een ietwat verknipt gevoel voor humor) het als zijn taak om een nepbrief te schrijven aan een bekende christelijke leider. Er stond in dat ik een heel basketbalteam had overgehaald om zich te bekeren. Om het creatief helemaal af te maken, had hij eraan toegevoegd dat het team de slogan *'Jumpin' for Jesus'* op hun korte broeken had laten zetten. Met het schaamrood op mijn kaken belde ik de leider op om uit te leggen dat het allemaal een grap was en bood ik mijn excuses aan voor de ongelofelijke domheid van mijn vriend. Ik legde uit dat er geen basketbalteam was dat de Heer had leren kennen en dat er geen korte broeken waren met *'Jumpin' for Jesus'* erop.

De bekende spreker snapte er niets van. 'Waarom,' vroeg hij, 'verzint iemand zo'n verhaal? Wat is daar nou grappig aan?' Het heeft geen zin om een grap uit te leggen aan iemand die hem de eerste keer al niet begrijpt. Neem dat maar van mij aan. Daar heb ik ervaring mee. Ik bood dus mijn verontschuldigingen aan en hing op. Toen ik echter een paar weken later door een landelijk tijdschrift bladerde, werd mijn aandacht getrokken door een artikel. Het deed verslag van een opwekking onder basketbalspelers. Ik verkrampte. Het artikel ging over mij.

Christenen zijn goed in het verspreiden van succesverhalen. Maar teleurstellingen worden over het algemeen onder het tapijt geveegd, omdat we niemand in de kerk willen ontmoedigen of we op ons werk geen slechte reclame willen maken voor ons geloof. Maar God is niet zoals wij. Hij raakt nooit onzeker over zijn prestaties en Hij vraagt ons nooit om Hem een alibi te verschaffen.

Als onze gebeden niet worden beantwoord en de hemel zwijgt, kan er een goede reden zijn om aan Gods bestaan te twijfelen. Ik ken veel mensen die dat gedaan hebben. Er zijn ook goede redenen om wel te geloven. Er is mij verteld dat de kans dat het leven is ontstaan door een kosmisch (on)gelukje ligt in de orde van 1 op de $1x10^{40.000}$. Dat zijn heel veel nullen. Het is niet onmogelijk, maar het vereist wel veel geloof om de Schepper uit de schepping weg te denken. En als er een God is, is er ook een goede reden om te geloven in de kracht van gebed. 'Vraag het en je zult het ontvangen,' belooft Jezus, 'Dan zal je vreugde volmaakt zijn.' Maar het is juist deze overtuiging – het geloof dat gebed werkt – die verbijstering en pijn veroorzaakt als het niet lijkt te werken. Onbeantwoord gebed is alleen een probleem voor degene die echt gelooft. Cynici zien het alleen maar als een bevestiging van hun gelijk.

Een brede grijns

In mijn boek *Dag en nacht roepen zij tot God* beschrijf ik een gebeurtenis op het eiland Ibiza in de Middellandse Zee. Vanwege de aanhoudende droogte daar, vroeg een Anglicaanse priester een aantal jonge zendelingen uit onze organisatie om te bidden om regen. We hadden niet verbaasder kunnen zijn toen vijf minuten later de hemel zich opende en het eiland, buiten het regenseizoen om, een aantal regenstormen te verduren kreeg. Toen we ontdekten dat het op Ibiza sinds 1976 in juli niet meer zo hard had geregend, leek de timing van ons gebed nog frappanter.

Op de een of andere manier kreeg een Britse journalist lucht van het verhaal en belde hij me voor een interview. Terwijl we spraken, kon ik het cynisme in zijn dikke Londense accent horen doorklinken. 'Zo, dus jij bent die figuur die beweert dat hij het op Ibiza liet regenen!'

'Nee,' zei ik voorzichtig. 'Het zou toch te gek voor woorden zijn om te denken dat wij het kunnen laten regenen. Toch?'

'Eh, ja,' gaf hij toe.

'Wij zeggen alleen maar dat we baden om regen en dat het toen gebeurde. Jij hebt de link gelegd.'

'Ik?'

'Ja, en ik merk aan je dat je het hele idee maar dubieus vindt. Ik bedoel, we zouden toch een stel gekken zijn als we dachten dat ons gebed het weer kon sturen, toch?'

'Nou, het is ook niet helemaal normaal om...'

'Misschien heb je gelijk,' zei ik. 'Als je wilt geloven dat er absoluut geen link is tussen het feit dat we baden en de regen, tja, dat kan ik helemaal begrijpen. Als je ervan uitgaat dat gebed geen kracht heeft en dat mensen alleen maar een stel geëvolueerde dieren zijn, gevangen in een betekenisloos universum, zonder de mogelijkheid om bij een hogere macht te rade te gaan, respecteer ik dat en...'

'Nah, begrijp me niet verkeerd, man,' fluisterde de stem aan de andere kant van de lijn. 'Ik bedoel, er moet heus wel meer zijn in het leven. Mijn moeder is katholiek.' Hij was even stil alsof zijn laatste opmerking alles verklaarde. En als je wel eens een katholieke familie uit East End hebt meegemaakt, dan weet je dat dat ook zo was. 'Ja, eerlijk is eerlijk, je hebt waarschijnlijk gelijk. Dat gebedsgebeuren heeft iets. En om helemaal eerlijk te zijn, ik doe het zelf ook, kameraad.'

Van verschillende kanten hoorde ik later dat het krantenartikel dat hierop volgde, met de titel 'Goddelijk team claimt eerste wonder op Ibiza', opvallend positief van toon was.

Het is vandaag de dag best lastig om een volledig overtuigde materialist te vinden – iemand die dapper genoeg is om ondubbelzinnig het bestaan van een geestelijke wereld en de mogelijkheid dat er zo nu en dan een wonder gebeurt te ontkennen. Begrijp me niet verkeerd, ze bestaan heus wel, maar in een tijdperk van kwantummechanica en postmoderne verbeelding beginnen ze een beetje een uitstervend ras te worden (ironisch eigenlijk, want over het algemeen zijn juist zij de voorvechters van de evolutiegedachte).

Meer dan 30 jaar geleden schreef de gelauwerde schrijfster Annie Dillard: 'Sommige fysici zijn veranderd in verwilderde, tierende mystici. Ze hebben hun instrumenten net voldoende vervolmaakt dat ze de laatste, cruciale sluier kunnen oplichten. En wat ze zien is de brede grijns van de Cheshire kat.'[2] Jaren van zorgvuldige berekeningen, op het toppunt van nieuwe technologieën, hebben de meest geniale natuurkundigen meer als theologen of filosofen doen nadenken dan als de omzichtige rationalisten die ze ooit waren. Zoals de journalist die toegaf wel eens met God te praten, staan ook zij steeds meer open voor spiritualiteit en de ongewone mogelijkheden van gebed.

Huilbaby

Ik hoorde onlangs over Jim en Molly. Hun eerste kind schreeuwde en krijste elke nacht tot ze dachten dat ze gek zouden worden. Ze baden wanhopig dat hun dochter zou doorslapen, zodat ze zelf aan hun nachtrust konden toekomen. Of dat ze in ieder geval lang genoeg zou slapen om hun het gevoel te geven dat ze niet de slechtste ouders van de wereld waren. Hun gebeden maakten echter geen verschil. Het leek zelfs alsof hun gebed het huilen verergerde.

Uiteindelijk stopten Jim en Molly er maar mee om God om hulp te vragen. Het lijkt mij logisch dat het je weinig uitmaakt wanneer je God de eerste keer vraagt om een baby te laten stoppen met krijsen en het gebeurt niet. Na een keer of twee, drie of zelfs een hele week, denk je misschien dat God iets anders te doen heeft dan de kosmische fopspeen uithangen. Maar als je gebed door het gehuil van iedere nacht langzamerhand wanhopig wordt terwijl God blijft zwijgen, kan het geloof in je gebeden (en het geloof in jezelf) als een nachtkaars uitdoven.

De baby van Jim en Molly is nu een gelukkige, goed aangepaste jongvolwassene en haar ouders zijn toegewijde gemeenteleden in hun lokale kerk. Jim is zo'n type dat overal bij betrokken is, van evangelisatieprogramma's tot bouwprojecten. Samen met Molly leidt hij een huiskring en ze missen zelden een zondagse dienst. Het moge duidelijk zijn: Dit zijn toegewijde christenen. Maar op een avond tijdens een eerlijke discussie vertelde Jim openlijk over de schade die zijn relatie met God had opgelopen door de periode van onbeantwoord gebed. Hij bekende dat hij al twintig jaar niet meer bidt voor dingen waaraan hijzelf en Molly persoonlijk behoefte hebben. Het doet gewoon te veel pijn.

Gek genoeg bidden Jim en Molly wel voor andere mensen en voor andere situaties, alleen niet voor henzelf. Bidden voor vrede in een land lijkt makkelijker te zijn dan bidden voor een goede nachtrust. Ze geloven nog steeds dat de Vader wonderen doet voor anderen, maar niet voor hen.

Wat de reden ook is, ik heb dit boek geschreven voor mensen zoals Jim en Molly. Mensen die teleurgesteld zijn door onbeantwoord gebed, maar ook voor mensen zoals Captain Scarlet. Degenen die anderen aanmoedigen te bidden en de geweldige verhalen van gebedsverhoringen te delen, hebben volgens mij ook de belangrijke taak om zorg te dragen voor degenen wiens gebeden niet lijken te werken.

De veelvuldige problemen van gebed

Toen bekend werd dat ik een boek aan het schrijven was over onbeantwoord gebed, kreeg ik een aantal uiteenlopende reacties. Vorige week nog zei de vrouw van een dominee met teleurstelling in haar stem, 'O!' En toen vroeg ze, 'Komt er nog een vervolg in de vorm van een boek over de *beantwoorde* variant?' Ik probeerde uit te leggen dat *Als God zwijgt…* eigenlijk gaat over een dieper soort geloof en dat ik eerder al een boek over wonderen geschreven had, maar het drong niet tot haar door. De dag voor dit gesprek had een andere vrouw, getrouwd met een succesvol zakenman, een ander soort 'O!' gezegd. Het was eigenlijk meer een soort 'Oooh!' waaraan ze toevoegde: 'Daar zal ik een stapel van gaan kopen. We kennen veel mensen die zo'n soort boek nodig hebben!'

Terwijl ik dit schrijf krijgt een energieke 23-jarige uit onze gemeente binnenkort te horen of ze wel of niet terminaal ziek is. Het is begrijpelijk dat ze iedere dag tussen geloof en dodelijke angst heen en weer schommelt. We bidden als gekken, maar wat als het niet werkt? Toen een van mijn familieleden hoorde over dit boek, barstte ze in tranen uit. Sinds ze 25 jaar geleden de universiteit verliet, worstelt ze met chronisch vermoeidheidssyndroom, iets wat al haar energie uit haar wegzuigt. Ze kan soms niet eens een kleine zak aardappels optillen, is uitgeteld na een serieus gesprek en heeft nooit kunnen werken. Ik moet ook denken aan het gezicht van een man die duidelijk van God te horen kreeg dat hij zijn carrière moest opgeven om voor zichzelf te beginnen. Het was een risico, maar hij wist zeker dat God tot hem had gesproken. Drie jaar later ging hij failliet en raakte hij zijn huis kwijt. Maar veruit zijn grootste verlies was het vermogen om, zoals vroeger, God simpelweg te vertrouwen.

Misschien lijken je problemen minder pijnlijk te zijn dan deze verhalen. De kans bestaat dat je dit leest omdat je je, net zoals ik en Captain Scarlet, afvraagt waarom je gebeden niet gewoon werken. Misschien lijkt God mijlenver weg. Of nam je een risico, stapte je uit de boot, en zonk je. Misschien ben je ziek en doodmoe van het bidden om genezing of om een doorbraak. Of gebeuren wonderen wel bij anderen, maar niet bij jou. Misschien wijst iemand die je kent God af, hoe hard je ook bidt. En misschien wil je iets uit de hemel horen, maar staat Gods geluid uit en is de afstandsbediening kwijtgeraakt tussen de kussens van een of ander kosmisch bankstel.

Duizenden van ons dragen de pijn van onbeantwoord gebed met zich mee in ons hart. Soms vragen we ons af waarom God niet op onze verzoeken reageert, maar over het algemeen leven we gewoon verder en proberen we op Hem te vertrouwen. Maar zo hoeft het in feite niet te zijn.

Het is een mythe dat er geen antwoorden zijn als het over onbeantwoord gebed gaat. Dat we gewoon maar blind moeten doorlopen, door de sluiers van het onbekende, terwijl we hopen dat we er niet over struikelen. Het is waar dat er geen verklaring kan zijn voor de ultieme problemen van het lijden. Maar voor de meeste vragen zijn er antwoorden, hele goede zelfs, die miljoenen mensen door de eeuwen heen hebben geholpen om zonder de weg kwijt te raken door teleurstelling heen te sturen.

De nieuwe rock-'n-roll!

Nu over de hele wereld mensen erg enthousiast beginnen te raken over gebed, is het van groot belang om goed na te denken over deze kwesties. Op Pinksterzondag 2005 bijvoorbeeld, sloegen meer dan 200 miljoen christenen uit minstens 176 landen de handen ineen voor de eerste wereldwijde dag van gebed. Ik ben deel van een beweging die in 1999 begon met een enkele gebedsruimte en die zich in de eerste vijf jaar uitbreidde naar 63 landen. Dit was niet ons plan. Ik ben er net zo verbaasd over als ieder ander. Zelfs Pepsi verspreidde zich niet zo snel over de wereld!

Als gevolg van deze explosie van voorbede heb ik niet echt meer een baan. Gekaapt worden door een gebedsbeweging (hoe bedenk je het) is niet bepaald een doorsnee carrièremove, maar een van de grote pluspunten is de constante stroom bemoedigende e-mails met ongelofelijke verhalen over verhoorde gebeden.

Ik kon deze verhalen in het bijzonder waarderen in de lange uren die ik naast het ziekenhuisbed van mijn vrouw doorbracht. Het blijft boeiend, de verhalen van mensen die een 24/7-gebedsruimte inlopen en de aanwezigheid van God ervaren. Net zo wonderlijk als de verhalen over verslavingen die doorbroken worden en levens die worden hersteld door God. Als ik dat soort dingen lees, wil ik niets anders dan mijn vrienden bellen en zeggen: 'Moet je nou horen. Dit is te gek!'

Het lijkt me dat een boek over *onbeantwoord* gebed ook verhalen van de beantwoorde variant nodig heeft. Ik bedoel, het laatste waar je bijvoorbeeld behoefte aan hebt als je in een ziekenhuis bent en probeert te begrijpen wat er gebeurt, zijn mensen die 'fijngevoelig' willen zijn door alles wat positief is buiten de conversatie te houden. Als je eigen gebeden niet worden verhoord, betekent het nog niet dat je niet blij kunt zijn voor anderen. Bovendien kunnen hun verhalen je hoop geven voor je eigen situatie. Ik heb nu een aantal jaar met deze paradox om moeten gaan en ik ben dankbaar dat er naast het deprimerende gebeuren zoveel goed nieuws is. Het is misschien juist die paradox die me mentaal op de rit houdt.

Juist omdat we zo gepassioneerd geloven in de kracht van gebed, moeten we onbeantwoord gebed ook proberen te begrijpen.

En wanneer we openlijk met deze kwestie beginnen te worstelen, zal het nooit een net, academisch verantwoord, theologisch debat worden, want het vraagstuk van onbeantwoord gebed raakt de diepste, pijnlijkste ervaringen van ons leven. We hebben allemaal vrienden die hun geloof verloren zijn omdat het erop leek dat God er niet was toen ze Hem het hardst nodig hadden. Anderen, zoals Captain Scarlet, en Jim en Molly, blijven geloven, maar leven met verborgen teleurstellingen die de blijdschap over hun relatie met God wegnemen.

Reader's Digest, cappuccino en het universele probleem van het lijden

Toen mijn vrouw voor het eerst met spoed naar het ziekenhuis was gebracht, zochten we tevergeefs naar een boek dat ons kon helpen om de chaos waar we doorheen gingen te begrijpen. Samie (uitgesproken als Sammy) zat niet te wachten op een grootse, doorwrochte, theologische verhandeling over het probleem van het lijden. Ook had ze geen behoefte aan het soort paperback dat vol staat met spitsvondige citaten en kort-door-de-bochtvergelijkingen die moeten aantonen dat iemands problemen eigenlijk geen problemen zijn. Wat ze wilde was een eerlijk, praktisch boek dat het denkwerk al voor haar gedaan had en dat op haar nachtkastje zou passen, tussen de *Reader's Digest* en een cappuccino in.

Ik heb vijf jaar moeten wachten voor ik het boek kon schrijven dat we toen zochten. Ik kende de behoefte die er is, maar ik was er nog niet aan toe om mijn meest persoonlijke pijn en twijfels bloot te leggen voor openbare kritiek. Ik geef toe dat ik me intellectueel ook geïntimideerd voelde. Mijn bureau ligt op het moment vol stapels met alle denkbare boeken die ooit over gebed en lijden geschreven zijn, door de slimste mensen die ooit geleefd hebben. Het begint te lijken op de skyline van Manhattan. Nog één aankoop en ik krijg fanmail van amazon.com.

Wat deze boeken over lijden mij in ieder geval hebben doen realiseren, is dat ik de hersens en de tijd niet heb om ooit iets dat de moeite waard is aan die stapels toe te voegen. Als je stevig aan de slag wilt met het onderwerp van het lijden dan raad ik je aan om gelijk maar de volgende grote schrijvers te lezen: Johannes van het Kruis, Elie Wiesel, Jürgen Moltmann, C.S. Lewis en recenter werk van mensen zoals Henri Nouwen, Dorothee Sölle en Philip Yancey. Dit boek is vanzelfsprekend gebaseerd op hun inzichten, maar is ook een eenvoudiger boek over de praktische kanten van gebed: Hoe het werkt. Waarom het niet altijd werkt. Hoe je er beter in kunt worden. Hoe je door teleurstellingen heen kunt manoeuvreren zonder je geloof kwijt te raken.

Dus hier is het dan: het eerlijke boek over onbeantwoord gebed dat tussen de *Reader's Digest* en een cappuccino past, geschreven om een paar mensen te helpen die ook pijn hebben. Het zal niet al je vragen beantwoorden, maar een aantal zeker wel. Het is geschreven in de vorm van een reis door de vier dagen van het verraad, de dood, de begrafenis en de opstanding van Christus.

De reis begint op Witte Donderdag in de tuin van Getsemane, waar Christus' ziel 'overmand is door verdriet' en zijn gebeden om verlossing onbeantwoord blijven. De reis gaat verder op Goede Vrijdag, waar Christus zichzelf in zijn diepste nood door de Vader verlaten voelt. Daarna steken we de verwarrende somberheid van Stille Zaterdag over met de vraag 'Waar is God?' als Jezus dood en begraven is. En uiteindelijk worden Getsemane, Golgota en de graftuin overspoeld door het onvermijdelijke, goede nieuws van Pasen.

Het lijden dat Samie en ik tot dusver hebben doorstaan verdient geen speciale aandacht. Er zijn genoeg mensen die een vergelijkbare strijd voeren, of een nog veel ergere. Maar het onvergelijkbare verhaal van Christus' pijniging, verlatenheid en uiteindelijke opstanding – dát verhaal blijft de hoop voor een gekaapte wereld.

> *Als jullie de moed dreigen te verliezen, laat dan dat verhaal weer tot je doordringen, stap voor stap, die lange aaneenschakeling van vijandigheden waar Hij zich doorheen worstelde. De adrenaline zal door je ziel schieten!*
> Hebreeën 12:3 (vrij naar *The Message*)

De stilte omarmen

eerst
is er
    gebed
en waar gebed is
gebeuren misschien
    wonderen
maar als wonderen uitblijven
zijn er
    vragen
en waar vragen zijn
kan het leiden tot
    stilte
maar stilte kan
meer zijn dan
    afwezigheid
stilte
kan nabijheid zijn
    zwijgend
stilte
is misschien niet leeg maar
    iets
om te verkennen
te trotseren te verwijten
    te omarmen
en
dit is
    gebed
en waar gebed is
gebeuren toch
wonderen…

Witte Donderdag

HOE kom ik hier doorheen?

Abba, Vader,
voor u is alles mogelijk,
neem deze beker van mij weg.
Marcus 14:36

In de tuin van Getsemane vecht Jezus biddend voor zijn leven. De locatie is van belang: Getsemane betekent oliepers en Jezus komt er enorm onder druk te staan – geestelijk, emotioneel en fysiek. Als het leven ons dreigt te verpletteren, kunnen wij ook worstelen in ons gebed. Als God onze liefdevolle 'Abba, Vader' is, voor wie 'alles mogelijk is', waarom neemt Hij dan niet de beker van ons lijden weg? Geeft Hij wel om ons? Is Hij er eigenlijk wel? Ik ken de vorm van jouw onbeantwoorde gebeden niet – we komen via verschillende routes in Getsemane terecht – maar zo ging het bij mij…

'Donderdag' doorLinnea Spransy

Hoofdstuk 1

Confetti

Ik voel me dodelijk bedroefd…
Jezus – Marcus 14:34

Het meest persoonlijke is het meest universele.
Henri Nouwen in *The Wounded Healer*

'*Word wakker!*' hijgde ze. 'Er is iets mis.' Samies gefluister rukte me uit een diepe slaap en als een dronkenman zocht ik wild tastend de schakelaar van de lamp op mijn nachtkastje. Terwijl mijn ogen nog moesten wennen aan het licht, keek ik instinctief in het rieten mandje naast ons bed, maar onze zeven weken oude Daniel lag diep te slapen, zijn lippen zachtjes tuitend op zoek naar moedermelk.

'Er is iets met mijn been.' In haar stem klonk angst door. 'Er zit geen gevoel in. Ik kan hem niet bewegen…' Samie, doodsbleek, zat rechtop in bed, terwijl ze haar dijbeen omklemde. Toen, ineens, nog voor ik haar lachend kon vertellen dat ze waarschijnlijk verkeerd had gelegen en dat ze maar gauw weer moest gaan slapen voordat ze de baby wakker maakte, krulden de vingers van haar rechterhand zich ineen tot de vuist van een oude vrouw. Haar pols verdraaide zich in een hoek van 90 graden. Ze gaf een kreet van pijn terwijl heftige krampen door haar arm begonnen te schokken.

Samie keek vol afschuw naar de samentrekkingen, die eruit zagen alsof een buitenaardse kracht bezit had genomen van haar hand en zich nu kwaadaardig via haar arm een weg naar haar hoofd baande. 'Wat gebeurt er met me?' kreunde ze, maar ik wist het niet. Haar elleboog stootte zijwaarts en haar hand leek inmiddels op een cobra, klaar voor de aanval. De vreemde kronkelingen bereikten de ronding van haar hals en namen toen, griezelig onafwendbaar, bezit van Samies hoofd. Ze duwden haar kin naar haar schouder alsof ze viool speelde, terwijl haar schouder omhoog trok alsof ze zonder haar handen te gebruiken een terloops telefoongesprek voerde. Ik had nog nooit een epileptische aanval meegemaakt. Ik was kalm, maar ademloos. Mijn hoofd was helder en mijn longen vol helium. Ik concentreerde me en toetste met mijn vingers nauwgezet het nummer van de ambulance in.

Het is een verschrikking om 's nachts wakker te worden en het gezicht van degene van wie je het meest houdt verwrongen te zien in een demonische grijns. Dat beeld staat in je geheugen gegrift als in de lijkwade van Turijn en vervaagt nooit. Inmiddels waren Samies ogen, die mooie, blauwe ogen, weggedraaid tot witte, volle manen en leek haar hele lichaam te schudden. Ik hoopte dat ze bewusteloos was. Maar toen, met een bovenmenselijke inspanning, perste ze er een enkel woord uit: 'B-b-b-bid.' En dat deed ik. Ik bad zoals ik nog nooit had gebeden, ervan overtuigd dat ik mijn vrouw zag sterven. Ik smeekte God de convulsies te laten stoppen, zodat ze in elk geval kon ademen. Ik bad in de naam van Jezus. Ik probeerde geloof te hebben. Ik deed een beroep op de kracht van zijn bloed. Ik bestrafte en dreef alles uit wat ik maar kon bedenken. Dit was geen gebedje om een parkeerplek op een zonnige dag. Dit leek een kwestie van leven of dood. Samie liep blauw aan en op haar hoofdkussen zaten vlekken van bloederig speeksel. De ambulance liet eeuwig op zich wachten. Mijn gebed haalde niets uit.

In werkelijkheid duurde het waarschijnlijk maar enkele minuten voor het ambulancepersoneel ons huis binnenliep. Luidruchtig stampten ze met hun werkschoenen over de houten vloerdelen van onze slaapkamer. Ze beoordeelden de situatie en droegen Samie met veel kabaal naar beneden, de ambulance in die buiten langs de weg stond. De lichten flitsten als een goedkope disco. Danny sliep, ondanks het hele gebeuren, vredig door, terwijl hij met zijn lippen die kleine troostende kusjes bleef maken, dromend van de warmte van zijn laatste voeding. Was dat het dan, vroeg ik me af – zijn laatste voeding?

ꟹ

De verlichting in het ziekenhuis werkte geruststellend en de aanval verloor al snel aan kracht. Samie viel in een diepe slaap, als een marionet waarvan de touwen zijn doorgeknipt. Versuft stond ik daar, starend naar mijn vrouw, naar haar ademhaling. Ze ademde langzaam. Zacht. Haar gezicht was wit, alsof het door de flits van een camera werd verlicht, en haar blonde haar zag bruin tegen het witte hoofdkussen. Ik knipperde met mijn ogen. De wereld leek overbelicht, zonder schaduwen.

Mijn gedachten gingen terug naar de avond ervoor. Toen ik in bed klom, had ik zoals gewoonlijk gebeden voor Hudson, voor onze kleine nieuwe baby en ja, ik had ook voor Samie gebeden. 'Waak over ons, Heer,' had ik zoals altijd gefluisterd. We vertrouwden vanzelfsprekend op Gods bescherming toen we het licht uitdeden. Hoe, vroeg ik me nu af, kregen we dat ooit weer aan?

Maar in de vijandigheid van het ziekenhuis leek dit soort twijfels gevaarlijk. Ergens werden tests gedaan. Gebed leek naïef te midden van de chromen instrumenten, piepende monitors en de geur van ether. Ik pakte dus mijn telefoon en slofte naar buiten. Sigarettenpeuken lagen verspreid bij de entree van het ziekenhuis, als natte confetti bij de deur van een kerk. Het was een armzalige ochtend, de laatste stuiptrekking van de winter, maar hier in de sigarettenas, onder de grijze lucht, voelde ik me dichter bij God en ik probeerde zo goed en zo kwaad als het ging met Hem te praten. Ik vertelde Hem dat ik Hem vertrouwde en herhaalde als een monnik die zijn rozenkrans bidt dezelfde kinderachtige zinnetjes: 'Maak haar beter... Genees haar, Heer... Laat alles goed zijn...'

Ik ging terug naar binnen en een verpleegster verzekerde me dat 'iedereen in zijn leven één keer een aanval mag hebben'. Ze had gelijk, er zijn veel mensen die hetzelfde meemaken. En mocht Samie om wat voor reden dan ook epilepsie hebben ontwikkeld, dan zouden we wel een manier vinden om ermee om te gaan. Dat kunnen mensen. Maar zouden onze twee kinderen, thuis in bed, dat ook kunnen? Hoe kon het, dacht ik, dat mijn gebed geen enkel zichtbaar verschil had gemaakt toen Samie en ik Gods hulp meer dan ooit nodig hadden?

Daar sta ik dan, een van de leiders van een gebedsbeweging die (volgens een overenthousiaste commentator) 'de wereld overspoelt' en mijn diepste gebeden (durf ik het toe te geven?) zijn kansloos. Het biedt weinig troost dat, toen de discipelen hetzelfde probleem hadden nadat ze hadden gebeden voor een jongen met epilepsie, hun gebrek aan geloof door Jezus als oorzaak werd gezien. Geen wonder dat de vader van die jongen huilde toen hij zei: 'Ik geloof, kom mijn ongeloof te hulp!' (Mar. 9:24). Het is een zin die ik sinds die nacht (soms door tranen heen) zelf vaak heb geprobeerd. Maar ik moet bekennen dat toen nieuwe aanvallen Samies lichaam steeds weer begonnen te teisteren het makkelijker werd om helemaal niet te bidden dan na elk insult een kleine geloofscrisis te doorstaan.

Slecht nieuws

Uiteindelijk nodigde een Aziatische arts mij uit om met hem plaats te nemen op een rij aan de muur bevestigde plastic stoelen in een gang naast een automatische deur. 'Slecht nieuws,' zei hij. Ik koos ervoor om tussen ons in een stoel leeg te laten, dus we zaten daar, iets uit elkaar, toen hij vervolgde: 'De CAT-scan wijst uit dat er in de hersenen van uw vrouw een tumor zit.'

De automatische deur opende voor een ambulancebroeder. Het was een koude dag in maart, dus hij werd gevolgd door een ijzige tocht. 'Hij is erg groot, ben ik bang… het formaat van een sinaasappel… Hij kan langzaam gegroeid zijn, over een langere periode, maar ook snel groeiend zijn en agressief.' Ik weet nog dat ik me bedacht dat een rij plastic stoelen in een gang de verkeerde plek was om me dit te vertellen. En waarom een sinaasappel? De arts zei nog iets over het elektronisch versturen van de scans naar een ander ziekenhuis voor analyse. Hij wist niet of het te opereren viel. Hij stond daar in zijn witte jas, ik in mijn spijkerbroek. 'Zullen we het maar aan Samantha gaan vertellen?'

Ik overtuigde de arts om het nieuws pas te vertellen wanneer Samie wakker werd. Haar ouders en zus waren op ziekenbezoek gekomen, maar terwijl Samie vredig verder sliep, heb ik ze meer dan een uur lang de diagnose niet verteld. Om de een of andere ouderwetse reden vond ik dat Samie het als eerste moest horen. Maar het wachten met dit geheim als een tikkende tijdbom in mijn gedachten viel niet mee. Ik wilde dat ze nog niet wakker zou worden. Ik keek naar haar. Ik keek naar de klok. Ik keek naar haar familieleden die zacht met elkaar spraken en glossy's lazen. Ik was eenzamer dan ooit, maar gek genoeg werd ik me ook bewust van een soort innerlijke warmte. Het was het verzachtende gevoel van een dikke winterjas met diepe zakken op een bitterkoude avond. Artsen zouden het misschien toeschrijven aan de schok, voor mij voelde het meer als de aanwezigheid van God.

Ik heb met anderen gesproken over traumatische ervaringen en het is verbazingwekkend hoe vaak een crisis ons dicht bij God brengt – het maakt niet uit of we daarvoor wel of niet in Hem geloofden. Ineens worden we intens kwetsbaar en instinctief zoeken we de hand van de Vader. Trauma zelf veroorzaakt maar zelden een geloofscrisis. Ziekenhuisverlichting is te fel voor de donkere nacht van de ziel.

Tijdens het eerste trauma van een auto-ongeluk, een verraad of een diagnose zoals de onze, zijn we simpelweg te geschokt en te bang om ernstige, theologische vragen te stellen over onbeantwoord gebed. Voor mij zouden die vragen in elk geval pas komen in de weken, maanden en jaren van moeizaam geloven die voor mij lagen.

Toen Samie wakker werd, realiseerde ze zich direct dat er iets mis was. Ik pakte haar hand, ademde diep en wachtte even. Wat ik zei om mijn 29-jarige vrouw duidelijk te maken dat er aan de binnenkant van haar schedel een tumor met het formaat van een sinaasappel groeide, weet ik niet meer. Ik weet nog wel heel goed wat haar reactie was. Een moment lang staarde ze me in blinde ontkenning aan, haar ogen smekend om te horen dat het een grap was, in mijn gezicht zoekend naar een glimp van verlossing. Toen begon er in haar onderbuik een gekreun en ze riep zo hard 'Nee!' dat de hele afdeling haar leed kon horen. Het was het meest verdrietige, meest woedende geluid dat ik ooit gehoord heb, het gegrom van een gewond dier. De arts trilde toen hij de kamer verliet.

Een paar uur later kwam het nieuws dat de tumor te opereren was. We slaakten een zucht van verlichting en begonnen Samie voor te bereiden op de zware tijd die voor haar lag. Goede bekenden zorgden voor Hudson en Daniel en iedere avond verliet ik het ziekenhuis om ze beiden in bad te doen en Hudson voor het naar bed gaan een verhaal voor te lezen. Zouden woorden en foto's op een dag een moeder beschrijven die hij zich niet kon herinneren? Avond na avond zette ik die gedachten opzij, terwijl ik de kinderen iets te hard knuffelde. Het naar bed brengen van Hudson en Daniel was voor mij het moeilijkste in die tijd van wachten op de operatie. Meer dan eens moest ik mijn tranen bedwingen terwijl ik op mijn tenen uit hun kamers sloop.

Samie wilde niet langer dan een paar minuten alleen gelaten worden. Er groeide iets in haar hoofd. Haar lichaam kon elk moment aangevallen worden door nieuwe insulten. Haar kinderen waren niet bij haar. En binnenkort zou een man een deel van haar schedel wegzagen om een stuk uit haar hersens te snijden. Een tijd lang was ze te bang om zonder slaapmedicatie te kunnen slapen.

Op een avond reed een groep vreemdelingen vanuit Reading helemaal naar Londen om in de kapel van het ziekenhuis de hele nacht voor Samie te bidden. Het was de eerste nacht dat ze rustig sliep, zonder pillen. Toen we de volgende ochtend hoorden over deze undercover gebedsactie, zagen we het bewijs van Gods liefde in hun buitengewone goedheid.

Terwijl de dag van de operatie naderde, vonden we ook veel troost in beloftes uit de Bijbel. Dit zeg ik niet omdat we dat in dit soort situaties als christenen horen te zeggen. De Bijbel benoemde onze angsten op een manier zoals niemand anders dat kon en verwoordde dingen die we moeilijk vonden om uit te drukken. Bijna iedere nacht vielen we in slaap terwijl we ons vastklampten aan een Bijbelvers. Een van onze favorieten kwam uit het vierde hoofdstuk van Paulus' brief aan de Filippenzen:

> *Wees over niets bezorgd, maar vraag God wat u nodig hebt en dank hem in al uw gebeden. Dan zal de vrede van God, die alle verstand te boven gaat, uw hart en gedachten in Christus Jezus bewaren* (vers 6-7).

We putten ook hoop uit minder voor de hand liggende bronnen. Toen we hoorden dat acteur en voormalig popster Martin Kemp (hij maakte deel uit van de new romantic band *Spandau Ballet* uit de jaren 80) een hersentumor had overleefd, knipten we een foto waarop hij in Barbados over het strand loopt uit het *Hello* magazine. We plakten het boven Samies wasbak. Het gezegende icoon van de heilige Martin-met-het-meest-sexy-sixpack keek glimlachend in al zijn goedheid op ons neer en beloofde ons dat een leven na hersenchirurgie mogelijk was – hoe ver weg dat op dat moment ook leek.

Bidden als iemand die van de trap valt

Van buiten probeerde ik een stoïcijnse indruk te wekken, en er waren momenten waarop ik me daadwerkelijk rustig voelde. Maar ik was ook bang dat Samie zou sterven als ik niet genoeg bad, niet genoeg geloof had, niet genoeg vastte, niet een of andere overheid of macht bond, niet een of andere hoofdzonde opbiechtte of als ik het niet eens was met Benny Hinn. God – zo dacht ik – zou haar toch zeker niet diskwalificeren vanwege een vormfout?

Ik moet helaas bekennen dat mijn gebedsleven er zo uitzag toen het er echt op aankwam. Ik was vaak onder de indruk van

Samies geloof, maar ikzelf bad op z'n best als een kind en op z'n slechtst als een kwakzalver op zoek naar een wondermiddel. Er waren tijden (moet ik dit wel bekennen?) dat Samies diagnose de meer troebele kanten van mijn ziel naar boven bracht in de vorm van het verlangen naar zonde, medelijden en grote hoeveelheden Big Macs. Wat een contrast met degene die ondanks zijn oneindig grotere lijden toch de woorden 'Maar laat niet wat ik wil, maar wat u wilt gebeuren' (Luc. 22:42) wist uit te brengen. Als onze ziel, net als die van Christus, zo overmand is door verdriet dat we er bijna aan sterven, bidden we niet altijd zoals Jezus. We bidden vaak nauwelijks nog. Een van de meest voorkomende verdedigingsmechanismen tegen lijden die ik heb gezien, is het verheerlijken van het lijden door mensen op te hemelen die pijn met enige waardigheid hebben doorstaan. We omschrijven ze al gauw als helden. We vinden ze diepzinnig. We beschouwen ze als heiligen, stomweg vanwege het feit dat ze geleden hebben. De onbewuste reden hierachter is misschien dat we de gedachte willen wegduwen dat wíj het hadden kunnen zijn in die rolstoel, dat wíj meegesleurd hadden kunnen worden in die tsunami, of dat wíj ons kind zouden kunnen verliezen. Natuurlijk lijden veel heiligen ook, maar in mijn ervaring was er niets glorieus, en zeker niets moois, aan de reactie van de ziel op een serieus trauma. Halfnaakt in een MRI-scanner liggen en bijna moeten overgeven van angst biedt je geen garantie op een hotline met de hemel.

Het psychologische trauma dat Jezus in Getsemane te verduren had was extreem. Dokter Lucas beschreef de symptomen als volgt: 'Zijn zweet viel in grote druppels als bloed op de grond' (Luc. 22:44). We weten nu dat Jezus waarschijnlijk leed onder een lichamelijke toestand genaamd haematidrosis, waarbij onder invloed van extreme angst onderhuidse haarvaatjes vlak bij zweetklieren springen, waardoor zweet vermengd met bloed wordt uitgescheiden. We zien hier een man die gevangen is in het zwaarste geestelijke en mentale lijden. 'Ik voel me dodelijk bedroefd,' zegt Hij zonder te overdrijven tegen zijn discipelen (Mar. 14:34).

Een van de meest ontroerende kanten van Christus' gebeden in deze onvoorstelbare pijn is de eenvoud en eerlijkheid ervan: 'Abba, Vader... voor u is alles mogelijk, neem deze beker van mij weg' (vers 36). De grote theoloog Karl Barth zegt dat echt gebed vooral simpel is. 'Het is in de eerste plaats een vraag,' zegt hij.[1] Dit moet toch zelfvertrouwen geven aan degenen die onder intense druk niet veel meer over hun lippen krijgen dan de 'Lieve God'-achtige verzoeken van een zesjarig kind.

Soms vragen we ons af waarom deze gebeden niet worden verhoord. Er staan dan altijd goedbedoelende mensen klaar met diepe waarheden over gebed: dat het niet werkt als een gokautomaat, of dat er een veranderende, innerlijke kracht van overpeinzend gebed uitgaat, dat we moeten vasten, geestelijke oorlog moeten voeren en dankbaar moeten zijn. We knikken en zeggen zoiets als: 'Ah, dat zal het zijn, bedankt,' maar ons gebedsleven blijft een staccato opeenvolging van uitroepen en kreunen alsof er iemand van de trap valt. En terwijl wij van de trap van het leven naar beneden denderen en stuiteren, glijden die mensen ons sereen voorbij op de roltrap richting hemel.

Soms hebben we vanbinnen het vermoeden dat we helemaal niet bidden. Dan zijn de volgende woorden van Barth een geruststelling:

> *Het feit dat iemand naar God gaat met een vraag maakt hem een biddend mens. Andere theorieën over gebed kunnen goed en tot in de details zijn uitgedacht en klinken misschien erg goed, maar ze hebben allemaal een zekere mate van kunstmatigheid over zich. Ze missen dit simpele en concrete feit en verliezen zich in hoogtes en dieptes waarin geen plaats is voor de mens die echt bidt, die gewoon een verzoek uitspreekt.*[2]

Toen ik in de ziekenhuiskamer op Samies operatie zat te wachten, kon ik het niet opbrengen om lange, indrukwekkende gebeden te bidden of ingewikkelde, geestelijke technieken toe te passen. Na een paar maanden had ik zelfs helemaal geen woorden meer over. Mijn gebeden, of wat daarvoor door moest gaan, hielden niet méér in dan diep zuchtend nadenken over Samie, de kinderen of onze bankrekening en het kreunen van twee woorden die sommigen misschien als godslastering zouden zien: 'O, God.' Ik had geen idee of dit ook als gebed telde, maar dit was alles wat ik eruit kon krijgen. Na die tijd heb ik veel rijkdom ervaren in andere manieren van gebed en op sommige ervan zullen we later in dit boek terugkomen. Maar Karl Barth herinnert ons er vriendelijk aan dat het oké is om te bidden als een zesjarige of als iemand die van de trap valt. Het is zelfs meer dan oké; het is waarschijnlijk het belangrijkste soort gebed dat er is.

Terugverlangen naar normaal

De dag voor de operatie kwamen Hudson en Daniel bij hun moeder langs. We namen foto's om redenen die we niet durfden uit te spreken. Terwijl ik die nacht op een matras naast haar bed sliep, onder het gewijde icoon van de heilige Martin, schreef Samie in het geheim haar afscheidsbrieven. Ze schreef een brief aan mij en een brief aan elk van de jongens voor als ze ouder waren. Er stond in dat hun moeder altijd zielsveel van ze gehouden had, dat ze hen nooit had willen verlaten en dat Jezus ook nu nog van ze houdt.

De brief aan Danny vond ze het moeilijkst om te schrijven omdat ze zich realiseerde dat ze nog niets van hem wist. Wie zou dit kleine hoopje worden? Ze treurde om herinneringen die misschien nooit zouden plaatsvinden – familiefoto's waarop zij niet te zien zou zijn – en de brieven werden iedere keer dat ze ze herschreef korter, tot ze uiteindelijk wist dat ze klaar waren. Ze verzegelde de drie berichten netjes in drie enveloppen die ze verstopte op een plek waarvan ze wist dat ik ze zou vinden. Het uitvoeren van deze taak gaf haar vrede en Samie kon snel de slaap vatten terwijl de heilige Martin naar haar staarde.

Toen we de volgende dag wachtten tot ze Samie op zouden roepen om naar de operatiekamer te gaan, speelden we om de tijd te doden het spel 'Weekend Miljonairs'. Het eerlijke antwoord op die retorische vraag was: 'Wij niet!' We wilden meer dan alleen maar miljoenen. Wat kon een grotere prijs zijn dan alles weer normaal te krijgen? Gewoon op een donderdag naar de supermarkt en de kinderen in bed stoppen, rozig van hun bad, ruikend naar zeep. Hoe rijk kun je zijn?

Ergens in het ziekenhuis was een chirurg zich aan het voorbereiden op zijn derde operatie van die dag. Verplegend personeel kwam om Samie mee te nemen. Zou ze ooit terugkomen? En als ze terugkwam, zou ze zich nog kunnen bewegen, nog kunnen spreken, iets kunnen begrijpen? Samie bracht die gedachten tot zwijgen en stak haar pols uit – de pols die als eerste was begonnen samen te trekken – zodat een man er een naald in kon steken. Haar ogen sloten zich. Binnen een minuut was ze weg.

Hoofdstuk 2

Magische vruchten zoeken en tranen vinden

'Abba, Vader, voor u is alles mogelijk, neem deze beker van mij weg. Maar laat niet gebeuren wat ik wil, maar wat u wilt.
Marcus 14:36

Vader in de hemel, wanneer de gedachte aan u wakker wordt in onze harten, laat hij dan niet wakker worden zoals een bange vogel die wanhopig rondvliegt, maar als een kind dat uit zijn slaap ontwaakt met een hemelse glimlach op zijn gezicht.
Søren Kierkegaard

Toen Samie en ik net een paar maanden getrouwd waren, gingen we op vakantie naar het eiland Cyprus in de Middellandse Zee. Na een week rondhangen op het strand begon ik me te vervelen, dus pakten we onze koffers en namen we de boot naar de Israelische haven Haifa. Eenmaal in het Heilige Land aangekomen, kochten we van een straatverkoper een vers gebakken sesambrood en een paar grote sinaasappels en gingen ergens zitten om te kijken naar een groep kinderen op glijbanen en schommels. Ineens een dramatisch moment: Een klein jongetje van een jaar of vijf met een keppeltje vastgespeld op zijn zwarte krullen, klapte door de vaart van de schommel tegen de grond. Een fractie van een seconde zat hij daar, een beetje versuft zoals kinderen dat doen als ze zich nog afvragen of ze wel of geen pijn hebben. Maar toen gooide hij zijn hoofd achterover en begon te huilen. 'Abba! Abba!' Onmiddellijk verscheen uit de omstanders zijn vader die hem oppakte om hem bij de terugslingerende schommel vandaan te dragen.

Abba, Vader

Wanneer Jezus bidt in Getsemane krijgen we een van de meest ontroerende inzichten in de intimiteit van zijn relatie met degene die Hem gestuurd heeft. In alle drie de synoptische evangeliën wordt vermeld dat Jezus in zijn donkerste uren zijn gebeden richt tot de 'Vader'.

Het evangelie van Marcus geeft een specifieker beeld, namelijk dat Jezus hetzelfde woord gebruikt als het huilende kind in Haifa: het vertrouwelijke Aramese woord 'Abba'. Het is een van de zeldzame momenten waarop Marcus, die zijn evangelie vrijwel zeker in het Grieks schreef, ervoor kiest om een woord uit het Aramees, de moedertaal van Jezus, te gebruiken om iets duidelijk te maken. Hij wil dat we een glimp opvangen van het buitengewoon vertrouwelijke en menselijke karakter van de interactie tussen Christus en de Almachtige. Het is het enige moment in de Bijbel waarop Jezus Jahweh aanspreekt als 'Abba' en hij doet dit op zijn meest kwetsbare moment. Het is misschien wel het eerste woord dat Hij ooit als baby met zijn lippen heeft geprobeerd te vormen. Het eerste gesproken woord door het vleesgeworden Woord. En nu zou het ook een van zijn laatste woorden zijn: 'Abba'.

De negentiende-eeuwse Zuid-Afrikaanse schrijver Andrew Murray zei ooit: 'De kracht van gebed berust bijna helemaal op ons besef van wie het is tegen wie we spreken.'[1]

Als het leven pijn doet, wordt het belangrijker dan ooit om net zoals dat kind op die schommel tot God te roepen, in het besef dat Hij in de eerste plaats Abba, Vader is. We weten niet precies wat de emotionele lading voor Jezus was toen Hij zijn Vader 'Abba' noemde. Koppelde Hij het woord dat Hij altijd voor Jozef, zijn stiefvader, had gebruikt nu aan God? Of zou Hij Jozef nooit 'Abba' hebben genoemd omdat Maria Hem de omstandigheden had verteld waarin zij zwanger raakte en de intimiteit die bij de term hoort daarom in zijn hart alleen voor Jahweh was gereserveerd? Beslis voor jezelf! Als je zelf positieve, menselijke associaties hebt met het woord 'vader', voeg ze dan samen en verdubbel hun betekenis en pas het resultaat toe op God de

Schepper. Maar als je geen vader had, of als hij afwezig of liefdeloos was of je mishandelde, dan kun je – misschien net als Jezus die geen biologische, menselijke vader had – de prachtige naam 'Abba, Vader' speciaal voor God reserveren.

We zijn geneigd om aan te nemen dat we naar een soort noodzakelijke geestelijke diepte moeten streven, naar een techniek die we nog niet beheersen of naar een sleutel van mystieke openbaring die de wonderen zal ontsluiten die we nodig hebben. Maar Jezus liet zijn volgelingen keer op keer zien dat de sleutel tot krachtig gebed eenvoudigweg daarin bestond dat ze begrepen dat degene tot wie ze baden hun Vader in de hemel was. Hij leerde zijn discipelen hun gebeden te beginnen met 'onze Vader'. Hij vertelde de menigte dat God hun graag goede dingen geeft omdat ze zijn kinderen zijn (zie Mat. 7:9-11). Jezus leerde dat het gebed erop gericht is om de grootheid van de Vader zichtbaar te maken (zie Joh. 14:13) en dat de kracht van gebed geworteld is in de liefde van de Vader. En uiteindelijk richtte Hij de meest wanhopige gebeden van zijn leven tot degene die Hij kende als Abba. Gods stem kan zo gemakkelijk worden overschaduwd door onze pijn, onze zelfhaat of onze vreemde misvattingen over wie Hij echt is, hoe Hij spreekt en wat wij denken dat Hij zal zeggen. Maar als we herhaaldelijk bij God komen met een of andere diepe nood – omdat we genezing nodig hebben, of een partner willen vinden, of een vriend hebben die Jezus de rug toegekeerd heeft – kijkt Hij niet boos, verveeld of onverschillig naar ons terwijl Hij zich afvraagt of onze vraag wel nut heeft en of de techniek van ons gebed wel klopt. Telkens wanneer we bij God komen met de open wond van verlangen, komen we bij Abba, Vader, die intens veel van ons houdt. 'U mag uw zorgen op hem afwentelen,' zegt de apostel Petrus, 'want u ligt hem na aan het hart' (1 Pet. 5:7).

Op zoek naar magische vruchten

In het eerste deel van zijn *Kronieken van Narnia, Het neefje van de tovenaar* – het boek dat voor *De leeuw, de heks en de kleerkast* komt – vertelt C.S. Lewis het verhaal van een jongen die Digory heet en wiens moeder op sterven ligt. Als hij voor het eerst de grote leeuw Aslan ontmoet, raapt hij zijn moed bij elkaar en vraagt: 'Alstublieft... Meneer Leeuw... Aslan... Meneer... zou u... mag ik... wilt u mij alstublieft een wondervrucht uit dit land geven om mijn moeder weer beter te maken?' Het is een hartverscheurende vraag – een wanhopig gebed – en toch lijkt Aslan het op dat moment volledig te negeren:

> *Met heel zijn hart had hij gehoopt dat de Leeuw 'Ja' zou zeggen; hij was doodsbang geweest dat die 'Nee' zou zeggen. Maar hij was verbouwereerd toen hij iets heel anders zei.*[2]

Als God onze meest wanhopige en diepste gebeden beantwoordt met stilte – geen ja door een wonder en geen nee door een duidelijk teken dat ons in ieder geval laat weten dat Hij ons gehoord heeft – is het normaal dat we concluderen dat het God niets kan schelen. Maar een tijdje later durft Digory Aslan weer om hulp te vragen:

> *Hij moest weer aan zijn moeder denken, en aan hoe hij op een wonder gehoopt had, en hoe die hoop nu aan het verdwijnen was, en hij kreeg een brok in zijn keel en tranen in zijn ogen en flapte eruit: 'Maar alstubliéft... wilt u niet... kunt u me niet iets geven waar mijn moeder weer beter van wordt?' Tot op dat moment had hij naar de grote voorpoten van de Leeuw staan kijken en naar de enorme klauwen die daaraan zaten; nu keek hij in zijn wanhoop op naar het gezicht van de Leeuw. En wat hij daar zag was wel het allerlaatste wat hij verwacht had. Want het goudgele gezicht was vlak bij het zijne, voorovergebogen, en (o opperste verwondering) in de ogen van de Leeuw schitterden reusachtige tranen. Vergeleken met die van Digory zelf waren het zulke grote, glinsterende tranen dat hij even het gevoel kreeg dat de Leeuw het eigenlijk nog erger voor zijn moeder vond dan hijzelf.*[3]

Digory's gebed bleef onbeantwoord, maar alles was veranderd. Hij wist nu dat de grote Leeuw, op wie hij al zijn hoop had gevestigd, echt om hem gaf. Wanneer we met een last in gebed bij God komen, smekend, 'alstublieft, alstublieft, wilt u, kunt u' en God blijft stil, dan zouden we kunnen aannemen dat het Hem niets doet zolang onze blik respectvol op zijn voeten gericht blijft. Maar als we in onze pijn en teleurstelling omhoog durven kijken om zijn gelaatsuitdrukking te kunnen zien, ontdekken we dat zijn hoofd voorover gebogen is, zijn gezicht vlak bij het onze en zien we '(wonder boven wonder) grote glinsterende tranen' in zijn ogen. Wat een ongelofelijke verrassing! Onze Joodse voorvaders beschouwden Gods naam als zo heilig dat deze nooit mocht worden uitgesproken of opgeschreven. En toch nodigt diezelfde God ons uit om tot hem te spreken en hem 'Abba' te noemen.

De 'Kosmische Sadist'

Als je door een bijzonder pijnlijke tijd gaat en je gebeden lijken geen enkel verschil te maken, dan lijken illustraties met leeuwen en tranen misschien wat afgezaagd. We kunnen ons leven nou eenmaal niet bouwen op verhalen uit kinderboeken. En dan is *Het neefje van de tovenaar* ook nog eens geschreven door een man die kennelijk zijn leven goed voor elkaar had: thee drinken met Tolkien en over de klassiekers discussiëren onder de sprookjesachtige torenspitsen van Oxford.

Toch was pijn voor Lewis niet onbekend en dit specifieke verhaal uit de *Kronieken van Narnia* is het meest autobiografische. Toen hij zelf 10 jaar was zag hij net als Digory zijn moeder vechten tegen kanker. Op een bepaald moment herstelde ze (als door toverkracht) in antwoord op zijn kinderlijke gebeden, maar twee maanden later overleed ze toch. Nadat hij zo plotseling wees geworden was, werd C.S. Lewis naar een kostschool gestuurd met een hoofdmeester die zo sadistisch was, dat hij twee jaar na de aankomst van Lewis uiteindelijk krankzinnig werd verklaard.

Ironische genoeg werd dit aangrijpende, semi-autobiografische verhaal van Digory's zoektocht naar de magische vrucht, waarmee zijn moeders ziekte kon worden genezen, op papier gezet tijdens een van de gelukkigste periodes in het latere leven van Lewis. Maar slechts een paar maanden na de publicatie van het boek stak het verhaal opnieuw de kop op om hem te kwellen toen bij zijn verloofde, Joy Gresham, dezelfde ziekte werd geconstateerd waaraan zijn moeder was overleden. Ineens kwamen al die angsten uit zijn kindertijd opnieuw tot leven en weer bad hij kinderlijke gebeden en durfde hij te hopen op magische vruchten.

Tijdens een remissie trouwde Lewis met Joy – wat een schrijnende naam – maar ze stierf vijf jaar later op de leeftijd van 45 jaar. Midden in zijn verdriet schreef C.S. Lewis een boek dat zo schokkend was, dat hij het in eerste instantie onder een pseudoniem moest uitbrengen. De man die onze harten bekoorde met troostende beelden van een huilende leeuw, denkt in *Verdriet, dood en geloof* na over het langdurige, pijnlijke stervensproces van zijn vrouw. Hij durft zich af te vragen of God eigenlijk gewoon een Kosmische Sadist of een kwaadaardige imbeciel is die het leuk vindt om mensen te kwetsen:

> *Elk gebed en alle hoop wordt gesmoord door herinnering aan gebeden die H. [red. Joy] en ik hebben gedaan en alle valse hoop, die we hebben gekoesterd. Niet alleen hoop die uit onze eigen wensen voortkwam; hoop, die aangemoedigd werd, zelfs ons opgedrongen werd door verkeerde diagnosen, door röntgenfoto's, door een vreemde teruggang van de koorts, door een tijdelijk herstel dat als een wonder aangemerkt had kunnen worden. Stap voor stap werden we 'om de tuin geleid'. Keer op keer, wanneer Hij het genadigst scheen, was Hij in werkelijkheid bezig de volgende marteling voor te bereiden.*[4]

Na een goede nachtrust las de wijze hoogleraar uit Oxford deze woorden opnieuw en erkende hij dat ze meer een schreeuw van pijn waren dan een gedachte. Maar – en dat is cruciaal – hij liet ze wel in het uiteindelijke boek staan. C.S. Lewis heeft niet zijn geloof verloren, zoals de film *Shadowlands* suggereert, maar hij heeft zeker in zijn eigen Getsemane geworsteld met het idee van God als intens meevoelende vader.

Als ons sentiment wordt weggevaagd door de pijn van het leven, vormen kinderverhalen geen goede basis voor theologie en gebed. Op die momenten moeten we van Narnia terug naar de harde historische werkelijkheid van Jezus in de tuin van Getsemane, waar Hij bijna tot stervens toe werd overspoeld door verdriet, bloed zweette en God smeekte om zijn eigen verlossing. Dit is geen verhaaltje voor het slapen gaan. We zien geen goedkope emoties in Getsemane; er is daar geen ruimte voor religieuze oneliners. In plaats daarvan zien we een mens als wij die worstelt met zijn eigen ziel, 'dodelijk bedroefd' (Mar. 14:34). Dit is de context van zijn korte gebed – het telt slechts 24 woorden – dat ons leert om allereerst met onze pijn naar 'Abba, Vader' te gaan.

Als God alles is wat je hebt

Als mijn intense gebeden niet werken, val ik makkelijk terug in wanhoop, woede of twijfel. Hoewel ik geloof dat God wel om weet te gaan met mijn nukken, is de waarheid dat boosheid alleen maar tijdelijk troost biedt en dat er in twijfel al helemaal geen hoop te vinden is.

Op een morgen vroeg ik Samie of ze ooit twijfelde aan Gods bestaan of macht om in te grijpen. Dit was toen ze weer in het ziekenhuis lag na een bijzonder hevige epileptische aanval. Eigenlijk was het meer een bekentenis van mijn kant dan een vraag aan haar. Maar zonder aarzeling zei Samie: 'Nee! Ik twijfel tegenwoordig nooit aan God, Pete.' Ze pauzeerde even en bekeek mijn gezicht met een mengeling van affectie en verwijt. 'Hoe zou ik aan God kunnen twijfelen?' vervolgde ze zacht. 'God is alles wat ik heb!'

Ik ben er nog steeds verbaasd over dat de schok van haar diagnose Samie nooit heeft doen worstelen met de fundamenten van haar geloof. Toen ze zich voorbereidde op de operatie en ze mentaal veel te verduren had, bleef haar geloof in het bestaan van God, Gods liefde en zijn kracht onwrikbaar. Haar geloof werd zelfs sterker, ondanks haar grote teleurstelling en onbeantwoorde gebed. Deze overtuigingen zijn natuurlijk terecht. Onze hoop in periodes van lijden ligt niet in het afwijzen van God, maar veeleer in het nog meer op Hem vertrouwen, waarbij we ervoor kiezen om Hem 'Vader' te noemen met een combinatie van wanhoop en hoop. Hoewel onze gebeden onbeantwoord blijven, kunnen we stug volhouden dat het niet komt doordat God harteloos of ongeïnteresseerd is, want Hij is liefde.

In zijn autobiografie spreekt de atheïstische schrijver Bertrand Russell met sombere eerlijkheid namens hen die dit vertrouwen in God niet kennen:

> *We staan aan de kustlijn van een oceaan, schreeuwend naar de nacht en de leegte; soms antwoordt een stem uit de duisternis. Maar het is de stem van iemand die verdrinkt; en na een ogenblik keert de stilte terug. De wereld ziet er voor mij vreselijk uit; de ellende van de meeste mensen is zeer groot.*[5]

We staan allemaal aan de kust van die oceaan – atheïsten, agnosten en mensen die van God houden net zo goed als zij die God haten – en uiteindelijk kennen we allemaal periodes waarin we erg ongelukkig zijn. Maar hoe tragisch is het om degene te zijn die 'schreeuwt naar de nacht en de leegte' zonder de diepe troost die het kennen van de liefde van de Vader biedt.

De openbaring van Gods liefde – de tranen in zijn ogen – beantwoorden misschien niet onze intellectuele vragen over waarom Hij een bepaald gebed niet verhoort. (In veel gevallen maakt het zien van zijn tranen het uitblijven van zijn reactie alleen maar moeilijker te begrijpen.) Maar het raakt een emotioneel verlangen in ons dat misschien wel dieper gaat dan het intellectuele: De behoefte om te weten dat wat wij meemaken en wat wij voelen *ertoe doet*; het besef dat onze vragen *gehoord zijn*; de wetenschap dat God – op wie wij al onze hoop hebben gevestigd – vlakbij is en echt *om ons geeft*.

Kort nadat was vastgesteld dat Samie een tumor had, kreeg onze baby Daniel de waterpokken. Ik weet nog goed hoe zijn volmaakte babylijfje eruitzag, vol prikkende, rode vlekjes. Ze zaten zelfs op zijn oogleden en in zijn mond. Zijn temperatuur schoot omhoog, zijn huid jeukte, hij snotterde en als hij nieste produceerde zijn neus twee prachtige groene gletsjers die langs zijn gezicht naar beneden liepen.

Het was niet makkelijk om ons kleintje zo te zien. Ik wilde hem graag vertellen waarom hij zich zo beroerd voelde en dat hij zich niet altijd zo zou voelen. Maar een vijf maanden oude baby begrijpt natuurlijk geen woorden, laat staan het concept van herstel en immuniteit. Ik baadde hem in lauw water en smeerde hem in met zinkzalf, maar de verlichting was van korte duur. Het enige wat ik verder kon doen om zijn ongemak te verlichten was hem vasthouden en de ziekte uitzitten.

Terwijl ik op een avond met Danny heen en weer liep op de overloop, bedacht ik me dat mijn hemelse Vader dit misschien ook voor mij wilde doen. Uiteindelijk stopte het gehuil van Danny toen hij wegzonk in een onregelmatige slaap, wat mij de luxe gaf om terug te kijken op de gebeurtenissen sinds zijn geboorte. Wat was er gebeurd met die gewone ouders die zo opgewonden waren over de komst van hun tweede kind? Het leven voelde niet langer als iets veiligs. Het voelde zelfs gevaarlijk. Hoe kun je ontspannen in de wetenschap dat het menselijk lichaam een tijdbom is die elk moment kan ontploffen? Geleidelijk begon het me te dagen dat ik, begin dertig, me nooit meer immuun, onsterfelijk of onoverwinnelijk zou voelen – anders gezegd: ik zou me nooit meer jong voelen.

Sinds de diagnose had ik weinig tijd gehad om over dit soort dingen na te denken. Als ons leven een film zou zijn, dan hadden Samie en ik elkaar allang een keer in de ogen gekeken en precies de goede woorden gevonden om te zeggen wat we voelden, om daarna in huilen uit te barsten. Maar er waren geen scenarioschrijvers en strijkkwartetten in ons leven, en zo'n moment had nog niet in ons leven plaatsgevonden. In plaats daarvan liep ik daar, op de overloop, heen en weer, dag in dag uit ploeterend om het hoofd boven water te houden. Naast de kritieke toestand van mijn vrouw waardoor ik in beslag genomen werd, had ik de zorg voor twee kinderen die niet begrepen wat er aan de hand was, wilde ik graag bij vrienden langs die ik al maanden niet had gezien en was ik, als klap op de vuurpijl, bezorgd dat ik de internationale beweging waarin ik als leider actief zou moeten zijn teleurstelde.

Rond deze tijd vertelde een van onze vrienden, zo'n oermoeder-type, dat het eigenlijk 'best wel goed' was dat Danny de waterpokken had gekregen omdat het kennelijk vervelender is als je die op latere leeftijd krijgt. Toen ik haar bedankte voor deze informatie vroeg ze of het een idee was om een 'pokken party' te houden zodat haar ongeschonden kinderen konden worden blootgesteld aan Danny's zeer gewilde virus. Nou heb ik wel eens pokkenfeesten meegemaakt, maar een daadwerkelijke pokken party, dat leek me het toppunt. Ik zei dus nee. Er zijn grenzen.

Over twintig jaar zal Danny ongetwijfeld alles begrijpen van de waterpokken en terugkijkend zal hij blij zijn dat hij ze gehad heeft. Als we pijn ervaren en we geen grip kunnen krijgen op onverhoord gebed, vragen we ons vaak af waarom God niet met zijn vingers knipt en alles oplost. Op zulke momenten van onwetendheid, wanneer er niets goeds in de pijn is en we hulpeloos en hopeloos zijn als een baby met waterpokken, biedt het troost om erop te vertrouwen dat God ons door de chaos in zijn armen draagt. We begrijpen misschien niet waarom Hij toestaat dat de situatie blijft voortduren hoewel Hij de macht heeft deze te stoppen, maar, net zoals Danny die zonder ook maar iets van de situatie te begrijpen in mijn armen lag te huilen, we kunnen Abba, Vader nog steeds vertrouwen.

Een loflied in de duisternis

In 1900 raakte Hudson Taylor, de grote pionier en zendeling in China, overspannen. Midden in een preek in Boston begon hij dezelfde twee zinnen steeds te herhalen: 'Het is mogelijk om God te weinig te vertrouwen, maar je kunt Hem nooit te veel vertrouwen' en 'Als wij hem ontrouw zijn, blijft hij ons trouw, want zichzelf verloochenen kan hij niet' (2 Tim. 2:13).

Hudson Taylor herhaalde deze twee uitzonderlijke zinnen keer op keer, totdat hij van het podium af werd begeleid. Hij keerde terug naar Londen, en daarna, op doktersvoorschrift, ging hij geestelijk en fysiek volledig uitgeput naar Zwitserland. Hij was daar toen hij het vreselijke nieuws hoorde dat 58 medezendelingen en 21 kinderen waren vermoord tijdens de Boxer Revolutie. Het nieuws was bijna meer dan zijn ouder wordende hart aankon. 'Ik kan niet lezen; ik kan niet denken; ik kan niet eens bidden,' bekende hij aan zijn vrouw, 'maar ik kan vertrouwen.'[6]

Terugkijkend kunnen we zien dat het vertrouwen van Hudson Taylor terecht was: Het bloed van zulke martelaren is het zaad geworden van de Chinese kerk, die sindsdien is uitgegroeid tot een van de meest levendige en opofferingsgezinde uitingsvorm van het christendom van nu. Maar op het moment zelf was Hudson Taylor zo kapot door de pijn van zoveel levens die te vroeg beëindigd waren, van vermoorde kinderen en het evangelie dat schijnbaar het zwijgen werd opgelegd, dat hij in deze tragedie geen hoop meer kon vinden. Eindeloos veel gebed om bescherming had nergens toe geleid. Jaren van voorbede en al het werk om het evangelie naar het binnenland van China te brengen waren schijnbaar gedwarsboomd. Hudson Taylor kon niets meer doen dan vertrouwen en hulpeloos rusten in de armen van degene die 'ons trouw blijft', zelfs wanneer hij twijfelde.

Als wij gekwetst zijn en de pijn zinloos lijkt, kan het moeilijk zijn om helder na te denken of vasthoudend te blijven bidden. Maar we kunnen wel vertrouwen en rusten in de liefde van de Vader voor ons (zie Jes. 30:15). Wat betekent dit in de praktijk? Het betekent mediteren op de prachtige beloftes uit de Bijbel met een hart dat hoop heeft voor de toekomst. Ook is het goed om terug te denken aan de goedheid die God ons in het verleden heeft doen ervaren, misschien door dingen of plaatsen die ons herinneren aan gelukkiger tijden. En in het heden betekent het de vriendelijkheid van mensen accepteren als geschenken van God. Telkens als we ervoor kiezen om dit soort zegeningen (met name de kleine) te herkennen en te aanvaarden met een dankbaar hart, openen we onszelf voor de liefde van de Vader. Brennan Manning zei het zo:

> *Als je dankbaar bent voor onbeantwoord gebed, dankbaarheid uit terwijl je je vanbinnen verlaten voelt, op de liefde van God vertrouwt terwijl de wonderen, wrede omstandigheden, obsceniteiten en platvloersheden van het leven je in de ogen kijken, dan is het alsof je een loflied fluistert in de duisternis.*[7]

Anatoly Emmanuilovich Letivin is een oude Russisch Orthodoxe gelovige die bijna zijn hele leven door de geheime politie werd vervolgd. Hij beschreef in een brief vanuit de gevangenis de unieke kracht van het gebed die vrede geeft en die zelfs de donkerste momenten van ons leven verlicht:

> *Het grootste wonder van alles is het gebed. Ik hoef alleen maar mijn gedachten op God te richten en plotseling voel ik een kracht die mijn ziel, mijn hele wezen, binnendringt. Wat is het? Psychotherapie? Nee, het is geen psychotherapie, want waar zou ik, een onbeduidende, vermoeide, oude man deze kracht vandaan moeten halen die me vernieuwt en me boven de aarde uittilt? Het komt van buiten mezelf en er is geen kracht op aarde die het zelfs maar kan begrijpen.*[8]

Het leven van mensen als Letivin inspireert ons om de realiteit van de liefde van de Vader zelfs in moeilijke tijden te accepteren. Ik weet niet waarom je gebeden niet zijn beantwoord. Maar ik weet wel dat het beste in ons leven – en ons grootste goed – is dat de maker van miljoenen sterren volkomen en voor eeuwig goed is, dat Hij druk bezig is met de details van onze situatie en meer om ons geeft dan wij zelf.

God houdt van je, en niet slechts vanuit een soort goddelijke plicht die Hem zou dwingen van mensen te houden, of Hij ze nou wel of niet leuk vindt. God houdt gepassioneerd van je, met een niet te stoppen fascinatie, omdat dit voor Hem een bron van blijdschap is. De God van de kosmos vindt jou uitzonderlijk. Jij!

Niet een of andere hemelse, geïdealiseerde versie van de persoon die je op een dag zou kunnen worden. Jij, de persoon die stomme dingen doet. Jij, degene met dat aparte gevoel voor humor. Jij, degene wiens haar in de war zit, die een stinkende adem en slechte verlangens heeft.

De Bijbel legt consequent de diepte van Gods liefde voor ons bloot. 'Wie aan mijn volk komt,' zegt de profeet Zacharia namens God tegen zijn volk, 'komt aan mijn oogappel!' (Zach. 2:12). De koninklijke dichter Zefanja zegt dat God 'in zijn liefde zal zwijgen' en 'in zijn vreugde over je zal jubelen' (Zef. 3:17). Jesaja zet God neer als degene die de naam van zijn volk in de palm van zijn hand tatoeëert (Jes. 49:16). Hooglied is een complete hymne over het goddelijke liefdesverhaal van Gods gepassioneerde verlangen en zoektocht naar zijn bruid. De psalmist schrijft, met een combinatie van verbazing en vrees, 'U omsluit mij, van achter en van voren… Hoe zou ik aan uw aandacht ontsnappen, aan uw blikken ontkomen?' (Ps. 139:5, 7).

De apostel Paulus knielt voor de Vader en bidt dat de gelovigen in Efeze op de een of andere manier de mateloosheid van Gods liefde zullen bevatten. Ergens anders zegt hij tegen de christenen in Rome dat 'het lijden van deze tijd in geen verhouding staat tot de luister die ons in de toekomst zal worden geopenbaard' (Rom. 8:18). In andere vertalingen staat er *in* ons. Dus niet alleen in *Jezus* en *aan* ons of *voor* ons. De grootheid van God zal worden geopenbaard *in* gewone mensen zoals wij die het nu zo moeilijk hebben.

Paulus vervolgt even verderop met een van de meest opmerkelijke zekerheden uit de hele canon van de Heilige Schrift: 'En wij weten dat voor wie God liefhebben, voor wie volgens zijn voornemen geroepen zijn, *alles* bijdraagt aan het goede' (vers 28, nadruk toegevoegd).

Terwijl het ons misschien nog duizelt van de laatste belofte en we ons afvragen of Paulus echt, in alle eerlijkheid meende wat hij zei, eindigt hij met een andere ongelofelijke bewering: 'Ik ben ervan overtuigd dat dood noch leven… of wat er ook maar in de schepping is, ons zal kunnen scheiden van de liefde van God' (vers 38-39).

Geen engelen en geen demonen. Geen kankerafdelingen en geen concentratiekampen. Geen eenzaamheid en geen angst. Geen faillissement, verlies of onvruchtbaarheid. Niets dat we te verduren hebben, zegt Paulus, heeft van nature de mogelijkheid ons los te trekken van de fundamentele realiteit dat we eeuwig geliefd zijn door *Abba, Vader*.

Gebed

Abba, Vader, ik weet dit alles over uw liefde wel met mijn hoofd, maar mijn hart verhardt zich ertegen en ik ben moe. Doet u alstublieft wat u moet doen (en ik bedoel echt alles) om mijn vuisten te openen. Wrik mijn ogen open zodat ik uw tranen kan zien en maak mijn hart zacht zodat het me diep vanbinnen raakt. Ik snap niet waarom u mijn gebeden niet gewoon beantwoordt, maar ik kies ervoor erop te vertrouwen dat u mij gehoord heeft, dat u werkelijk om mij geeft en dat u op de een of andere manier aan mijn situatie werkt. Abba, Vader, dank u voor alle manieren waarop u mij hebt gezegend. Ik weet echt niet wat ik zou doen, waar ik zou zijn of zelfs wie ik zou zijn geworden zonder u. Abba, Vader, ik ga vandaag proberen u te vertrouwen. Amen.

Hoofdstuk 3

Het mysterie ingaan

Voor u is alles mogelijk...
Marcus 14:36

In de hof van Getsemane gaat Jezus, na zichzelf vertrouwelijk tot 'Abba, Vader' te hebben gericht, verder door Gods almacht met respect te erkennen: 'Voor u is alles mogelijk' (Mar. 14:36). Om het wonder van Gods vaderlijke liefde te begrijpen, moeten we ook de overweldigende mogelijkheden van zijn soevereiniteit erkennen.

C.S. Lewis waarschuwt ons door te zeggen dat Aslan, ondanks zijn tranen, geen tamme leeuw is. Er is een oud Hebreeuws gezegde met dezelfde strekking: 'God is geen vriendelijke oude oom; Hij is een aardbeving.'[1] Dit is het best mogelijke nieuws wanneer we worstelen met onverhoord gebed. Want hoewel we in het heden troost vinden in zijn vaderlijke liefde, biedt zijn almacht onweerstaanbare hoop voor de toekomst. Een aardbeving kan dingen verschuiven waar een vriendelijke oude oom alleen maar naar kan glimlachen. Soms moet de leeuw brullen.

De vragen die door onze ervaringen van onverhoorde gebeden worden opgeroepen, trekken vaak Gods liefde in twijfel ('Kan het u dan niets schelen?') of zijn macht ('Kunt u dan niets doen?'). We hebben Gods liefde verkend in het vorige hoofdstuk; nu zullen we kijken wat zijn macht betekent voor degenen van ons die teleurstellingen kennen in het gebed.

De eerste week van onze huwelijksreis brachten Samie en ik door in een afgelegen cottage, ergens ver weg in het Lake District. De dichtstbijzijnde stad, Ambleside, was niet echt bekend vanwege zijn bruisende nachtleven, maar had wel een kleine bioscoop. Stoer en avontuurlijk als we waren, besloten we dus op een avond eropuit te gaan en te kijken wat er draaide.

Ik denk niet dat ik *Schindler's List* kan aanbevelen voor tijdens je huwelijksreis. Het is een krachtige film, die ik zelf inmiddels ook heb gekocht, maar de scenes van diep menselijk leed in Auschwitz zijn, zoals je misschien nog weet, erg heftig, net als de vragen die de terughoudende heroïek van Oskar Schindler oproept. Aan het einde van de film waren Samie en ik er aardig ondersteboven van. Niemand in de bioscoop durfde te bewegen voordat de laatste zinnen van de aftiteling uit beeld waren gerold. Samie en ik liepen in stilte het gebouw uit, kropen in onze oude Volvo 340 en begonnen over de kronkelende landweggetjes aan de terugrit.

We waren nog mijlenver verwijderd van de beschaving toen ik zag dat we bijna geen benzine meer hadden. Instinctief mompelde ik een gebedje: 'Breng ons veilig thuis, Heer. Ik heb echt geen zin om hier te stranden!' We kregen de auto uiteindelijk op pure wilskracht, al hortend en stotend, terug bij ons huisje. Toen ik de motor eindelijk uitzette, slaakte ik een zucht van verlichting en liep ik het huis in, terwijl ik God dankte. Maar toen drong het tot mij door.

'Hoe kan ik ooit geloven dat God dat deed?' zei ik.

'Dat God wat deed?' vroeg Samie.

'Dat Hij ons veilig thuis bracht en we niet zonder brandstof kwamen te zitten, zodat me een wandeling van een paar kilometer met een jerrycan bespaard bleef.'

'Ehm, omdat Hij van ons houdt?' Samie nam de vrijheid mij weer terug te brengen bij de simpele basis van mijn geloof.

'Ja, dat snap ik wel,' vervolgde ik, 'maar gaf Hij niet net zoveel om zijn volk dat in dat concentratiekamp om hulp riep? Geloven wij echt dat God mijn gebed in Ambleside verhoorde, maar hun gebeden om hulp in Auschwitz negeerde?'

'Schat, we zijn op huwelijksreis,' zei Samie. 'Dit is niet echt de tijd voor een geloofscrisis.' Een ondeugende glimlach verscheen op haar gezicht. 'Geef me de sleutels.'

'Waarom?'

'Als het je helpt op te vrolijken, kunnen we best rond blijven rijden tot de auto ermee stopt. Je verliest dan misschien je waardigheid, maar je geloof blijft intact!'

Zoals ik al zei: *Schindler's List* is niet echt een goede film voor tijdens je huwelijksreis.

Het zoeken naar een verklaring voor het lijden wordt door theologen een 'theodicee' genoemd (vanuit het Grieks: *théós dike*, Gods gerechtigheid).[2] Het probleem waarvoor een theodicee een antwoord zoekt, wordt kort en bondig verwoord in de eerste zeven woorden van Christus' gebed in Getsemane: 'Abba, Vader, voor u is alles mogelijk.' Door Gods liefde en macht zo naast elkaar te zetten, wordt de kern van het probleem van het lijden in één zin duidelijk: zijn liefde impliceert dat Hij het meeste (maar niet per se al het) lijden zou *willen* beëindigen; zijn macht betekent dat Hij het *vermogen* heeft om dat ook te doen. Maar waarom doet Hij dat dan niet? Het is een diepe en belangrijke vraag, niet in de laatste plaats omdat zovelen hun geloof hebben verloren in een situatie van leed.

Net voor kerst in 2005 sloeg in een Presbyteriaanse kerk in Malawi de bliksem in. Elf kerkgangers werden gedood en vele anderen raakten gewond. Het proberen te verklaren waarom God het in zijn liefde en almacht toestond, dat een groep mensen die in zijn naam bij elkaar was om Hem te aanbidden, getroffen werd door zo'n tragedie wordt een theodicee genoemd. Vraag jij je nooit af waarom God niet gewoon hoorbaar, in een dramatische droom of via een engel spreekt tot die cynische vriend voor wie je al jaren bidt? Geeft God dan niet om hem of haar? Jawel! Kan Hij zich dan niet aan hem of haar laten zien? Natuurlijk wel! Een zinnig antwoord proberen te vinden op dit soort belangrijke vragen is de kern van een theodicee.

Een deel van het probleem waarvoor we staan wordt veroorzaakt doordat Jezus in niet mis te verstane taal beloofde om op onze verzoeken te reageren. 'Maar ik verzeker jullie,' zegt Hij, 'wat je de Vader ook vraagt in mijn naam... vraag het en je zult het ontvangen' (Joh. 16:23-24). Wat moeten we nu met onze onbeantwoorde gebeden? Had Hij het mis? Overdreef Jezus toen Hij zei dat 'voor God alles mogelijk is'? Natuurlijk zit hem de grote ontsnappingsclausule in de woorden 'in mijn naam'. En ja, er zullen veel gebeden onbeantwoord blijven omdat ze regelrecht ingaan tegen Gods karakter en bedoelingen. Maar waarom worden dan zoveel gebeden die zo perfect overeen lijken te komen met Gods wil, zoals die in de Bijbel wordt beschreven, niet beantwoord? Kunnen we serieus tegen een rouwende moeder zeggen dat het niet Gods wil was om haar baby te sparen? Moeten we ervan uitgaan dat het verkrachtingsslachtoffer dat om hulp schreeuwt niet bidt volgens de bedoeling van de Vader? Dit zijn wat extreme voorbeelden, dat geef ik toe, maar ze zijn niet ongewoon.

En hoe zit het met mijn vraag over *Schindler's List*? Wat moeten we met het idee dat God in de details van ons leven voorziet – brood op de plank en brandstof in de tank – terwijl er zoveel mensen zijn die Hem vanuit de diepste klauwen der wanhoop aanroepen, en toch lijden en sterven?

God kleiner maken

Een paar dagen nadat hij de kaarsjes op de taart voor zijn derde verjaardag had uitgeblazen, werd bij Aaron Kushner *progeria* geconstateerd, een ziekte die ouderdom sterk vervroegt. Zijn ouders kregen te horen dat hij nooit groter zou worden dan een meter, nooit haar op zijn hoofd zou hebben, het uiterlijk zou krijgen van een wijze, oude man en – het allerergste – nooit een volwassen leeftijd zou bereiken. Kapot als ze waren, probeerden ze het beste van zijn korte leven te maken. Ze wilden dat zijn leven betekenis had, dat mensen zich hem zouden herinneren. En al die tijd worstelden ze met hun eigen grote vragen over Gods doel en de beperkingen van gebed.

Toen hij 14 was, stierf Aaron. Jaren later keek zijn vader, een rabbijn, terug op zijn leven. Hij schreef deze ontroerende woorden:

> *Aarons dood heeft mij een gevoeliger mens, een effectievere voorganger en een beter meevoelende therapeut gemaakt, meer dan ik ooit zonder zijn leven en sterven geweest zou zijn. Maar als ik mijn zoon ervoor zou kunnen terugkrijgen, zou ik deze kwaliteiten direct opgeven. Als ik kon kiezen, zou ik alle geestelijke groei en diepgang die deze ervaringen met zich meegebracht hebben opgeven, en worden wat ik vijftien jaar geleden was: een gemiddelde rabbijn, een onverschillige raadgever, soms wel en soms niet succesvol in het helpen van mensen en de vader van een vrolijke, gelukkige jongen. Maar ik kan niet kiezen.*[3]

Het is waar dat onze onbeantwoorde gebeden ons belangrijke waarheden kunnen leren en ons gevoeliger kunnen maken voor anderen. We kunnen door lijden groeien en dat besef kan een troost zijn als onze beproevingen relatief klein zijn. Maar als we te maken hebben met een zeer groot verlies, is het begrijpelijk dat we al het goede dat in onze levens is gebeurd door het lijden liever in zouden leveren als we daarmee die persoon of de situatie waarin alles nog goed was of die hoop ervoor terug konden krijgen. Maar net zoals de rabbijn hebben we het niet voor het kiezen.

Rabbijn Harold Kushner schreef een boek over de diepgaande vragen die het leven en de voortijdige dood van zijn zoon opriepen en het werd een onverwachte bestseller. *Als 't kwaad goede mensen treft* betoogt dat als we ons geloof in God niet kwijt willen raken, we zinloos lijden alleen kunnen begrijpen als we onze verwachtingen van wat God kan doen naar beneden bijstellen. In het spanningsveld tussen Gods liefde en Gods almacht kiest Kushner ervoor Gods liefde te accepteren, maar zijn macht reduceren. Volgens hem zouden we vooral moeten ophouden om wonderen te verwachten, niet omdat God ze niet wil doen, maar omdat Hij ze in veel situaties niet kan doen: 'God zou mensen graag geven wat ze in het leven verdienen, maar Hij kan dat niet altijd voor elkaar krijgen.'[4]

In sommige gevallen kan dit een aantrekkelijk uitgangspunt zijn. Nonnen in een klooster in Massachusetts schreven aan

Kushner dat, hoewel ze het niet eens waren met zijn theologie, ze vijf boeken per week weggaven omdat de boodschap zo'n troost gaf. Ze voegden eraan toe dat ze dachten dat ze de theologie van de mensen in een later stadium altijd nog konden corrigeren!

Willekeurige wonderen

Tegenover me, in een van de beste pubs van Bognor, zat een Amerikaan. Hij droeg een sjofel spijkerjack, een oorpiercing en hij was heimelijk aan het duwen en trekken aan mijn geweten. Rob Morris probeert al een groot deel van zijn leven kinderen te redden die het slachtoffer zijn van sekshandel. Zijn ogen waren vol vuur terwijl hij de kleine meisjes beschreef die hij als slavinnen in de bordelen in Zuidoost-Azië had zien leven. Rob vertelde over een bordeel waar de meisjes allemaal dezelfde rode jurken moeten dragen met grote nummers erop, zodat ze makkelijker kunnen worden uitgekozen. De kinderen kijken tekenfilms, terwijl mannen die op jacht zijn met een biertje in de hand door een raam kunnen kijken om een meisje uit te kiezen. Op een keer, zei hij, viel de politie een bordeel binnen om een paar kinderen te bevrijden. Een van de meisjes bleek over de hele muur in haar kamer een gebed om hulp te hebben geschreven. Waren zij gestuurd als antwoord op de hartenkreet van dat kleine meisje naar God? Had hij haar graffiti gezien, haar gesmeek gehoord en ingegrepen?

Het zijn dit soort hoopvolle mogelijkheden die Rob in zijn werk motiveren, maar hij moest ook bekennen dat hij het er erg moeilijk mee heeft, want er zijn nog honderdduizenden andere kinderen zoals dat meisje, die het allemaal naar God toe uitroepen en niemand zal hen ooit bevrijden. 'Wonderen lijken zo *willekeurig*,' zei hij. 'De een wordt gered of genezen of zoiets, maar duizend anderen niet.'

De bestrijder van slavernij pauzeerde even en zocht in mijn gezichtsuitdrukking naar toestemming om te zeggen wat hij echt voelde. 'Soms denk ik dat ik het makkelijker zou vinden als God geen wonderen zou doen,' zei Rob. Hij keek om zich heen naar de gezichten in de pub, maar ik kon zien dat hij eigenlijk met zijn gedachten door de straten van Zuidoost-Azië doolde, terwijl hij naar de mannen keek die naar de meisjes keken die naar tekenfilms keken. 'Ik bedoel, als God nooit wonderen zou doen, konden we gebed gewoon als een meditatietechniek gebruiken en op Hem vertrouwen voor het niet-fysieke gedeelte. Ik zou daar best mee kunnen leven. Maar het verwart mij dat God soms op een dramatische en bovennatuurlijke manier lijkt in te grijpen als reactie op gebed. Hij doet dat *soms*, maar waarom niet heel vaak? Wonderen lijken gewoon zo willekeurig.' Rob pauzeerde en keek in zijn bierglas alsof hij daar naar antwoorden zocht. 'Is het als een soort loterij waarin besloten wordt wie het wonder krijgt en wie niet?'

Rob keek op van zijn biertje. Het was mijn beurt om in het mijne te staren.

Als je rondloopt met de vragen die onverhoord gebed met zich meebrengen – of je nou een rabbijn bent met een stervend kind, een man met een missie in een bordeel in Bangkok of iemand die al duizend keer om genezing heeft gebeden – dan is het natuurlijk om de schijnbare grenzen aan Gods macht ten aanzien van bovennatuurlijk ingrijpen ter discussie te stellen. *'Is het echt zo dat alles mogelijk is voor de Vader?'* vraag je je misschien af. Misschien zijn er grenzen aan de hoeveelheid of het soort wonderen dat Hij kan doen.

Er zijn weinig mensen die deze twijfels zo stellig neerzetten als Kushner. Het gebeurt eerder dat ze dingen zeggen die geestelijk en vol geloof klinken, zoals 'Gebed gaat niet over het veranderen van de realiteit, maar over verandering van de manier waarop we naar de realiteit *kijken*.' Ze verheffen de contemplatieve en naar binnen gerichte eigenschappen van gebed ten koste van de primaire, vragende kant van gebed: God verzoeken om iets tastbaars te veranderen of te doen.

Een psychoanalyse maken van God

Jezus vertelde zijn discipelen echter niet dat als ze geloof hadden zo klein als een mosterdzaadje, ze dan hun *houding* ten opzichte van de berg zouden kunnen veranderen. Hij zei dat de berg zélf zou verplaatsen. De realiteit zou veranderen als reactie op hun geloof. Jezus voegde daaraan toe: 'Niets zal voor jullie onmogelijk zijn' (Mat. 17:20-21). De daaropvolgende bediening van Christus en die van zijn discipelen – om nog maar niets te zeggen over twee millennia kerkgeschiedenis – maakt duidelijk dat God wel degelijk wonderen kan doen en doet. De almacht van God is een constant thema in de Bijbel – zelfs wanneer het voor de schrijvers geloofsproblemen oplevert.

Als we teruggaan naar het oudste Bijbelboek dan zien we dat aan het eind van Jobs litanie van hartverscheurende ervaringen God verscheen en zijn kracht liet zien. Als (om het in Kushners woorden te zeggen) het kwaad deze goede man die Job heet treft, zegt God niet, 'Ik voel met je mee en Ik zou je graag helpen, maar, sorry kerel, Ik kan het niet.' Hij zegt het tegenovergestelde! God schuift de wolken weg en geeft Job een indrukwekkend beeld dat hem juist niet zijn verwachtingen doet verlagen, maar hem sprakeloos maakt. 'Waar was jij,' davert God, 'toen ik de aarde grondvestte? Vertel het me, als je zoveel weet. Wie stelde haar grenzen vast? Jij weet dat toch? ... Wie heeft haar hoeksteen gelegd, terwijl de morgensterren samen jubelden en Gods zonen het uitschreeuwden van vreugde?' (Job 38:4-7).

Het antwoord van God op Jobs archetypische hartenkreet 'Waarom?' is simpelweg, 'Kijk naar Mij' (zie Job 38-41). 'Eerder had ik slechts over u gehoord, maar nu heb ik u met eigen ogen aanschouwd,' roept Job diep onder de indruk uit, alsof zijn leed ineens is verdampt (42:5). Het boek Job is daarom de meest frustrerende en tegelijk de meest verduidelijkende verhandeling in de Bijbel over onbeantwoord gebed, want Gods oplossing voor zoveel ellende is uiteindelijk slechts het openbaren van zijn grootheid.

De grote psychoanalist Carl Jung was door het verhaal zo geschokt, dat hij een boek schreef, *Antwoord op Job*, waarin hij de confrontatie aangaat met wat hij 'een openlijk schouwspel van goddelijke wildheid en bandeloosheid' noemt.[5] Jung was door Jobs situatie zo uit het lood geslagen, dat hij een psychoanalyse van God probeerde te maken. De uitkomst hiervan is zo bizar, dat het moeilijk serieus te nemen is, ware het niet dat deze afkomstig is van een van de meest gerespecteerde denkers uit de twintigste eeuw. Jung stelde dat God zich zo schaamde over zijn gedrag naar Job toe, dat Hij Jezus stuurde om te sterven als boetedoening voor zijn eigen onrecht. Jezus werd volgens Jung naar de aarde gestuurd uit schuldgevoel, omdat God zich slecht voelde en Hij zijn morele bewustzijn moest ontwikkelen![6]

Jung had ieder recht om zo tekeer te gaan tegen een God die lijden toestaat. Hij schreef dit slechts zeven jaar na de holocaust in een continent dat door de oorlog was verwoest. Maar hij miste het fundamentele punt uit het boek Job. Want hoezeer we ook zouden willen dat deze beeldende beschrijving van een tragedie de redenen voor het lijden verklaart – antwoord geeft op het grote 'Waarom?' van het leven – deze aloude tekst eindigt met een openbaring van Gods macht waardoor Job zo'n uitleg niet langer nodig heeft. In de loop van het verhaal komen we erachter dat het boek niet zozeer gaat over waarom het kwaad goede mensen treft, maar veel meer over wie God is en hoe we om moeten gaan met de oneerlijkheid van het leven wanneer we daarmee geconfronteerd worden. Het is een boodschap die de goedkope troost van makkelijke verklaringen uitdaagt en die ons niet in twijfel over Gods macht achterlaat.

Met deze geweldige climax spreekt de boodschap van het boek Job uiteindelijk de theodicee van Kushner over goddelijke zwakheid tegen. En Getsemane dan? Hebben we de tekst verkeerd begrepen? Bad Jezus eigenlijk, 'Abba, Vader, voor u zijn een paar dingen mogelijk. Ik wou dat u deze beker van mij wegnam, maar Ik weet dat u dat niet kunt'? Nee! Jezus' gebed in Getsemane is een ondubbelzinnig statement over Gods absolute macht over *alles*. Het lijkt misschien alsof Goede Vrijdag en Stille Zaterdag rabbijn Kushner en alle anderen die twijfelen aan Gods macht om wonderen te doen gelijk geven. Maar op Paasmorgen openbaart God voor eens en voor altijd dat Hij in het fysieke domein wonderen doet. Hij is Abba, Vader. Maar Hij is ook de soevereine Heer.

Het maakt me verdrietig wanneer ik zie hoeveel mensen vandaag de dag – en in het bijzonder veel van mijn vrienden uit de 'emerging church'-beweging – hun geloof in genezingswonderen stilletjes naar beneden bijstellen als reactie op eerdere teleurstellingen in gebed die ze hebben ervaren. Ik geef toe dat dit soort wonderen zeldzamer zijn dan we zouden willen en veel zeldzamer zijn dan sommige sprekers ons willen doen geloven (hierover meer in hoofdstuk 7). Het valt niet te ontkennen dat er veel misbruik is gemaakt van de goedgelovigheid en wanhoop van mensen (Jezus voorspelde dat dit zou gebeuren). En het lijdt geen twijfel dat het geloof in wonderen (en niet in het minst, zoals mijn vriend Rob aangaf, hun schijnbaar willekeurige karakter) veel pijnlijke vragen heeft opgeroepen. Maar geloof in Gods macht om wonderen te doen is in het christelijk geloof nooit een bijkomende keuzemogelijkheid geweest. Elk geloofsartikel uit de Apostolische Geloofsbelijdenis draait om een wonder: de schepping van de aarde, de maagdelijke geboorte van Jezus, de opstanding van Jezus uit de dood, de opname van Jezus in de hemel, de opstanding van de heiligen en het eeuwige leven. Dat is een flinke lijst!

We zullen later zien dat Kushners beweringen toch voor een deel waar kunnen zijn, voor zover er terreinen zijn waarop God er – in zijn soevereiniteit – voor kan kiezen om zijn eigen macht in te perken. Maar hoewel Kushners idee dat God wezenlijk in zijn macht beperkt zou zijn oppervlakkig gezien een troost mag lijken, houdt het geen stand als je het nauwkeurig onderzoekt. Het strookt bijbels gezien niet met Gods openbaring in het Hebreeuwse en het Nieuwe Testament. Historisch gezien strookt het kleiner maken van God (zoals Kushner dat doet) niet met het wonderlijke ingrijpen van God dat mensen door alle eeuwen heen hebben meegemaakt. Filosofisch gezien strookt het niet met welke monotheïstische definitie van goddelijkheid dan ook. En zelfs op het persoonlijke vlak geeft het uiteindelijk geen troost wanneer we alle hoop op wonderen laten varen door onze kijk op Gods macht te reduceren tot de omvang van onze pijn.

Zoals Samie vanuit haar wanhopige situatie tegen me zei, 'God is alles wat ik heb.'

Ophouden met pleiten

We hebben gezien dat sommige theïsten, zoals Kushner, hun lijden en hun geloof in Gods liefde met elkaar proberen te verzoenen door hun verwachting over zijn macht te begrenzen. 'God houdt van ons,' blijven ze volhouden, 'maar Hij kan niet alles doen waar we om bidden. Daarom blijven onze gebeden onbeantwoord.'

Andere mensen houden vol dat God per definitie almachtig moet zijn. Dus in plaats van het ter discussie stellen van zijn macht zoals Kushner doet, trekken ze zijn goedheid in twijfel. Dit is wat Jung deed door in de conclusie van zijn analyse van het boek Job de oprechtheid van Gods liefde ter discussie te stellen. 'God is schuldig,' zeggen deze mensen in antwoord op lijden. 'Hij beantwoordt onze gebeden niet omdat Hij niet goed is.'

Er is echter nog een derde zienswijze, die wordt aangehangen door holocaust-overlevende Elie Wiesel en velen zoals hij. Deze mensen leggen zich neer bij het idee dat het leed op deze wereld uiteindelijk een mysterie is dat het menselijk bevattingsvermogen te boven gaat. Voor hen is de pragmatische insteek van Kushner belachelijk en onvoldoende. Maar dat vinden ze ook van Jungs hoogmoedige poging tot een psychoanalyse van God. 'We kunnen God de vragen stellen,' zeggen ze, 'maar we zullen nooit in staat zijn te begrijpen waarom dit soort vreselijke dingen gebeuren.'[7]

In zijn opmerkelijke memoires met de eenvoudige titel *De Nacht* beschrijft Wiesel een tot dan toe vrome tiener die woedend zijn geloof verliest tijdens – jawel – een gebedsbijeenkomst. Een grote groep van 10.000 mannen had zich in Auschwitz verzameld om Rosj Hasjana, het einde van het Joodse nieuwjaar, te vieren, maar voor deze tienerjongen markeerde dit het begin van zijn ongeloof. Wiesel schrijft:

> *Door de tranen, het gehuil en gezucht van alle aanwezigen heen*

hoorde ik de stem van de voorganger aanzwellen, krachtig maar tegelijk gebroken, 'De aarde en het heelal zijn van God!' *Hij stopte voortdurend, alsof hij de kracht niet had om de betekenis achter de woorden te vinden. De melodie stokte in zijn keel.*
En ik, mysticus die ik was geweest, ik dacht: 'Ja… maar de mannen hier, die door U zijn verraden, en waarvan U toestond dat ze werden gemarteld, afgeslacht, vergast, verbrand, wat doen ze? Ze bidden! Ze verheerlijken uw naam!'
'Alles in de schepping getuigt van de grootheid van God!'
Ooit was nieuwjaarsdag het belangrijkste in mijn leven geweest. Ik wist dat mijn zonden de Eeuwige verdriet deden; ik bad om zijn vergeving. Ooit had ik het sterke geloof dat de redding van de aarde afhing van één enkele goede daad van mij, één enkel gebed.
Op deze dag was ik opgehouden met pleiten. Ik kon niet langer jammeren. Ik voelde me juist erg sterk. Ik was de aanklager, God de beschuldigde. Mijn ogen waren geopend en ik was alleen – heel erg alleen in een wereld zonder God en zonder mensen. Zonder liefde of genade. Ik was niets meer dan as, maar ik voelde me sterker dan de Almachtige met wie mijn leven zo lang verbonden was geweest. Ik stond tussen de biddende menigte en keek toe als een vreemde.[8]

Er zijn heel veel mensen die in situaties van groot leed dezelfde tragische conclusie trekken als Elie Wiesel. In hun boosheid naar God zijn ze 'opgehouden met pleiten'. Sommigen hebben de geloofsgemeenschap misschien niet helemaal verlaten, maar ze 'staan tussen de biddende menigte en kijken toe als een vreemde'. Ze geloven misschien nog wel in God, maar ze trekken zijn bedoelingen in twijfel.

God vinden in de hel

Het is geen verrassing dat Hitlers holocaust – waarbij minstens zes miljoen mensen bij elkaar werden gedreven en systematisch afgeslacht – meer dan welke wereldwijde gruweldaad dan ook wordt gebruikt als bewijs in de zaak tegen God. Dit, stelt men, is niet alleen het ultieme voorbeeld van de wreedheid van mensen onderling, maar ook van Gods onverschilligheid ten opzichte van mensen – zijn eigen mensen.

Dit bracht Dr. Reeve Robert Brenner, een Amerikaanse rabbijn, ertoe honderden overlevenden van de holocaust te interviewen om te onderzoeken hoe hun belevenissen hun geloof in God hadden beïnvloed[9]. De conclusies van Dr. Brenner waren opmerkelijk. Allereerst ontdekte hij dat bij een opvallend hoog percentage overlevenden (bijna de helft) de gruwelen van de holocaust geen invloed hadden gehad op hun religieuze overtuigingen. Op de een of andere manier hadden deze mensen de hel op aarde doorgemaakt zonder hun geloof in Jahweh te verliezen. 'Het is nooit in me opgekomen om Gods wegen in twijfel te trekken terwijl ik in Auschwitz gevangen zat, maar ik begrijp natuurlijk wel dat anderen dat wel deden,' schreef een overlevende. 'Als iemand gelooft dat God verantwoordelijk is voor de dood van zes miljoen mensen omdat Hij er niet op de een of andere manier iets tegen deed, dan denkt hij verkeerd om. In de vele of weinige jaren die we op aarde doorbrengen, hebben wij onze levens aan Hem te danken en is het onze plicht Hem te aanbidden.'[10]

Volgens Dr. Brenners onderzoek verloor ongeveer 11 procent van de holocaust-overlevenden hun geloof in God (hoewel hij opmerkte dat hun geloof in het atheïsme meer op een emotionele verandering dan op een theologische leek, want velen van hen hadden nog genoeg geloof in God om boos op Hem te zijn). Maar de werkelijk buitengewone ontdekking die Dr. Brenner deed was dat 5 procent van de holocaust-overlevenden die aan zijn onderzoek meededen juist het atheïsme ontrouw werd en in God begon te geloven als direct gevolg van wat ze in de dodenkampen van de nazi's hadden meegemaakt.

Als we die buitengewone statistieken toepassen op het totale aantal Europese en Russische Joden die de holocaust overleefden (ongeveer drie en een half miljoen mensen), betekent dit dat 177.000 overlevenden door de concentratiekampen tot geloof zijn gekomen. Het is ermee te vergelijken dat 5 procent van de bevolking van Los Angeles die zich in vijf jaar tijd tot Jahweh zou bekeren. Dit zou in christelijke termen omschreven worden als een van de succesvolste opwekkingsbewegingen die in welke bevolkingsgroep dan ook in de laatste zeventig jaar heeft plaatsgevonden. Het wordt echter bijna ongelooflijk wanneer we ons realiseren dat dit is gebeurd in de concentratiekampen, die zo vaak als primair bewijs tegen Gods goedheid worden gebruikt.

Het lost niets op wanneer we in situaties van onbeantwoord gebed concluderen dat er geen God is, of – als er een God is – dat Hij een machtige sadist is of een slappe, maar vriendelijke, oude oom. We schieten er niets mee op wanneer we Hem uit ons lijden verwijderen. Hoe problematisch zijn bestaan ook mag lijken, zonder God worden alle tragedies van het leven – dat faillissement, dat stukgelopen huwelijk, dat vierjarige kind met leukemie, die gemeenteleden die door onweer werden gedood, deze moeder die door een dronken bestuurder werd overreden – gereduceerd tot zinloze verliezen in het grote evolutionaire casino. Zonder God zijn we hopeloos alleen in een verdraaide realiteit waarin we zelf verwrongen worden zonder de geestelijk troost en zonder de hoop – hoe zwak ook – op bovennatuurlijk ingrijpen. Zoals de dichter W.D. Auden zegt: 'Niets dat mogelijk is kan ons redden; wij die moeten sterven eisen een wonder.'[11]

Mogelijkheden

Er bestaat een anekdote over de Nobelprijswinnaar Alexander Soltsjenitsin toen hij onder Stalin gevangen zat in een Siberische goelag. Op een dag, toen hij bij temperaturen onder nul dwangarbeid verrichtte, was hij aan het eind van zijn krachten. Hij gooide zijn schop weg, viel neer op een bankje en wachtte tot een bewaker hem zou doodslaan. Hij had het bij anderen gezien en wachtte op de eerste klap.

Voordat dit kon gebeuren, kwam een uitgemergelde medegevangene stil naar hem toe. Zonder een woord te zeggen kraste hij een kruisteken in de modder, waarna hij er haastig vandoor ging. Terwijl Soltsjenitsin keek naar de twee lijnen in de modder, begon de boodschap van het kruis te communiceren met zijn gevoel van wanhoop. 'Op dat moment wist hij dat er iets groters bestond dan de Sovjetunie. Hij wist dat dat eenvoudige kruis de hoop van de hele mensheid vertegenwoordigde. En door de kracht van het kruis, waren alle dingen mogelijk.'[12] Soltsjenitsin pakte zijn schop op en ging langzaam weer aan het werk.

Alleen de boodschap van Gods lijden had Soltsjenitsin de inspiratie kunnen geven om die dag weer aan het werk te gaan. Alleen de aanwezigheid van God op Golgota kon nieuwe mogelijkheden brengen naar de goelag. Meer dan alleen de troostende wetenschap van goddelijk meeleven (hoe belangrijk dat ook is) deed het kruis de hoop in Soltsjenitsin weer oplaaien dat voor God alles mogelijk is – zelfs in een Siberisch concentratiekamp, waar de omstandigheden het tegendeel lijken te bewijzen. In feite, juist op zo'n plek.

Het christelijke evangelie is het verhaal van een God die de regels van aannemelijkheid doorbreekt – vaak op de meest onverwachte momenten en op manieren die we nooit hadden kunnen voorzien. Wanneer ik leef met onbeantwoord gebed heb ik een grote God nodig; een ontzagwekkende, onbeschrijfelijk verbazingwekkende God; een God die de dood trotseert en eeuwig is; een God die sterft in Siberische concentratiekampen en die omkomt in auto-ongelukken om zo de dood te vernietigen en een onverwoestbaar leven mogelijk te maken. Ik heb een God nodig die beloften doet die zeker zijn; een God die het al eerder meegemaakt heeft, zodat Hij me kan meenemen en me kan begeleiden en voor me kan bidden en plaats voor me kan maken, en die zelfs alle dingen kan laten meewerken ten goede. We kunnen het ons niet veroorloven om aan deze belijdenis concessies te doen, ook niet wanneer het ons de domeinen van verwarring en mysterie instuwt: Onze God is onze Vader, Hij houdt volkomen van ons, is almachtig en zal uiteindelijk alle dingen nieuw maken.

'Hij zal alle tranen uit hun ogen wissen. Er zal geen dood meer zijn, geen rouw, geen jammerklacht, geen pijn, want wat er eerst was is voorbij.' Hij die op de troon zat zei: 'Alles maak ik nieuw!'
Openbaring 21:4-5

GEBED OM VERTROUWEN IN JEZUS

O Jezus Christus,
als alles duisternis is
en we onze zwakte en hulpeloosheid voelen,
geef ons dan het besef van uw aanwezigheid,
uw liefde en uw kracht.
Help ons om volkomen vertrouwen te hebben
in uw beschermende liefde
en uw versterkende kracht,
zodat niets ons bang zal maken of bezorgd,
want als we dicht bij u leven
zullen we uw hand zien,
uw doel, uw wil door alles heen.

Ignatius van Loyola

Hoofdstuk 4

Naakt gebed

Neem deze beker van mij weg…
Marcus 14:36

Als mensen niet over hun leed kunnen spreken, gaan ze eraan kapot, of worden ze verzwolgen door lusteloosheid… als men niet in staat is te communiceren met anderen kan er geen verandering komen. Woordeloos worden, zonder enige relatie zijn, dat is dood.
Dorothee Sölle in *Lijden*

Een nachtmerrie werd werkelijkheid toen bij de broer van een goede vriend HIV werd geconstateerd. Onderzoek doet vermoeden dat degenen die erin slagen een optimistische houding aan te houden ten opzichte van de ziekte, vaak langer leven voordat de ziekte zich volledig ontwikkelt tot AIDS. Deze doodsbange jongeman durft zich nu dus natuurlijk nog maar nauwelijks anders te voelen dan 'goed' of 'prima'. Hij is bang om angstig te zijn.

Jezus was in de hof van Getsemane helemaal eerlijk over zijn angst. Hij wist dat het zijn missie was om 'veel te moeten lijden' (Luc. 9:22), maar Hij vroeg toch aan God om de beker van het lijden van Hem weg te nemen. Messiassen worden niet verondersteld dit soort dingen te bidden. Het is zelfs een gebed dat tegen de bedoelingen ingaat die God eerder had bekendgemaakt! Maar door dit hartverscheurende verzoek mogen we er zeker van zijn dat het goed is om te rouwen en te huilen, om te pleiten bij God en ons af te vragen waarom. Het is zelfs meer dan goed – hierdoor wordt bevestigd dat het Gods hart laat zien. God accepteert onze eerlijkheid. Maar zoals we zagen, vergeten we makkelijk wie God is als het moeilijk wordt. Het is zelfs makkelijker om ons voor te doen als iets of iemand die we niet zijn.

Mijn gebedsleven begon pas echt op de dag dat ik een atheïst werd. Het was net voor mijn achttiende verjaardag. Ik geef toe dat ik er nooit erg goed in was om een atheïst te zijn, maar ik deed echt mijn best. Op sommige dagen viel ik terug in een meelijwekkende vorm van kleurloos agnosticisme, en ik moet bekennen dat ik het één of twee keer opgaf en voor een paar heerlijke uren terugviel en schaamteloos geloofde in Jezus Christus als mijn persoonlijke Heer en Verlosser. Het is nogal gênant dat mijn poging tot afvalligheid een kleine revolutie in mijn gebedsleven teweegbracht, waardoor ik veel leerde over volledige eerlijkheid naar God in mijn gebed. Het ging allemaal zo.

In een paar maanden tijd waren er in mijn 17-jarige leven zoveel dingen verkeerd gelopen dat ik geleidelijk aan depressief werd en uiteindelijk aan mijn geloof begon te twijfelen. Het begon allemaal toen ik school verliet met slechtere eindexamenresultaten dan iedereen had verwacht. De dag nadat ik deze slechte resultaten ontving, deed ik mijn rijexamen. Het ging allemaal prima, tot ik het voor mekaar kreeg om achter een gele stoomwals terecht te komen die op weg was naar een klus. In al die maanden van bijzondere verrichtingen oefenen en in spiegels kijken had niets mij voorbereid op de mogelijkheid dat ik vast zou kunnen komen te zitten achter een voertuig met het formaat van een grote schuur dat met een slakkengang over een drukke weg voortdonderde. Kinderen op fietsen en bejaarden op scootmobielen haalden ons op de stoep in. Omdat ik rijexamen aan het doen was, voelde ik me veel te onzeker om te proberen de vrachtauto in te halen. Ik bleef dus het grootste deel van mijn examen met de snelheid van een kleine acht kilometer per uur achter dat ding aan rijden. Dit deed ik foutloos.

Ik denk persoonlijk dat deze zorgvuldige aanpak een pluim verdiende. Nog steeds vind ik dat de examinator had moeten meewegen wat een buitengewoon veilige bestuurder ik zou zijn wanneer hij me op de Britse wegen zou loslaten. Maar in plaats daarvan verwachtte hij, denk ik, dat dat ik een van die 'voorzichtige' chauffeurs zou worden, die op nationale vrije dagen hun caravan zo langzaam achter zich aan trekken dat ze in Devon een file creëren die langer is dan de Chinese Muur. Wat de reden ook was, de examinator liet me zakken. Met de kennis die ik nu heb is mijn advies aan bestuurders die vast komen te zitten achter stoomwalsen dat ze beter serieus kunnen overwegen om ze in te halen.

Een paar weken nadat ik mijn slechte cijfers had gekregen en voor mijn rijexamen was gezakt werd ik gedumpt door mijn vriendin en vanzelfsprekend brak dit mijn hart. Het is nu makkelijk om er lacherig over te doen, maar op dat moment voelde het echt alsof mijn hele wereld instortte.

Dat was niet de enige vervlogen droom. Mijn vriend Steve en ik hadden het plan om eropuit te trekken op een missie van God. We wilden naar lokale scholen gaan om dagopeningen te doen, concerten te organiseren en mensen over Jezus te vertellen. Van sommige onderwijsinstellingen hadden we gek genoeg al uitnodigingen ontvangen toen onze droom op een tragische manier in duigen viel. Een vriend van Steve had zelfmoord gepleegd en hij was daar natuurlijk kapot van. Hij verhuisde om bij mensen te wonen die hem konden helpen zijn gedachten weer op een rijtje te krijgen. Ik zag in dat het schoolproject zonder hem niet kon slagen. Steve was zwart, erg cool, kon gitaarspelen en zong als Luther Vandross. Zonder Steve was ik niets. Zonder Steve erbij zouden honderden kinderen alleen maar zitten staren naar een onhandige blanke jongen die niet eens een vriendin had en die geen auto kon besturen, die probeerde om hen te overtuigen van het bijzondere van de christelijke religie.

Mijn problemen vielen natuurlijk in het niet bij die van Steve, maar toen onze plannen zo stukliepen, voelde ik mij toch in de steek gelaten. Niet door Steve, maar door God. Ik had God volgens goed zondagschoolgebruik mijn vijf broden en twee vissen aangeboden, maar in plaats van mij te bedanken en mijn meegebrachte lunch te vermenigvuldigen voor de bewonderende menigte, voelde het voor mij alsof Hij ze recht in mijn gezicht gooide.

In die periode gingen de meeste van mijn vrienden naar de universiteit. Maar ik kon verder niets doen dan mijn wonden likken, duimen draaien en werk zoeken. Uiteindelijk vond ik een baantje als schoonmaker van de toiletten in het New East Surrey ziekenhuis. Als een voormalig professional kan ik je verzekeren dat ziekenhuis-wc's de ergste soort zijn om schoon te maken. Het dieptepunt van mijn carrière in het afvoerputje van de schoonmaakbranche!

Mijn wereld werd geleidelijk steeds grauwer. Ik trok me terug en was nergens anders meer toe te motiveren dan slapen. Ik fietste elke dag uit mijn werk naar huis en kroop lang voor het donker al in bed. Ik voelde me stom en ongewenst, en God leek het geen moer te interesseren. Zelfmedelijden werd moedeloosheid. Het was een kleine stap van moedeloosheid naar twijfel.

Het gebeurde tijdens een dienst in de oude kerk waar ik heel mijn leven al naar toe ging. We stonden een gezang te zingen, toen ik om mij heen keek en de gemeente hetzelfde zag doen wat ze elke zondagavond deden. Ineens wist ik dat het allemaal een betekenisloos circus was. Mijn leven deed hartstikke veel pijn en God leek het niets te kunnen schelen. Ik stapte de kerkbank uit, liep doelgericht door het gangpad en toen de koude avondlucht in. 'Ik geloof niet dat u bestaat!' schreeuwde ik boos, en tranen brandden op mijn wangen.

De hele volgende dag bleef ik tegen God zeggen dat Hij niet bestond. Ik voelde me in de steek gelaten, en dat vertelde ik Hem ook. Maar toen begon ik me natuurlijk af te vragen tegen wie ik het had en waarom, dus probeerde ik bewust niet meer te bidden. Maar toen ik dat deed, voelde ik me niet opgelucht en gerustgesteld; in plaats daarvan voelde ik me alleen maar meer verlaten, gekrenkt en alleen. Ik ontdekte dat het zonder God niet uitmaakte wat ik dacht of hoe ik me voelde. Terneergeslagen vanwege mijn onvermogen God uit te wissen of weg te denken, legde ik me erbij neer dat ik nou eenmaal geloofde en ik realiseerde me al snel dat ik meer met God sprak dan ik had gedaan toen ik nog christen was. Maar voor je te veel onder de indruk raakt van de onbedwingbare diepgang van mijn aangeboren geestelijkheid: het was niet beleefd of aangenaam. Ik bad als een dronkenlap die mompelt tegen de spiegel, en veel van mijn woorden naar God waren vol zelfmedelijden, onsamenhangend en brutaal. Ik had mijn pogingen om indruk op Hem te maken opgegeven en het resultaat was dat mijn gebeden eerlijker werden dan ze in jaren waren geweest.

Psalmen van verwarring

Veel van de psalmen, weet ik nu, wemelen van dit soort ontevreden gebeden. Ze zitten vol met uitingen van rouw, geklaag, boosheid en zelfs twijfel. De oudtestamenticus Walter Brueggemann noemt ze 'psalmen van verwarring'. Bono vergelijkt ze met de blues. 'Het is juist in zijn wanhoop,' zegt hij, 'dat de psalmist echt de aard van zijn speciale relatie met God laat zien. Eerlijkheid, zelfs grenzend aan woede: 'Hoelang nog, o HERE? Zult Gij U voortdurend verbergen?' (Ps. 89:47, NBG-1951).[2]

In Getsemane en aan het kruis bad Jezus ook met volledige eerlijkheid: 'Als het mogelijk is, laat deze beker dan aan mij voorbijgaan! ... Ik heb dorst... Waarom hebt u mij verlaten?' (Mat. 26:39; Joh. 19:28; Mat. 27:47). Tegelijkertijd zijn de beschrijvingen van het gedrag van de discipelen in dezelfde periode zo eerlijk dat het haast gênant wordt. Kijk eens naar Petrus: hij slaapt wanneer Jezus hem het hardst nodig heeft, hij slaat een man een oor af, hij wordt bang en ontkent dat hij een discipel is, hij is niet aanwezig bij de kruisiging, en hij gelooft de vrouwen niet wanneer ze zeggen dat ze de opgestane Heer hebben gezien. Dit is de grote apostel van de christelijke Kerk: Petrus, afgebeeld in duizenden glas-in-loodramen; Petrus, schrijver van hele stukken van de Bijbel; Petrus, die op water liep en de eerste was die Jezus de Zoon van God noemde; Petrus, op wie de Rooms-Katholieke Kerk de pauselijke successie terugvoert. Door deze verhalen aan Marcus te vertellen zodat ze in diens evangelie konden worden opgenomen, weigert Petrus om de superheld uit te hangen en zorgt hij ervoor dat het geen probleem is als jij en ik verkeerd omgaan met Getsemane. Hij geeft ons toestemming om te worstelen en te falen en het fout te doen.

Eerlijk tegen God

Jezus vertelde eens een grappig verhaal om ons ervan te verzekeren dat God echt reageert op eerlijk gebed. Het is het verhaal over een farizeeër en een oneerlijke gemene belastingambtenaar, die allebei op een dag naar de tempel gingen om te bidden. De farizeeër bad hoogmoedig en zelfvoldaan, maar de belastingman 'liet zich zakken in de schaduw met het gezicht in zijn handen, en zei zonder op te durven kijken: "God wees mij genadig. Vergeef deze zondaar." Jezus zei er het volgende over: "Toen hij naar huis ging had de belastingambtenaar, en niet die ander, het met God goedgemaakt. Als je rondloopt met je neus in de lucht, eindig je plat op je gezicht, maar als je er tevreden mee bent om gewoon jezelf te zijn, dan stijg je boven jezelf uit"' (naar Lucas 18:13-14 uit *The Message*).

Als we onze harten openen om in gebed eerlijk te zijn tegenover God, dan hoort Hij ons en stapt Hij door de deur om bij ons te zijn – helemaal niet van zijn stuk gebracht door de rommel van ons binnenste. Het is niet onze zonde die ervoor zorgt dat God buiten ons leven blijft. Het is onze dwangmatige geneigdheid om te doen alsof, om onze naaktheid met vijgenbladeren te bedekken, om in vijgenbomen te klimmen zodat wij ongezien de ander kunnen zien. En wanneer we dat doen, zal Hij soms lachend omhoogkijken en zichzelf uitnodigen voor het avondeten.

Ik vond op het internet een gebed dat zo eerlijk naar God is, dat ik het meeste ervan niet eens in een respectabel christelijk boek als dit kan overschrijven. Ik kan er wel over zeggen dat het geschreven was op het blog van een vrouw genaamd Cecily en dat ze op het moment dat ze het schreef al drie jaar met haar partner aan het proberen was om een gezin te stichten. 'We waren na onze eerste IVF behandeling eindelijk zwanger,' schrijft ze, 'om 22 weken later onze tweelingjongens (en mij bijna ook) te verliezen...' Toen ze rouwde over het verlies van haar baby's kreeg ze het advies om te proberen tegen God te zeggen hoe ze zich voelde. Hier volgen een paar gecensureerde hoogtepunten uit het eerlijke gebed dat Cecily op 23 januari 2005 bad:

> *Beste God,*
>
> *Ik weet echt niet meer hoe ik met u hoor te praten, maar er is mij verteld dat ik het moet proberen... Sinds u de jongens van me wegnam, zit ik emotioneel aan de grond... Waarom zou ik u weer in mijn hart toelaten nu u me zo slecht behandeld hebt? Hoe kon u me zo in de steek laten? Deze brief aan u is alleen maar een oefening, een poging om in contact te komen. Maar wees voorzichtig als u komt. Ik kan schreeuwen, hard schreeuwen, en ik heb nog wel een paar dingen tegen u te zeggen. Als u voor me zou staan, zou ik u slaan. Ik wil tegen u zeggen dat u weg moet gaan en me alleen moet laten. Maar in werkelijkheid wil ik u smeken om te blijven. Want zelfs met mijn geliefde hier naast mij, mijn fantastische vrienden en mijn internetsupportteam, heb ik me nog nooit zo, zo *** alleen gevoeld. Dus blijf hier, jij ***. Blijf hier en maak dit beter. Want het doet zo *** pijn.*

Wat moeten we met zo'n gebed? Het zou in elk geval niet echt goed in de meeste kerkdiensten passen. En dat heeft niet alleen te maken met de scheldwoorden. Het ligt ook aan de gevoelens die worden geuit: woedend zijn op God, Hem uitschelden, tegen Hem zeggen dat Hij weg moet gaan, Hem vragen dichtbij te komen, en zelfs dreigen Hem te slaan!

Ik geloof dat de gelijkenis van de farizeeër en de belastingambtenaar tegemoetkomt aan de zorg die we zouden kunnen hebben over Gods acceptatie van Cecily's gebed. De Bijbel in zijn totaliteit – de psalmen van verwarring, de klaagliederen en de wanhoop – zegt een bewogen 'Amen' op het eerlijke karakter van Cecily's blog aan God.

Vijftien maanden nadat ze dit woedende gebed schreef, verscheen er een nieuw bericht op Cecily's blog. Ik volgde haar voortgang al een tijdje en kon niet geloven wat ik las. Op 4 april 2006 schreef ze onder het eenvoudige kopje 'Wonderen' dat 'de geestelijke levensangst over het verlies van de jongens' haar ertoe had geleid een kleine kerk te gaan bezoeken. Ze is een voormalig drugsverslaafde en haar nieuwe voorganger deed iets heel moois: 'Aan het begin van de Vastentijd vroeg mijn [nieuwe] voorganger mij om "te getuigen" over hoe verslaving lijkt op dat wat Jezus meemaakte toen hij verdwaald was in de woestijn.' Het gevolg van deze boeiende oefening was dat Cecily aan het einde van de dienst – toen ze tijdens het koffiedrinken chocoladecake aan het eten was – een gesprek van een half uur had met een 10 jaar oud meisje wier moeder voor dingen die aan haar crackverslaving gerelateerd waren in de gevangenis zat. Ze schijft er het volgende over:

> *Wat ben ik dankbaar voor het gevoel dat ik haar een klein puzzelstukje van het antwoord kan geven. Ik vertelde T. dat wij alcohol- en drugsverslaafden iets in ons hebben dat gebroken is; dat wanneer we iets drinken of gebruiken we niet kunnen stoppen omdat dat gebrokene in ons alleen maar hersteld aanvoelt als we dronken of high zijn... Het is niet omdat we niet van de mensen in onze omgeving houden, het komt doordat de verslaving sterker is dan wijzelf. T. luisterde aandachtig en stelde veel goede vragen. Bij elk van mijn antwoorden leek ze een beetje te ontspannen.*

Ze sluit daarna af met een opmerking die zo opvallend is, dat ik zeker weet dat God haar boze gebed uit 2005 gehoord heeft en dat Hij dienovereenkomstig in haar leven aan het werk is geweest: 'Ik zweer je,' schrijft ze, 'dat het elke minuut van pijn en geestelijke ellende waard was om een half uur lang dit meisje te kunnen helpen. Echt. Ik zou daar nooit zijn geweest om te helpen als ik de jongens niet had verloren. Is dat niet verbazingwekkend?'[3]

De positieve houding van Cecily ten opzichte van haar eigen verlies is opvallend, zeker vergeleken met de wroeging van rabbijn Kushner die, zoals we zagen, al het goede dat voortkwam uit de handicap van zijn zoon het liefst zou opgeven als hij gewoon de 'vader van een vrolijke, gelukkige jongen' zou kunnen zijn. Het kan natuurlijk puur een kwestie zijn van verschillende persoonlijkheden of te maken hebben met de mate van hun leed (maar wie kan zoiets meten?). Hoe dan ook, beide persoonlijkheden erkennen dat in en door hun levens goede dingen zijn gebeurd die het gevolg zijn van ondraaglijke omstandigheden als gevolg van onverhoord gebed. Beiden ontdekten ze hoe verlossend het kan zijn als onze wonden worden gebruikt om voor anderen te zorgen. De apostel Paulus beschrijft dit principe als troost die van God tot ons komt en zo door ons heen tot anderen: 'Geprezen zij de God en Vader van onze Heer Jezus Christus, de Vader die zich over ons ontfermt, de God die ons altijd troost en ons in al onze ellende moed geeft, zodat wij door de troost die wijzelf van God ontvangen, anderen in al hun ellende moed kunnen geven' (2 Kor. 1:3-4).

Als het eindigt met tranen

Een Amerikaanse vriend van mij, Gary Schmits, opende een 24/7-gebedsruimte in zijn kerk. In het begin was hij nog wat onzeker of het de gemeente wel zou lukken om een week lang dag en nacht de gebedsmomenten van een uur steeds weer vol te krijgen. Maar ze begonnen toch en God liet zichzelf op zo'n geweldige manier zien dat de gemeente aan het eind van die week niet wilde stoppen en een paar *maanden* non-stop doorging! God deed zoveel in dat ene kleine gebedskamertje, dat ik waarschijnlijk een half boek zou kunnen vullen met de verhalen die Gary me vertelde. Het was zo'n heilige periode dat ik Gary meerdere malen met tranen in zijn ogen erover heb zien vertellen. Op andere momenten wordt hij juist heel opgewonden en ernstig en zegt hij dingen als: 'God heeft mijn leven totaal op zijn kop gezet, Pete.' 'Dat is niet mijn schuld,' antwoord ik dan en we kijken elkaar dwaas grinnikend aan.

Toen ze op ongeveer twee derde waren van die heilige periode van dag en nacht bidden, kwam er een gemeentelid in paniek bij Gary: 'Ik heb het allemaal verknald, het spijt me zo dat ik de gebedsketen onderbroken heb.' Gary dacht dat ze per ongeluk haar gebedstijd was vergeten en wilde haar net zeggen dat het niets was om zich zorgen over te maken. Maar ze ging verder, 'Pastor Gary, ik was op tijd in de gebedsruimte, maar in plaats van te bidden, barste ik in tranen uit en heb ik het hele uur tranen met tuiten gehuild. Ik heb niets tegen God gezegd, geen woord. Ik huilde alleen maar. Het spijt me zo.'

Toen Gary dit hoorde, verzekerde hij de vrouw dat tranen het allerbeste soort gebed zijn. 'Zelfs de heilige Geest bidt met verzuchtingen die niet in woorden uit te drukken zijn,' vertelde hij haar. Eugene Peterson zegt het heel mooi: 'Tranen vormen de smeerolie van de geschiedenis. Gebed is misschien wel vooral gebed wanneer het met tranen gepaard gaat. Al deze tranen worden verzameld en opgenomen in de tranen van Jezus.'[4]

Leren weeklagen

Maar al te vaak is het de kerk die een cultuur creëert waarin mensen zich verplicht voelen alles goed voor elkaar te hebben en daardoor proberen te doen alsof. In januari 2005 werden in de kustplaats La Conchita in Californië 15 huizen verwoest en 10 mensen gedood door een enorme modderlawine. De wereld keek met afschuw naar de tv toen een getraumatiseerde vader, Jimmy Wallet, beschreef hoe hij even weg was om ijs te halen voor zijn vrouw en hun drie kinderen en hoe hij toen hij terugkwam zijn huis bedolven vond onder een 10 meter dikke laag modder, zand en puin.

Jimmy viel in de regen op zijn knieën, schreeuwde de namen van zijn kinderen en begon als een gek te graven met zijn blote handen en zijn credit card. Reddingswerkers arriveerden, maar Jimmy bleef doorgraven. Op een bepaald moment dacht hij dat hij zijn twee jaar oude dochter, Paloma, hoorde huilen. Intussen werd de modder hard als cement. De reddingswerkers groeven een roze prinsessenjurk, een paar schoenen en verscheurde familiefoto's op. Pas 36 uur later werden de levenloze lichamen van Jimmies vrouw, Mechelle, en de drie meisjes uit de modder getrokken. De tienjarige Hannah, zes jaar oude Raven en de kleine Paloma bleken naast elkaar op de bank te hebben gezeten, ongetwijfeld wachtend op hun ijs, toen het huis werd verpletterd.

Het naastgelegen stadje Ventura was nog steeds in rouw gedompeld toen ik drie weken later op bezoek ging bij mijn vriend Greg Russinger die in die periode een lokale kerk leidde. Voor de zondag na de ramp had hij een welsprekende preek voorbereid over het bloed van Abel dat het naar God uitroept vanuit de aarde. Maar toen hij die dag de gezichten van de gemeenteleden zag, was het hem meteen duidelijk dat velen vol vragen zaten van twijfel en rouw. Op dat moment wist Greg dat er geen ruimte was voor clichés. Niet een zogenaamde 'daad van God' goedpraten die een vrouw en drie kinderen doodt, maar de vader spaart voor de prijs van een bak roomijs.

Greg liet de preek voor wat het was en vestigde zijn aandacht op het zwarte papier waarmee hij de muren had bedekt. Vervolgens vroeg hij een aantal mannen om buiten de weg op te gaan om daarvandaan stof en modder te halen. Dit werd met rode verf gemengd en hij nodigde de gemeenteleden uit om met deze bloed-modderpasta hun gevoelens te uiten en hun vragen en gebeden voor God allemaal op het zwarte papier te schrijven en tekenen. Het werd een chaos. 'Pijn laat zich niet commanderen en is niet esthetisch verantwoord,' zei Greg met een wrang gezicht. Sommige mensen huilden alleen maar. Anderen konden nauwelijks wat op papier krijgen. Kinderen pakten kwasten. Volwassen gebruikten hun handen. Sommige mensen deden niet mee. Anderen maakten juist hoopvolle afbeeldingen. En al die tijd droop de bloed-modderverf van het papier op de grond, waar het een puinhoop werd.

Aan het einde van deze ongewone avond bedankte een bezoeker Greg ervoor dat hij hem de kans had gegeven om te weeklagen, om stil te zijn en de vragen onbeantwoord te laten. Ook vertelde hij dat hij die ochtend naar een andere kerk was geweest waar de voorganger – ongetwijfeld met goede bedoelingen – had geprobeerd de pijn van de afgelopen week weg te redeneren, alsof hij Gods reputatie wilde verdedigen. De dienst was volgens de man uitgelopen in een goed bedoelde maar onhandige uitnodiging 'de modderlawine te beantwoorden met een lawine van financiële vrijgevigheid.'

Waar is toch – zo vraag ik mij af – het mysterie en de rommel gebleven van de bijbelse spiritualiteit? Welke plek heeft onze happy-clappy cultuur voor de verstorende boodschap van bijbelboeken als Prediker, Klaagliederen en Job? Waar zijn de momenten in onze persoonlijke ontmoetingen met God en in onze openbare samenkomsten waarop de majeurtoonladders veranderen in mineur, waar softrock plaats maakt voor de blues en waar pakkende aanbiddingsmelodieën aan de kant worden geschoven voor de uiteenlopende logica van jazz?

Meer dan de helft van de psalmen zijn klaagzangen tot God, maar de overgrote meerderheid van onze moderne aanbiddingsnummers heeft een opgewekt karakter (zowel muzikaal als tekstueel) en laat weinig ruimte over voor het uiting geven aan onze diepste zorgen. Zojuist heb ik een klein onderzoekje gedaan naar de tekstuele inhoud van de moderne psalter (de officiële top 50 van meest gezongen hedendaagse aanbiddingsnummers in de Engelse en Amerikaanse kerken op het moment dat dit geschreven werd). Ik ontdekte dat in slechts 2 van deze 50 nummers de realiteit van het menselijk lijden wordt genoemd en niet één daarvan geeft uitdrukking aan twijfel!

Maar wat Bono ook zegt, de woorden van Psalm 89 zouden niet goed werken in de praktijk van de kerkelijke samenzang (en hoe dan ook, zelfs wanneer we lijden is het gepast om God te verheerlijken). Het is echter belangrijk dat we leren te weeklagen. Jezus zelf was overmand door verdriet, Hij worstelde en schreeuwde het uit naar God, smeekte om een ander plan en stond het zijn vrienden toe om te zien dat Hij zich zo voelde. Vijf dagen ervoor hadden zijn ogen zich gevuld met tranen en had Hij schokschouderend gerouwd om Jeruzalem, terwijl de menigte om Hem heen feestte en God prees.

Weeklagen is meer dan een manier om emoties te uiten. Het is een van de vruchten van een geestelijk leven dat zich verdiept, dat zich zonder schaamte of pretentie bloot durft te geven voor God. Reeds lang voor Getsemane had Jezus verkondigd dat zij die treuren gezegend zijn (zie Mat. 5:4). 'Deze bewering,' zegt Walter Brueggemann, 'houdt impliciet in dat zij die niet treuren niet getroost zullen worden en dat zij die de 'eindes' niet onder ogen willen zien, geen nieuwe 'beginnen' zullen ontvangen.'[5]

Een eerlijke klaagzang kan een uiting zijn van een sterk geloof; een geloof dat geleerd heeft zowel de moeilijkheden als de blijdschap van het leven te omarmen en om alles – alles – in gebed bij de Vader te brengen. Zoals de auteur Richard Foster over de klaagpsalmen schrijft: 'Ze geven ons toestemming om het ene moment onze vuist tegen God op te heffen, en het andere moment Hem te prijzen.'[6]

ꕥ

> *In het bidden erkennen we niet de overvloed, maar de uitputting van onze verbale, intellectuele en geestelijke middelen. Het is een overgave…*
> Alan E. Lewis

In 1842 studeerde een Ier genaamd Joseph Scriven af aan Trinity College in Dublin, waarna hij prompt smoorverliefd werd op een meisje uit zijn woonplaats. Ze verloofden zich en begonnen vol opwinding hun bruiloft te plannen en te dromen van hun toekomst als man en vrouw.

Tenslotte kwam de avond voor hun huwelijk en Josephs verloofde zadelde een paard om hem te gaan ontmoeten. Helaas, het zou een van de laatste dingen zijn die ze deed. Even later zag Joseph zijn toekomstige bruid naderen en hij begon te glimlachen. Maar plotseling, net toen ze de brug over de rivier over ging, steigerde haar paard ineens en werd ze als een lappenpop in de rivier daaronder geworpen. In blinde paniek rende Joseph naar de rivier terwijl hij haar naam bleef roepen. Hij dook het ijskoude water in, maar het was te laat. Zijn bruid was al overleden.

Met een gebroken hart emigreerde Joseph naar Canada, waar hij uiteindelijk weer verliefd werd. In 1854 zou hij met Eliza Roche trouwen, maar ze werd ziek en haar toestand verslechterde snel. De trouwerij werd herhaaldelijk uitgesteld, tot Eliza drie jaar later stierf. Joseph Scriven zou zijn hart nooit meer aan iemand anders geven.

Thuis in Ierland had Josephs moeder grote zorgen om haar diep ongelukkige zoon en hij was op zijn beurt zeer met haar begaan. Op een nacht schreef Joseph een gedicht om haar te troosten, niet wetende dat het een van de meest geliefde liederen ooit zou worden. Een aantal jaren later vond een vriend het in een lade in Josephs huis en hij was er zeer door geraakt. 'De Heer en ik hebben het samen geschreven,' legde Joseph uit. Het gedicht, dat ontstond uit zoveel teleurstelling en pijn, blijft miljoenen mensen oproepen om in hun eigen Getsemane hun verdriet, hun beproevingen en verleidingen, hun leed en elke zwakte bij Jezus te brengen door het voorrecht van gebed:

Welk een vriend is onze Jezus,
die in onze plaats wil staan!
Welk een voorrecht dat ik door Hem,
altijd vrij tot God kan gaan.
Dikwijls derven wij veel vrede,
dikwijls drukt ons zonde neer.
Juist omdat wij 't al niet brengen,
in 't gebed tot onze Heer.

Leidt de weg soms door verzoeking,
dat ons hart in 't strijduur beeft.
Gaan wij dan met al ons strijden,
tot Hem die verlossing geeft.
Kan een vriend ooit trouwer wezen,
dan Hij die ons lijden draagt.
Jezus biedt ons aan genezing,
Hij alleen is 't die ons schraagt.[7]

Hoofdstuk 5

Een donkerder vertrouwen

Maar laat niet gebeuren wat ik wil, maar wat u wilt.
Marcus 14:36

Drie dagen. Langer had ik niet nodig om méér te leren over de betekenis van deze elf woorden – zowel hun kracht als hun pijn – dan ik in een levenlang luisteren naar preken op Goede Vrijdag had geleerd.

Toen ik Floyd McClung tijdens de *Spring Harvest Bible Week* in het Engelse Minehead ontmoette, was er geen enkele aanwijzing dat het leven van deze reusachtige Amerikaanse zendeling op zijn kop zou worden gezet. Floyd is zonder twijfel een van Gods grote avonturiers. Als jonge man reisde hij samen met zijn vrouw Sally langs de hippieroute van Europa via Istanbul naar Afghanistan, waar ze zich in Kabul vestigden. In een van zijn boeken beschrijft hij de stad zo: 'Voor westerlingen is er geen land op de wereld zo ruig, zo grimmig en beangstigend als Afghanistan. En alles wat dat ruige land te bieden heeft, is vertegenwoordigd in Kabul... De stad stroomde bijna over van gestrande en zieke jongeren, kapot van de drugs.'[1]

Floyd en Sally bleven een aantal jaren om deze mensen te helpen en reisden toen terug naar Amsterdam, waar ze zich op de Wallen vestigden, in een gebouw tussen een satanskerk en een sekswinkel.

Vandaag de dag woont Floyd in Kaapstad, in Zuid-Afrika, en lijkt hij op een reuzenversie van ieders favoriete opa. Hij is minstens twee meter lang, met grote handen die lijken op de wortels van een grote, oude boom, een zo goed als wit sikje, lachende ogen, een bril met halfronde glazen op het puntje van zijn neus en schouders die schokken als hij lacht. Vele jaren voor onze ontmoeting schreef Floyd *Het vaderhart van God,* een boek dat mijn leven veranderde toen ik het als tiener las, en het was zijn kennis van Gods hart, gevormd door zo'n uitzonderlijk leven, die op het punt stond om mij opnieuw te veranderen.

Tijdens de *Spring Harvest* conferentie kreeg Floyd 's avonds laat een telefoontje met erg slecht nieuws. Zijn dochter Misha was bewusteloos. Eerder die dag was ze opgenomen in het *St. Joseph* ziekenhuis in de staat Washington om gewoon te bevallen van haar tweede kind. De bevalling was normaal verlopen tot Misha ineens ademhalingsmoeilijkheden kreeg en het bewustzijn verloor. De artsen zouden later een vruchtwaterembolie constateren, een situatie waarbij vruchtwater in de bloedsomloop terechtkomt. Zo was het ook in haar hart gekomen, met ademhalingsproblemen en een hartstilstand als gevolg.

Men bracht Floyd het schokkende nieuws dat, hoewel zijn dochter direct naar de operatiekamer was gebracht, het zeker acht minuten had geduurd voor er een ademhalingsbuis in haar longen kon worden ingebracht om haar te laten ademen. In de tussentijd hadden de artsen met spoed een keizersnede uitgevoerd om de baby te redden. Lionel, Misha's man kreeg van een huilende verpleegster te horen dat zijn vrouw niet met hem mee naar huis zou komen.

Achtduizend kilometer verderop luisterde Floyd geschokt toen hij hoorde dat zijn dochter wel weer ademde, maar kunstmatig in coma werd gehouden. De prognoses voor haar en voor zijn nieuwe kleinkind waren beangstigend. Zij leed aan een van de meest gevaarlijke en moeilijk te behandelen zwangerschapsaandoeningen, een combinatie van complicaties met een sterftepercentage van 86 procent.[2] De artsen hadden gezegd dat Misha waarschijnlijk niet meer uit de coma zou ontwaken. Ze vertoonde geen enkel teken van bewustzijn, laat staan dat er iets op wees dat ze wakker zou worden. En als ze toch zou bijkomen, vertelden ze Floyd, zou Misha waarschijnlijk blijvende schade hebben opgelopen als gevolg van het zuurstoftekort in haar hersenen. Zijn nieuwe kleinkind, een jongetje met de naam Luke, leek normaal te ademen, maar was waarschijnlijk 14 minuten lang zonder zuurstof geweest.

Floyds reusachtige voorkomen kromp onder dit nieuws in elkaar. Zijn enige dochter, zo vrolijk en geliefd, zat plotseling gevangen in een coma en als ze ooit wakker zou worden, zouden haar hersenen waarschijnlijk beschadigd zijn. Dit had een van de mooiste dagen van haar leven moeten zijn, maar het werd de ergste, en misschien wel de laatste. En hoe moest het met Luke, Floyds prachtige nieuwe kleinzoon? Zou hij zonder moeder moeten opgroeien? Zou hij überhaupt opgroeien?

Wilskracht

De volgende dag verdween Floyd voor een lange tijd. We maakten ons allemaal zorgen, en toen hij uiteindelijk terugkwam zag hij er ouder uit: bleek en vermoeid. Hij zei dat hij tijd met mij wilde doorbrengen omdat hij wist dat ik iets vergelijkbaars had doorgemaakt met Samie. Onzeker over wat ik anders zeggen kon, vroeg ik waar hij de hele dag was geweest. Hij keek me verdrietig aan en was even stil.

'Gewandeld,' zei hij uiteindelijk. 'Ik heb gewandeld. Op het strand. Ik heb geworsteld met God. Ik probeerde te bidden voor Misha.'

Hij bestudeerde mijn gezicht en het leek alsof hij voor zichzelf probeerde te beslissen of hij me meer wilde vertellen. Het voelde wat ongemakkelijk.

'Pete,' zei hij zacht, 'Sally en ik hadden een zeer goede vriendin, Corrie ten Boom. Ooit van haar gehoord?' Ik knikte. Ik was opgegroeid met de verhalen van deze lieve, oude, Nederlandse vrouw die Joden van de nazi's had gered, voordat ze met haar zus in een concentratiekamp terechtkwam.

'Pete, toen Corrie stierf, bad ze een ongelofelijk gebed.' Floyd sprak zacht. 'Corrie bad dat God zou doen wat zijn Naam het meest zou verheerlijken. Ze zei dat als haar genezing – zodat zij haar werk kon voortzetten – Hem de meeste eer zou geven, ze dan graag genezen wilde worden. Maar ze zei ook dat als God meer zou worden verheerlijkt als ze zou sterven en bij Hem zou komen, ze in dat geval zich ook daaraan zou overgeven.'

Floyd wachtte weer even, en ik kon de spanning van zijn gezicht aflezen. 'Ik ging vandaag naar het strand omdat ik een plek nodig had waar ik hetzelfde kon bidden voor Misha. Ik heb God gesmeekt om het leven van mijn dochter, zoals elke vader dat zou doen. Ik heb Hem herinnerd aan nog niet vervulde beloftes voor haar toekomst. Maar ik wist dat ik haar ook terug moest geven aan God. Als het op de een of andere manier God meer eer brengt dat Misha naar Huis gaat...' Floyds stem stierf weg. Hij zag grauw. Alles leek grijs en zijn haar was in de war geraakt door de wind op het strand. De atmosfeer in de ruimte voelde zwaar en was gevuld met groot, afmattend verdriet. Ik denk dat je ook zou kunnen zeggen dat het heilig voelde.

Floyd was de mogelijkheid onder ogen gaan zien dat hij zijn dochter en pasgeboren kleinzoon zou verliezen en hij had geworsteld en gehuild, tot hij uiteindelijk zijn wil kon overgeven aan de wil van God. Ik vermoed dat het de meest pijnlijke situatie was waarvoor hij ooit heeft gebeden.

Een jaar eerder was ik in dezelfde situatie geweest, toen ik moest aanvaarden dat het heel goed mogelijk was dat Samie zou gaan sterven of een of andere hersenbeschadiging zou hebben. Maar mijn reactie was toen niet zoals die van Floyd. Toentertijd had ik boos tegen God gezegd dat ik met Hem zou vechten om haar leven. Ik had Hem verteld dat het me niet kon schelen wat zijn wil was. Ik zou Hem niet mijn vrouw laten meenemen zonder een gevecht. In mijn Getsemane had ik geschreeuwd: 'Abba Vader, neem deze beker van mij weg,' en daarmee had ik min of meer de deur dichtgesmeten. Maar Floyd had in zijn zwaarste uren geworsteld totdat hij ook het tweede gedeelte kon bidden: 'Maar laat niet gebeuren wat ik wil, maar wat u wilt.'

'Oké,' onderbrak Floyd mijn overpeinzingen voor ik iets stoms kon zeggen. 'Ik wil hier niet meer over doorpraten. Laten we gaan eten!' We gingen ergens curry eten en hadden het die avond niet meer over het beangstigende onderwerp dat ergens in de schaduw van onze gedachten op de loer lag.

Herinneringen aan Pasen

De volgende dag mobiliseerde ik zoveel mogelijk 24/7-gebedsnetwerken om voor Misha, Lionel en baby Luke te bidden. Binnen een paar uur hadden duizenden mensen een sms ontvangen waarin werd gevraagd om het naar God uit te roepen voor deze uitzichtloze situatie.

Nadat ik alles gedaan had wat ik kon, verwonderde ik me over de innerlijke kracht van Floyd. Hij bleef bijdragen in verschillende seminars en aan eindeloze gesprekken. Maar uit de spanning op zijn gezicht en de manier waarop hij mijn mobiele telefoon vasthield, kon ik opmaken dat het geen makkelijke opgave voor hem was om zo standvastig te blijven. Op de vijfde dag besloten de artsen de medicatie die Misha in coma hield stop te zetten. Het was het moment van de waarheid, waarop we allemaal moesten accepteren dat er een kans was dat er grote neurologische schade zou blijken te zijn.

En precies op die avond, terwijl de levens van zijn dochter en kleinzoon aan een zijden draadje hingen, moest Floyd een toespraak houden voor een paar duizend mensen. Hij liep het podium op en liet op een uitdagende manier het onderwerp dat was voorbereid links liggen, en verkondigde de boodschap van Gods eeuwige goedheid en onuitputtelijke liefde.

Hij sprak gepassioneerd en op een tedere manier, waarbij hij het gebroken hart van de Vader beschreef. En al die tijd wist ik dat zijn eigen vaderhart brak om een jonge vrouw die 8000 kilometer verderop in coma lag. Ik weet niet waar Floyd de energie vandaan haalde om die boodschap die avond te brengen, maar de pijn stond op zijn gezicht gegrift en was duidelijk zichtbaar op de grote videoschermen. Veel mensen reageerden op Floyds boodschap en toen hij uiteindelijk van het podium liep, was hij emotioneel aan het eind van zijn Latijn.

Floyd zat in spanning over het laatste nieuws over Misha en Luke toen hij de mobiele telefoon die ik hem had geleend aanzette. Terwijl hij daar stond, met zijn grote hand om die kleine telefoon, net nadat hij een van de pijnlijkste boodschappen van zijn leven had gepreekt, kreeg Floyd een schok.

Er leek een wonder te zijn gebeurd.

Het was het best mogelijke nieuws. Misha was niet alleen bijgekomen uit haar coma, ze vertoonde ook geen tekenen die konden wijzen op blijvende neurologische schade. Een CT-scan zou twee dagen later zelfs een volkomen gezond, onbeschadigd brein laten zien. Het enige waaruit bleek dat haar brein een enorm trauma te verduren had gekregen, was een tijdelijk verlies van haar korte termijngeheugen. De artsen hadden ook de gebruikelijke tests bij baby Luke uitgevoerd en hoewel 81 procent van de baby's zo'n situatie niet overleeft, zag het er bij Luke helemaal naar uit dat hij als een gezonde baby door deze beproeving was gekomen. De gebeden van mensen over de hele wereld waren zo te zien verhoord.

De verpleegsters waren zo verbaasd over het gezamenlijke herstel van Misha en Luke, dat ze met een kansberekening wilden kijken hoe vaak zoiets voorkomt. Ze berekenden dat de kans dat Misha en Luke beiden zonder hersenbeschadiging een vruchtwaterembolie zouden overleven ongeveer 1 op de 1,2 miljoen was. 'Niemand uit de medische wereld met wie we gesproken hebben kent een geval waarin zowel de moeder als de baby een vruchtwaterembolie overleefde zonder ernstige neurologische schade bij in ieder geval een van beiden,' vertelde een verwonderde Floyd me enkele weken later. Het enige dat ons tot op de dag van vandaag aan het trauma herinnert, is dat Misha vrijwel niets meer weet van haar tijd in het ziekenhuis. 'Pasen,' zei Lionel bewogen, waarbij hij verwees naar de dag waarop de weeën begonnen, 'Pasen is het moment waarop haar geheugen stopt.'

Drievoudig wonder

Zeven maanden na die verschrikkelijke, maar wonderlijke tijd zag ik Floyd opnieuw. Terwijl hij aan onze keukentafel zat, liet hij me prachtige foto's zien van Misha en Lionel, vrolijk lachend en gelukkig met hun beide kinderen. Daarna gaf hij me een andere foto. Deze toonde een twee dagen oude Luke die ligt te slapen op de borst van zijn bewusteloze moeder. Er kwamen slangen en draden uit haar lichaam. Er was hun geadviseerd om deze foto te nemen, zodat Luke er minstens één bewijsstuk van zou hebben dat hij bij zijn moeder was geweest.

'Het ziet ernaar uit dat we een drievoudig wonder hebben meegemaakt,' zei Floyd terwijl ik naar de foto staarde en probeerde na te gaan wat er allemaal gebeurd was. 'Allereerst is Misha springlevend! Ten tweede, ze beschikt over al haar hersenfuncties. En ten derde, de kleine Luke overleefde het en is ook gezond en wel.' Hij keek op en lachte.

Een paar dagen na Misha's wonder stuurde Floyd een e-mail aan iedereen die had meegebeden voor zijn familie, waarin hij precies uitlegde wat er gebeurd was. Hij zag er niet alleen op toe dat hij God de eer gaf voor een 'drievoudig wonder', maar had ook oog voor mensen die nog worstelden met hun eigen onbeantwoorde gebeden:

> *Veel mensen hebben gebeden en God greep in vanwege die gebeden. Maar God beantwoordt ons gebed niet altijd op de manier waarop wij dat van Hem verlangen… Elke belofte die Hij doet, zal uitkomen als we Hem gehoorzamen, maar sommige daarvan worden vervuld in de hemel en niet op aarde… God spaarde Misha's leven om een reden die alle andere te boven gaat: Het geeft Hem meer eer dat zij hier langer is.*

De wonderen rondom Misha's genezing getuigen van de kracht van gebed. Maar dat geldt ook voor het verborgen getuigenis van Floyds bereidwilligheid tot overgave aan Gods wil in zijn donkerste uur, zelfs al betekende dit de grootste pijn die van een vader gevraagd kan worden om te verdragen.

'Maar…'

De macht om te kiezen voor Gods wil in plaats van onze eigen voorkeuren is volgens de Bijbel wat ten diepste ons mens-zijn bepaalt. In de hof van Eden baden onze voorouders voor het eerst het tragische gebed dat wij sindsdien zijn blijven bidden: 'Niet uw wil…' zeiden ze tegen God, met een begerig oog op de vrucht van kennis en macht, 'Niet uw wil, maar onze wil geschiede.' Op dat ene, rampzalige beslissingsmoment werd de menselijke ziel verknoeid door lust en begeerte die van hart tot hart, van de ene aan de andere generatie worden doorgegeven.

En dus moet, in een andere tuin, een andere Adam een andere keuze maken die die ene, die genomen is bij het ontluiken van de menselijke geschiedenis, zal omkeren. Elk menselijk overlevingsinstinct schreeuwt het uit tegen datgene waarvan Jezus weet dat het Hem te doen staat; elk rationeel argument staat op het handhaven van zelfbehoud. En ook subtielere stemmen: de belofte dat zelfs nu een enkel gebed Hem 'meer dan twaalf legioenen engelen ter beschikking zou stellen' (Mat. 26:53), het duistere vooruitzicht een verzoeningsoffer te worden, en het meest beangstigende van alles – gescheiden worden van God zelf. Geen wonder dat Jezus het uitroept: 'Vader, neem deze beker van mij weg.' Bij het horen van het hulpgeroep verschijnen er vast en zeker tranen in de ogen van de Vader, en zijn hand strekt zich onmiddellijk uit om het te doen.

'Maar...' Ik stel me altijd voor dat bij dat ene woord van Jezus het verkeer met gierende banden tot stilstand komt en de vogels uit de lucht vallen. De hand van de Vader blijft bij de beker wachten. De hemel valt stil in gespannen verwachting. De hel hoont, kwijlend van bloeddorst en machtswellust, te stom om zijn eigen vernietiging te begrijpen. 'Maar laat niet wat ik wil...' – en misschien waren het gejoel en gejuich in de hel wel zo luid toen ze deze zes woorden hoorden uit de mond van de ene wiens wil hen al zo lang gekweld had, dat ze de laatste vijf woorden niet eens meer hebben gehoord – '... maar laat uw wil geschieden.'

Kort daarop zou Jezus tijdens zijn arrestatie tegen de tempelwachters zeggen: 'Dit is uw uur, het uur van de macht van de duisternis' (Luc. 22:53). Door zich te onderwerpen aan de wil van God en de satanische aanval die zou volgen, liet Jezus ons zien dat de manier waarop je de wereld moet overwinnen – de manier om het bewind van de duisternis omver te werpen – soms niet bestaat uit standhouden en blijven vechten, maar juist uit het zich onderwerpen als een schaap dat naar de slacht wordt geleid (Jes. 53:7). In de woorden van de grote dichter uit Wales, Dylan

Thomas, als onze levens omhuld zijn door duisternis, hoeft het niet altijd onze taak te zijn om 'Tekeer te gaan, razend tegen het wegsterven van het licht,' we kunnen soms beter 'Zacht de goede nacht ingaan'.[3]

Het omkopen van het oneindige

De apostel Paulus daagt ons uit Jezus' voorbeeld radicaal te volgen, door ons als 'levende offers' aan God te geven (Rom. 12:1). Dit betekent voor een deel dat we ja zeggen tegen Gods wil, ook wanneer het pijnlijk is. Het kan allemaal wat masochistisch en morbide overkomen, maar eigenlijk is het zoals professionele therapeuten ons zeggen: acceptatie is uiteindelijk een gezondere reactie op ellende dan ontkenning of opstandigheid. In 1969 beschreef Elisabeth Kubler-Ross de vijf stadia van rouwverwerking, zoals haar terminale patiënten die over het algemeen toonden wanneer ze hun diagnoses verwerkten. Hoewel we inmiddels weten dat niet iedereen al deze stadia exact in deze volgorde doorloopt, is het toch een proces dat betrekking heeft op alle soorten traumatische ervaringen en dat – dit is belangrijk! – zou moeten eindigen in een houding van aanvaarding:

1. Ontkenning: *Ik kan het niet geloven. Het kan niet waar zijn dat dit mij nu overkomt.*
2. Woede: *Ik verdien dit niet. God, het is niet eerlijk.*
3. Marchanderen: *Alstublieft, God/dokter, als u mij geneest, doe ik alles voor u.*
4. Depressie: *Wat voor zin heeft het? Mijn situatie is hopeloos.*
5. Aanvaarding: *Ik moet verder en er binnen deze grenzen het beste van maken.*

Het accepteren van Gods wil zorgt er soms voor dat we door soortgelijke stadia van rouwverwerking gaan. Het proces dat ons tot goddelijke aanvaarding leidt, gaat vaak gepaard met verschillende emotionele reacties die zowel rommelig als verwarrend zijn. Als je mensen spreekt die een verbazingwekkend goede houding hebben ten aanzien van lijden, ontdek je dat ze niet altijd zo blijmoedig en dapper zijn geweest. Zelfs de Zoon van God worstelde een tijdlang voor Hij op de noodzakelijke plek van aanvaarding arriveerde, terwijl Hij bad: 'Laat gebeuren wat u wilt.' De vijf stadia van rouwverwerking helpen ons om te verklaren waarom we in eerste instantie boos kunnen worden op God en tekeergaan tegen de ogenschijnlijke oneerlijkheid van zijn wil (dit was, zoals ik al eerder bekende, mijn reactie nadat de eerste schok van Samies diagnose achter de rug was). In een ander stadium kan het zijn dat we proberen met God te onderhandelen, berouw hebben over onze zonden, proberen een betere persoon te zijn, waarbij we vasten en allerlei soorten beloften doen om Hem maar op andere gedachten te brengen. Een schrijver noemt dit 'het omkopen van het oneindige'.[4]

Nadat we onze woede lucht gegeven hebben en het omkopen van God is mislukt, houden we eigenlijk nog maar twee keuzes over: depressie of aanvaarding. Je kunt dus zeggen dat het hartverscheurende gebed om aanvaarding dat Floyd bad, waarin hij Misha overgaf aan Gods wil, in werkelijkheid (vanuit een medisch gezichtspunt) een gezonde, menselijke reactie was op een afschuwelijke situatie die zijn macht te boven ging. Uiteindelijk is de vrede gelegen in de aanvaarding dat God het het beste weet – een stadium dat Samie uiteindelijk de nacht voor haar operatie bereikte, terwijl ze de afscheidsbrieven schreef aan haar geliefden.

Misschien vraag je je inmiddels af of sommige van je onbeantwoorde gebeden in feite toch zijn beantwoord. Het kan zijn dat God op je gebeden reageerde met een liefdevol maar pertinent 'nee'. Ik doe deze suggestie niet lichtvaardig. Het kan heel goed de meest pijnlijke mogelijkheid zijn die je ooit hebt moeten overwegen, en het kan ook in lijken te druisen tegen alles wat je van Gods hart en wil weet.

We weten allemaal dat het ontzettend moeilijk kan zijn om te onderscheiden wat God in een bepaalde situatie wil. Ik moet bekennen dat ik waarschijnlijk vol overgave zou hebben gebeden tegen de samenzwering om Jezus te kruisigen. Het vooruitzicht van zijn dood zou vast demonisch en verkeerd geleken hebben, iets dat zich in alle opzichten totaal tegen Gods plannen verzette. Ik zou bijbelverzen hebben kunnen aanhalen om te bewijzen dat mijn gebeden op één lijn stonden met Gods wil. Meer nog, gezond verstand zou zich zeker verzet hebben tegen de beëindiging van Christus' bediening op een moment dat deze aantoonbaar meer vrucht droeg dan ooit tevoren. De apostel Petrus verdedigde deze begrijpelijke, zelfs voor de hand liggende, positie en probeerde Jezus het kruis uit zijn hoofd te praten. Maar toen hij dat deed, werd hij door Jezus in de sterkst mogelijke bewoordingen berispt omdat hij zich verzette tegen Gods wil! Natuurlijk zou het grootste voorbeeld van onbeantwoord gebed een paar dagen later uitgroeien tot het grootste wonder ooit.

Wanneer we in Christus volwassen worden, leren we te begrijpen dat Gods logica bijna nooit die van ons is en dat zijn weg naar vreugde vaak wordt gemarkeerd door leed. De wereld is vol van mensen die bereid zijn om God te vertrouwen voor hun promotie, voorspoed, genezing en populariteit en dat is prima, want God houdt ervan om zijn kinderen goede gaven te geven. En het is zeker beter om voor dit soort dingen op God te vertrouwen dan op onszelf. Maar wanneer we geestelijk volwassener worden, vraagt God ons om Hem ook te vertrouwen in moeilijke tijden. Het is een les die ik leerde door het leven en sterven van een zeer lieve, oude vrouw genaamd Barbara Fisher.

Geloof om te sterven

Barbara en Terry Fisher hadden het grootste deel van hun leven als zendelingen doorgebracht in Zambia, tot ze op hun oude dag verhuisden naar een kleine bungalow in Selsey aan de Engelse zuidkust. Ik ging soms bij ze op de thee en dan vertelden ze altijd geweldige verhalen over momenten waarop ze al hun spullen kwijtraakten of bijna omkwamen in tweepersoonsvliegtuigjes of getuigen waren van ongelofelijke wonderen. Altijd als ik bij de Fishers vandaan kwam, had ik inspiratie ontvangen en was ik verfrist in mijn geloof.

Maar op een dag kwam het nieuws dat er bij Barbara een vorm van kanker was geconstateerd. De ziekte verspreidde zich snel door haar lichaam en algauw werd ze opgenomen in een hospice. Ik ging verscheidene weken niet bij hen langs, totdat Terry me op een zondag in de kerk te pakken kreeg en verwijtend zei: 'Hé, waarom heb je ons de laatste tijd niet meer opgezocht?' Het eerlijke antwoord was dat ik me nerveus voelde. Ik had geen flauw idee wat ik tegen Barbara moest zeggen nu ze op sterven lag.

Iedere keer wanneer ik in de daaropvolgende weken Terry tegen het lijf liep, probeerde hij me goedmoedig over te halen om bij hem en zijn stervende vrouw langs te komen, en ik zei altijd dat ik inderdaad hoopte dat ik gauw zou kunnen komen. Maar natuurlijk kwam het er niet van. Uiteindelijk stelde Terry het op de man af aan de orde. Hij legde zijn handen op mijn schouders en keek me aan. 'Pete Greig,' zei hij op ferme toon, 'jij bent bang om Barbara te zien sterven, niet?' Ik probeerde te ontkennen, maar Terry kende me te goed.

'Pete, toen we net de diagnose van Barbara te horen kregen, vroegen we God, zoals we dat altijd doen, hoe we hiervoor moesten bidden en wat Hij ons vertelde was erg schokkend. God zei dat Hij Barbara deze keer niet zou genezen.'

'Sorry Terry,' zei ik, terwijl ik naar mijn schoenen keek. 'Je hebt gelijk. Ik had geen idee wat ik moest zeggen.'

'Dat begrijp ik,' zei Terry vriendelijk, alsof ik degene was die getroost moest worden. 'Pete, we hebben op zoveel momenten in ons leven geloof moeten hebben. Geloof voor genezing in tijden van ziekte. Geloof voor onze financiën toen we geen eten hadden of toen we onze spullen waren kwijtgeraakt. Geloof voor leiding en richting. Maar deze keer vroeg God ons Hem op een andere manier te vertrouwen: om geloof te hebben, niet voor genezing, maar om te sterven. De uitdaging waar zij voor staat is *op een goede manier* te sterven, getrouw te sterven, vredig te sterven. Om God te vertrouwen en van God te houden in de zwaarste dagen van haar leven. En dat is waarom zij het zeer waardeert' – Terry porde me met een benige zendelingenvinger – 'als jonge honden zoals jij de tijd nemen om langs te komen en met haar te praten.'

Een paar dagen later liep ik het hospice binnen en vond ik Barbara. Ze zag bleek en oud. We hadden het over van alles en nog wat, en toen, na een paar minuten, vertelde ze me onomwonden dat ze stervende was. Het was natuurlijk overduidelijk, maar dit soort dingen worden zelden uitgesproken, en het was eigenlijk nogal een opluchting om het haar te horen zeggen. Maar toen vertrouwde ze me zachtjes een geheim toe: een paar nachten ervoor had ze heel duidelijk het geluid van een bazuin in de verte gehoord. 'Het riep me naar huis,' fluisterde ze. 'Naar huis, waar Jezus is!'

Toen Barbara 'Jezus' zei, verscheen er onwillekeurig een lach op haar gezicht. Hierna baden we nog wat en namen we afscheid. Dankzij Terry was het denk ik een goed afscheid, en ik ging weg met het gevoel dat me iets was *toevertrouwd*. Barbara stierf kort daarna en ik wil graag dat je weet dat ze stierf vol geloof in Jezus en dat daar ergens een bazuin klonk die haar naar huis riep. Op de een of andere manier – en ik moet er zelfs nu nog om glimlachen – was Barbara Fisher erin geslaagd om zelfs haar sterven in te zetten tot eer van God.

Er is geloof voor het leven, en er is een donkerder geloof voor het sterven. Er is geloof voor wonderen, maar ook voor pijn. Er is geloof voor Gods wil als die op één lijn staat met de onze, maar er is ook genade om God te vertrouwen als zijn wil niet dat is wat wij zouden kiezen. Ik wil niet doen alsof het voor ons allemaal makkelijker is om dit donkerdere vertrouwen te hebben dan het voor Christus was. Het kan een van de pijnlijkste gebeden van ons leven zijn – net zoals voor Floyd die dag op het strand – maar het kan ook een van de meest krachtige gebeden zijn.

Ik geef met schaamte toe dat ik er in mijn Getsemane niet in slaagde de controle uit handen te geven. Het is iets waarover ik nog regelmatig heb moeten bidden en ik kan je alleen maar zeggen dat ik de liefde en genade van de Vader heb ervaren. Ik denk dat Jezus, meer dan wie dan ook in de hemel en op aarde, begrijpt hoe moeilijk het voor een mens is om zich over te geven aan de wil van de Vader. Ik voel geen veroordeling vanwege mijn eigen nukkigheid, maar ik voel me wel nederig, uitgedaagd en geïnspireerd door Gods vrienden die erin slagen Gods wil te kiezen in plaats van die van henzelf, zelfs op momenten dat alles in hun hart en ziel 'nee!' schreeuwt. In de levens van mensen zoals Floyd McClung, Corrie ten Boom, Barbara Fisher en bovenal Jezus, zien we dat de kracht van gebed in feite opofferingskracht is.

ꕥ

En zo komen we aan het einde van de 24 woorden die Christus bad in Getsemane. In dat gebed heeft Jezus, wellicht onbewust, de structuur van zijn eigen 'Onze Vader' gevolgd; het gebed dat hij de discipelen gaf om ze te leren bidden. In plaats van 'Onze Vader in de hemel,' zei Hij, 'Abba Vader, voor u is alles mogelijk.' Hij werd zelf het antwoord op zijn eigen gebed, door het verzoek 'Laat uw wil gedaan worden op aarde zoals in de hemel' te vervangen door de overgave van 'Laat niet gebeuren wat ik wil, maar wat u wilt.' In plaats van 'En breng ons niet in beproeving,' zei Jezus tegen de discipelen dat ze wakker moesten blijven en bidden dat ze niet in beproeving zouden komen.

De zinnen uit het 'Onze Vader' waar Hij niet aan refereert, zijn ook van belang, want die zal Hij de volgende dag bidden aan het kruis. In Getsemane zegt Jezus niet, 'Geef ons vandaag het brood dat wij nodig hebben…' want Hij weet dat Hijzelf het brood is dat snel gebroken zal worden voor velen. Ook bidt Hij niet, 'Vergeef ons onze schulden…' omdat Hij, degene die geen vergeving nodig had, in plaats daarvan zal uitschreeuwen, 'Vader, vergeef hen.' Maar het pijnlijkst is dat Hij niet bidt, 'Red ons uit de greep van het kwaad,' want Hij staat op het punt zichzelf uit te leveren aan de hel. De woorden van het 'Onze Vader' – of deze verkorte versie die Hij op Witte Donderdag gebruikt – zijn het waard om meerdere keren per dag te herhalen en te verkennen, zeker wanneer we proberen met een donkerder vertrouwen door ons eigen Getsemane te wandelen.

De olie van het lijden

Getsemane betekent 'oliepers' en, zoals je waarschijnlijk wel weet, olijfolie was in de oudheid een van de belangrijkste natuurlijke hulpbronnen. Het werd niet alleen gebruikt om mee te koken (zoals nu), maar ook als brandstof – *een bron van licht* – waarop de lampen in elk huis brandden, en als *een bron voor gezond leven* gebruikte men het voor verscheidene medische behandelwijzen van die tijd. In de Koran bijvoorbeeld noemt Mohammed maar liefst zeventig kwalen die volgens hem met olijfolie behandeld zouden moeten worden. De Israëlieten gebruikten olijfolie ook *in aanbidding*, door elke dag een bepaalde hoeveelheid te gieten in de zeven schalen van de Menora, de gouden kandelaar die men continu liet branden in het centrum van het joodse leven. Olijfolie werd verder nog gebruikt *om de koningen van Israël te zalven*. Als zodanig had het voor Jezus een speciale betekenis in Getsemane, want het woord 'Christus' betekent 'gezalfde', wat verwijst naar het Joodse gebruik om het voorhoofd van een prins te zalven met olijfolie.

Deze ongeëvenaarde hulpbron – onmisbaar voor het bereiden van eten, verlichten van huizen, behandelen van ziekten, in stand houden van aanbidding en het zalven van koningen – kon alleen worden verkregen door de vrucht van de olijfboom tot pulp te persen. Alleen onder intense druk en door de vernietiging van iets goeds, kon er iets ontstaan dat beter was.

Het is eenvoudig om te zien hoe krachtig deze beelden voor Jezus waren toen Hij die nacht in Getsemane zo'n enorme druk verdroeg om daardoor het eeuwige Licht van de wereld, de Genezer van de naties en de gezalfde Koning der koningen te worden. Ook in ons leven kan kostbare olie vloeien uit verpletterende ervaringen die we verdragen. Je ziet dit bijvoorbeeld in het veerkrachtige geloof dat wordt geuit in de rijke traditie van de uit slavernij geboren Afro-Amerikaanse spirituals. En in het gebroken hart dat wordt verwoord in de hymne van Joseph Scriven, waaruit miljoenen mensen troost en kracht hebben geput. We zien de oliepers aan het werk bij Floyd McClung, die zijn dochter en kleinkind overgaf aan Gods eer. We zien het in Barbara Fisher, die geloof vond om goed te sterven toen de bazuin haar naar huis riep. En we zien het zelfs bij overlevenden van de holocaust, die op de een of andere manier geloof vonden dwars door de verschrikkingen van de concentratiekampen heen.

Het kan zijn dat we in ons eigen leven niets zien van al dat moois en misschien is dat goed. Maar we weten dat er een zalving is – een gezag – die alleen tot ons kan komen door het donkerdere vertrouwen van onbeantwoord gebed. Het is een luister in ons en door ons die alleen tot ons kan komen door het lijden heen; een genezing die we alleen kunnen doorgeven als we zelf eerst verwond zijn geweest. Uiteindelijk mogen we weten dat er een zevenvoudige aanbidding bestaat die waardevoller is voor God dan elke andere vorm van aanbidding: de overgave van een gebroken hart en een verdrukte geest die bidt, 'Abba, Vader, voor u is alles mogelijk. Neem deze beker van mij weg. Maar doe niet wat ik wil, maar wat u wilt.'

O ja, geef mij kracht, Jezus, geef mij kracht
Geef mij kracht zodat ik
iets langer kan doorlopen.
Geef mij kracht zodat ik
iets harder door kan bidden.
Geef mij kracht zodat ik
iets harder door kan zingen.
Geef mij kracht zodat ik kan doorgaan
ondanks de pijn,
de angst, de twijfel, en ja, de boosheid.
Ik vraag u niet dit kruis van mij weg te nemen
maar alleen dat u mij de kracht geeft
om het te kunnen blijven dragen, tot ik sterf
O geef mij kracht, Jezus, geef mij kracht.

Afrikaans-Amerikaanse spiritual[5]

Goede Vrijdag

WAAROM
worden mijn gebeden niet beantwoord?

Mijn God, mijn God,
waarom hebt u mij verlaten?
Matteüs 27:46

Wat een schokkende vraag die God daar aan God stelt. En er is geen direct antwoord. Geen woord uit de hemel. Geen wonder. Geen teken, behalve de duisternis zelf halverwege de middag. Dit is het moment waarop Jezus eens en voor altijd onze behoefte om uitleg te krijgen legitimeerde. En Hij liet ook zien dat die verklaring misschien niet komt wanneer we denken dat we die het hardst nodig hebben. Hoewel we nooit zo zullen lijden als Jezus op die dag, hebben we allemaal onze Goede-Vrijdag-periodes, wanneer pijn, teleurstelling, verwarring of een gevoel van geestelijke verlatenheid maken dat we God de ultieme vraag stellen, 'Waarom?'

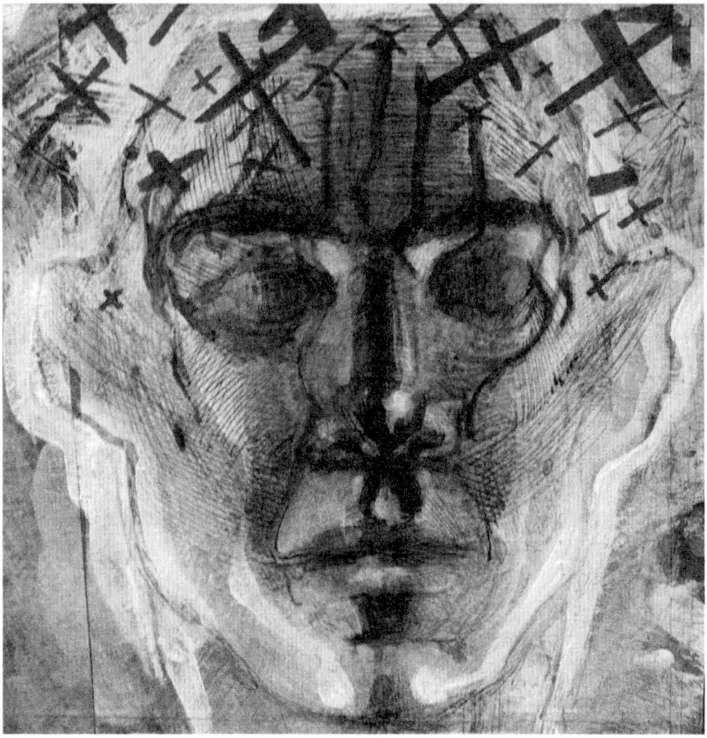

'Vrijdag' door Linnea Spransy

Hoofdstuk 6

Je afvragen waarom

Mijn God, waarom?
Jezus

In 't groen gekleed ziekenhuispersoneel had Samie meegenomen naar de operatiekamer. We hadden afscheid genomen en nu was er, ergens in het Southampton General ziekenhuis, een chirurg zich aan het voorbereiden op zijn derde operatie van die dag. Voor mij was er niets meer te doen. Samies leven lag in Gods handen en in die van een Ierse hersenchirurg genaamd Liam Gray. Wat een topteam.

Omdat ik vreselijk opzag tegen de uren van onzekerheid, verliet ik het ziekenhuis en kwam, als in een soort parallel universum, terecht in de vestiging van een restaurantketen. Daar wachtte ik op het telefoontje van de chirurg en keek toe hoe de serveersters de mensen voorzagen van ijsdesserts en cocktails met glitterparaplu's. Op tv was een zaterdagmiddag-voetbalwedstrijd te zien en eens in de zoveel tijd vloog de keukendeur open en kwam een stel bedienden al 'Happy birthday' zingend een taart vol met sterretjes brengen naar een verbaasd kind of naar een tiener die wel door de grond kon zakken.

Dit, concludeerde ik, is de absurde wereld die we achterlaten wanneer we sterven. Het gaat niet net als in de film, waar mensen glorieus doodgaan in de opera, of in een achtervolging op hoge snelheid, of zelfs met een diepzinnig laatste woord op de lippen. Nee, op mijn laatste dag scannen kassières hun boodschappen, hun pieptonen in de maat met het piepen van de hartritme-monitors in het ziekenhuis aan de andere kant van de stad en ergens zal er ongetwijfeld iemand kaarsjes uitblazen in een populair restaurant.

Eindelijk kwam het telefoontje van het ziekenhuis. Het was een man met een Iers accent: 'Hallo? Mr. Greig?' Er liep een meisje voorbij met een aardbeiendrankje en een bord sparerib snacks.

'Ja,' zei ik, terwijl ik om onverklaarbare redenen ging staan. 'Dat ben ik.'

'Gaat het met u?' vroeg hij.

'Ja, redelijk. Dank u,' loog ik. Op de achtergrond zongen de serveersters opnieuw 'Happy birthday'.

'Samantha heeft de operatie erg goed doorstaan. Haar schedel stond onder grote druk, maar het goede nieuws is dat we de tumor hebben kunnen verwijderen.'

'Het lijkt erop,' ging de chirurg verder, 'dat ze haar mobiliteit volledig heeft behouden, maar het zal wel even duren voor we weten of haar spraakvermogen intact is.'

Ik ging weer zitten en realiseerde me dat ik sinds het begin van het gesprek niet geademd had. 'Maar ze is absoluut... ehm... in *leven*?' stamelde ik, terwijl ik wenste dat ik de ultieme vraag op een meer medisch verantwoorde manier kon stellen.

'O, ja,' klonk het. 'Uw vrouw komt er helemaal bovenop.'

'Dank u wel,' zei ik. 'Dank u wel.' Golven van opluchting en dankbaarheid gingen door de ruimte. Alles om me heen zoemde en draaide als in een pretpark met zuurstokkleuren.

'Dank u, meneer Gray.'

'Dag, meneer Greig.'

Het telefoontje had bijna net zo lang geduurd als het zingen van 'Happy birthday'.

Het herstel was vanzelfsprekend langzaam, pijnlijk en vol complicaties, maar Samie was er inderdaad doorheen gekomen met haar mobiliteit, spraak en gevoel voor humor intact. Ons gebed was verhoord door briljant menselijk kunnen, en we moesten accepteren dat Samie het waarschijnlijk niet zou hebben gehaald als ze honderd jaar geleden zou zijn geboren of in een minder ontwikkeld deel van de wereld.

Dit was een verontrustende gedachte, en toch was Gods hand zo duidelijk zichtbaar geweest in zoveel details. Zo was bijvoorbeeld op een aantal voorbereidende scans van Samies hoofd te zien geweest dat een bepaalde ader waartegen de tumor aan groeide, was afgekneld. Dr. Gray vertelde ons met zijn prettige Ierse accent dat hij daarom vast van plan was geweest om het dode stuk bloedvat te verwijderen. Maar op een onverwacht intuïtief moment had hij zijn mes stilgehouden. 'Ik weet niet waarom,' zei hij later, 'maar ik had het gevoel dat ik die ader niet moest doorsnijden, ook al wist ik dat hij dood was.' Die intuïtieve terughoudendheid bleek van groot belang toen scans na de operatie lieten zien dat het bloedvat zich had heropend zodra de enorme druk van de tumor eraf was.

'Wat zou er zijn gebeurd als u het toch had weggesneden?' vroeg Samie nerveus.

'O, verlamming,' zei de dokter op feitelijke toon, zoals alleen een Ierse chirurg dat kan. 'Verlamming, spraakverlies of dood. Best wel een gelukje, hè?'

Wij waren er niet zeker van of het een gelukje was.

Toen het verband er eindelijk afgehaald werd, was Samies haar bloedrood en leek het op dreadlocks die een gezicht omlijstten dat eruitzag alsof het vijf rondes tegen Mike Tyson had doorstaan. Maar ik vond dat ze er fantastisch uitzag! Ze herstelde langzaam en we raakten geleidelijk doordrongen van het feit dat onze dromen waren uitgekomen. Ik hield me druk bezig met het opnieuw inrichten van ons huis om Samie te verwelkomen en een paar goede vrienden kochten zelfs een nieuw tweepersoonsbed voor ons. Ik dacht terug aan ons icoon-van-de-heilige-Martin-die-over-het-strand-huppelt en boekte daarom ook voor ons een vakantie in de zon. De mogelijkheden die we hadden om ons leven weer op te pakken – nu als gezin, met zijn vieren – deden ons duizelen.

Het grootste gevaar, de tumor, was voorlopig verslagen, maar hij had wel zijn sporen achtergelaten en een paar dagen voor onze vakantie naar de zon, net toen we een beetje tot rust waren gekomen, kwam de epilepsie heftiger dan ooit terug.

Binnen een paar maanden kwamen de beangstigende aanvallen om de twee tot drie dagen. Samie was nauwelijks bekomen van de ene aanval als de volgende haar alweer trof. Zelfs gaan slapen gaf geen rust, want ze werd vaak wakker met de pijnscheuten van een nieuwe naderende aanval. We probeerden dit alles voor de kinderen verborgen te houden, maar dit was niet altijd mogelijk. Soms hielden de stuiptrekkingen niet op en belandde Samies lichaam in een gevaarlijke cyclus die men *status epilepticus* noemt, waarbij de ene aanval de volgende in gang zet. Onze buren raakten gewend aan de drive-in disco die regelmatig voor de deur stond.

Naast de teleurstelling, pijn, somberheid en vernederende afhankelijkheid was er ook de lange schaduw van angst. Samie vertrouwde me op een dag toe dat ze eens het verwrongen lichaam had gevonden van een jonge vrouw die was gestorven tijdens een epileptische aanval. Het was vanzelfsprekend altijd al een nare herinnering geweest, maar nu werd het een spookbeeld dat bij elke aanval rondwaarde.

Ik vertel je dit allemaal omdat het voor mij niet zozeer de diagnose van de tumor is geweest, maar juist de meedogenloze strijd met Samies epilepsie in de afgelopen zes jaar die mij heeft uitgedaagd de pijnlijke realiteit van onbeantwoord gebed aan de orde te stellen. Waarom geneest God haar niet? Is mijn ongeloof het probleem? Is het een kwestie van geestelijke strijd? Is het stomweg de zondeval? Waarom doet Jezus niet wat Hij 2000 jaar geleden deed? Is het zijn wil dat Samie lijdt? Waarom zou Hij zoiets willen? Ik zou mijn ergste vijand zulke epileptische aanvallen niet toewensen. En het is nou niet bepaald zo dat nóg een aanval op het lichaam van mijn vrouw de wereldvrede verder vooruithelpt of zelfs ons geloof verdiept op een manier die niet al door de eerste tien aanvallen werd bewerkt.

Intussen hebben de artsen gedaan wat ze konden. Ze hebben Samie de hoogst mogelijke doses van meerdere anticonvulsiva voorgeschreven, wat de frequentie van de aanvallen verminderde en enigszins hanteerbaar maakte. We zijn hier dankbaar voor. Maar de keerzijde is dat de medicijnen ervoor zorgen dat ze zich bijna voortdurend lusteloos en vermoeid voelt. Samie heeft haar rijbewijs moeten inleveren. Ze wordt omschreven als 'gehandicapt', 'epileptisch' en in, één geval, met de allerwreedste term: 'invalide' – letterlijk een persoon of ding dat geen waarde of bruikbaarheid heeft. *Waarom*, vragen we ons nog steeds af, *geneest God haar niet gewoon?*

En toen...

Op een avond toen ik uitgeput op de bank de gevolgen van wéér een aanval een plek probeerde te geven, leek God een paar woorden in mijn oor te fluisteren: 'Ik weet hoe je je voelt.'

Of ik mij die stem nu inbeeldde of niet, het raakte me onmiddellijk. Ik antwoordde hardop en boos. 'Nee, dat weet u niet!' Ik was niet in de stemming om bevoogdend bejegend te worden. Vooral niet door God, die me net alweer had teleurgesteld. 'Hoe kunt u doen alsof u weet hoe ik mij voel? Als u wist hoe dit voelde, zou u de aanvallen stoppen!' Tranen brandden op mijn wangen. 'Wanneer heeft u ooit gezien dat het gezicht dat u meer dan alle anderen liefheeft, demonisch verwrongen en blauw aangelopen, naar lucht snakt? Wanneer heeft u de stomste gebeden die ooit gebeden zijn moeten fluisteren, terwijl u zich volledig hulpeloos voelde? God, ik denk dat u er geen enkel idee van heeft hoe het voelt om één vlees te zijn met iemand en te zien hoe die persoon stuiptrekt en kronkelt alsof haar botten breken. Wanneer hebt u dat ooit ervaren?'

Stilte.

Terwijl ik de tranen wegveegde, bleef mijn blik hangen bij een bekende ansichtkaart op de plank boven de haard, een beetje links, onder de spiegel. Het was Salvador Dali's schildering van de kruisiging – De Christus van de heilige Johannes van het Kruis. God wist waarheen ik keek, want Hij wachtte even voordat Hij nog een paar woorden fluisterde: 'Zo voelde Ik Mij toen.'

Zalig zij die weten wat verdriet is, want hun zal moed en troost gegeven worden!
Matteüs 5:4 (Phillips vertaling)

Door ons relatief gematigde lijden hebben Samie en ik geleerd om het leven te koesteren met een dankbaarheid die we zonder al de pijn nooit zouden hebben gekend. Hoe kunnen we God niet bedanken voor artsen, verpleegsters, anticonvulsiva, voor onze prachtige kinderen en voor de liefde van familie en de wonderen die God in andere situaties doet? De reis van het leven blijkt zoveel prachtiger en zoveel meer beangstigend te zijn dan we ooit hadden kunnen verwachten.

Dat is dus de situatie van waaruit ik veel van mijn 'Waarom?' vragen stel. Jouw vragen zullen anders zijn. Ik ben me er erg van bewust dat de ervaringen van veel mensen met chronische ziekten niet zo'n relatief goede uitkomst hebben als die van Samie. Misschien is jouw worsteling veel zwaarder dan die van ons. Of misschien gaan je vragen helemaal niet over ziekte, maar over je seksualiteit, een vervlogen droom, of over een geliefde die ver bij God vandaan is. Wat je vraag ook is, in de volgende hoofdstukken gaan we op zoek naar bijbelse antwoorden op de intellectuele problemen van onbeantwoord gebed. We richten ons daarbij op drie afzonderlijke aandachtsgebieden: (1) *Gods wereld* en hoe die lijkt te werken, (2) *Gods wil* en de wisselwerking daarvan met onze menselijke vrije wil, (3) *Gods oorlog* en de kosmische strijd tussen goed en kwaad.

Hoofdstuk 7

Gods wereld

Toen nam juffrouw Watson me bij zich in haar kamer en begon te bidden, maar er gebeurde niets. Zij vertelde me dat ik elke dag moest bidden en alles waar ik om vroeg, zou ik krijgen. Maar dat was niet zo. Ik heb het geprobeerd. Eens kreeg ik een vislijn, maar geen haken. Zonder haken had ik er niets aan. Drie- of viermaal trachtte ik toen de haken te krijgen, maar op een of andere manier kreeg ik het niet voor elkaar. Toen vroeg ik op zekere dag aan juffrouw Watson of zij het eens voor mij wilde proberen, maar zij noemde mij een dwaas. Nooit heeft ze me verteld waarom, en ik begreep er ook niets van. Ooit ging ik er maar eens voor zitten in het bos en dacht er lange tijd over na… Nee, zei ik tegen mijzelf, het is allemaal waardeloos.

De avonturen van Huckleberry Finn

Onze problemen met onbeantwoord gebed kunnen betrekkelijk klein zijn, net als bij Huckleberry Finn die alleen maar vishaakjes nodig had, of het kunnen zaken zijn van leven en dood. De gevolgen van sommige verzoeken zijn ernstiger dan die van andere. Dus nu we gaan uitzoeken of Gods wereld wat hints geeft over de problemen van onbeantwoord gebed, kunnen we net zo goed beginnen met de gevallen die wat makkelijker te verklaren zijn.

Gezond verstand en onbelangrijke gebeden

C.S. Lewis zegt over God, 'We kunnen God wonderen toeschrijven, maar geen onzin.'[1] Als we even stilstaan bij wat we allemaal bidden, moeten we erkennen dat het soms betekenisloos is of gewoon dom. In hoofdstuk 4 beschreef ik hoe ik bad om een pompstation, terwijl ik naar huis reed na het zien van *Schindler's*

List. Het is het soort gebed dat we af en toe allemaal wel eens mompelen, dus laten we er eens kort over nadenken.

Wat verwachtte ik nou eigenlijk van God? Dat Hij een complete benzinepomp uit de lucht zou laten neerdalen op een weiland net voordat ik de hoek om ging? Compleet met engelen als pompbedienden? Misschien kunnen sommige mensen in dat soort wonderen geloven, maar *ík* worstel nog steeds om God te vertrouwen voor genezing van een toevallige hoofdpijn of voor wat geduld om me te kunnen beheersen. Ik zou me kunnen voorstellen dat God op bovennatuurlijke wijze mijn auto een paar kilometer verder zou helpen, tot ik met niets dan benzinedampen in mijn tank een gewone, aardse Texaco binnen zou rijden. Louter wetenschappelijk gezien zou dit niet minder onmogelijk zijn dan de materialisatie van een bovennatuurlijk pompstation, maar het vraagt veel minder goddelijke interventie in de wereld en – zoals we later zullen zien – God is erop uit om zo min mogelijk ingrijpend te werk te gaan.

Huckleberry Finn kan gebed dan wel vrolijk de rug hebben toegekeerd alleen maar omdat hij geen vishaakjes kreeg, maar ik verlies mijn geloof niet als ik een paar kilometer met een jerrycan moet lopen. Dan zou *Schindler's List* veel eerder een reden voor me zijn om dat te doen. Sommige gebeden zijn gewoon onbelangrijk. Als iemand 2000 jaar aan christelijke ervaringen overboord wil gooien op basis van een vishaak, een auto zonder benzine of een verpest examen, dan bestaat de kans dat die persoon van het begin af aan God al niet serieus nam!

Waarom onbeantwoord gebed? 1: Gezond verstand
Sommige gebeden worden niet beantwoord omdat ze gewoon stompzinnig zijn!

Tegenstrijdige gebeden

We moeten ook in gebeden die wat belangrijker zijn ons gezond verstand gebruiken. Er leven momenteel 6,6 miljard mensen op deze aarde, wat inhoudt dat er miljoenen gebeden tegelijk opstijgen naar de troon van God. De ervaring leert ons dat duizenden van deze gebeden elkaar tegenspreken.

Neem bijvoorbeeld het semi-serieuze gebed van de voetbalsupporter die wil dat zijn team wint, terwijl aan de andere kant van het stadion een man in de clubkleuren van het andere team even ijverig hetzelfde bidt voor zíjn team. Zo heb je ook het gebed van een bruid die voor mooi weer bidt op haar bruiloft, terwijl de boer even verderop zijn oogst bekijkt en bidt om regen. Er zijn gebeden voor bevrijding van onderdrukking door Israël en gebeden voor bescherming tegen zelfmoordterroristen. Er zijn westerse gebeden voor economisch herstel, terwijl men in Afrika bidt, roept, bloedt en sterft voor een eerlijker verdeling van de rijkdommen van deze wereld.

Vorige week nog stapte ik op het station achter mijn huis op de trein en wachtte tot hij zou vertrekken. Het leek erop dat ik te laat zou komen voor een vergadering. Ik zat daar dus en terwijl ik naar de stationsklok bleef kijken bad ik dat de machinist een vertreksignaal zou krijgen zodat ik mijn aansluiting niet zou missen. Net op dat moment zag ik een man met een rood hoofd over het perron aan komen rennen en toen de conducteur op zijn fluitje blies stommelde hij mijn coupé binnen. 'Goddank dat hij te laat was,' mompelde de man, terwijl hij zijn voorhoofd afveegde.

'*Wiens gebeden,*' vroeg ik me af, '*verhoort God op dit soort momenten?*'

In dit geval vermoed ik dat Hij geen van ons rechtstreeks verhoorde, wel wetende dat het systeem als geheel – en het grote aantal mensen dat die trein die dag in en uit zou lopen – er het meest bij gebaat is als de dienstregeling gewoon zijn natuurlijke loop mocht hebben. Zou het niet waarschijnlijker zijn dat God in de overgrote meerderheid van situaties onze gebeden meelevend aanhoort en ons ontmoet in onze noden, maar heel bewust het leven zijn normale gang laat gaan?

Laten we ons eens voorstellen dat God de trein tegengehouden zou hebben voor de bezwete man of hem voor mij sneller zou hebben laten rijden. Als we geloven dat oneindig veel van dit soort kleine gebeurtenissen van minuut tot minuut bepaald worden door de expliciete interventie van een God die alles in antwoord op miljoenen gebeden tot in de kleinste details bestuurt, gebeurt er iets verontrustends met onze theologie. Gebed is dan niet langer een krachtige onderwerping aan Gods soevereine wijsheid, en God zelf begint te lijken op een kosmische versie van een van die snel flitsende flipperkasten, die razendsnel dienstregelingen, weersfronten, voetbaluitslagen en wereldmarkten verandert; dit alles op commando van zijn schepselen.

Natuurlijk zou het mij heel erg goed uitkomen als ik door de kracht van gebed treinen kon reguleren, maar *dat* zou de man met het rode hoofd weleens niet goed kunnen uitkomen. En als God, om rechtvaardig te zijn, de man met het rode hoofd net zoveel macht over treinstellen ging geven als mij, wat zou er dan gebeuren als onze gebeden elkaar tegenspraken? Het is beslist waarschijnlijker en aangenamer om aan te nemen dat in de engelenwereld dienstregelingen meestal worden gerespecteerd, dat de uitkomst van voetbalwedstrijden niet van tevoren vaststaat en dat bruiden blijven ontdekken dat regen de blijdschap van een bruiloft niet kan bederven.

Als God neerkijkt op twee autobestuurders die rondjes rijden op een volle parkeerplaats en beide bidden om een plekje (en ja hoor, Hij alleen weet dat er nog maar één plaats open is), moeten we dan geloven dat de Heer van hemel en aarde voortdurend ingrijpt om bot de ene automobilist voor te trekken boven de andere? Is het niet veel waarschijnlijker dat Hij geïnteresseerd toekijkt hoe de auto die het dichtst bij die overgebleven, felbegeerde parkeerplek is hem toevallig vindt? En als die gelukkige bestuurder het dan nodig vindt om Hem te danken, is dat prima!

Maar waarom zouden we dan moeite nemen te bidden voor de kleine dingen in ons leven?

Ten eerste, gewoon omdat het kan. Het is een voorrecht door God gehoord te worden wanneer we Hem vertellen waar we moeite mee hebben en het ligt in onze aard dat we zijn hulp inroepen. Conversatie is het kenmerk van elke liefdevolle, levende relatie – met name praten over alledaagse dingen![2]

Ten tweede verrast God ons soms door een van onze kleine gebeden op een bovennatuurlijke manier te verhoren. Misschien omdat Hij doorheeft dat het helemaal geen onbelangrijk gebed is, maar, zonder dat we dat weten, grote gevolgen heeft voor de rest van ons leven. Stel dat de twee automobilisten die die ene plek zoeken dat doen op de parkeerplaats van een ziekenhuis. En stel dat de bestuurder die normaal gesproken de lege parkeerplek zou vinden, omdat hij er toevallig het dichtste bij is, een man is die extra vroeg is gekomen voor een sollicitatiegesprek, terwijl de andere chauffeur op het punt staat een hartaanval te krijgen terwijl hij op weg is naar een routineafspraak. In zo'n situatie vind ik het geen probleem te geloven dat God in zou kunnen grijpen en het gebed van de tweede man verhoort, omdat zijn onbeduidende gebed, zonder dat hij dat weet, helemaal niet zo onbeduidend is. Onze levens zijn vol van zulke 'toevalligheden' waarvan wij als christenen geloven dat het helemaal geen toevalligheden zijn, maar momenten waarop God zich liefdevol bemoeit met de aardse zaken van een gewone dag om ons te beschermen of ergens in te voorzien.

Ten derde, bidden voor de kleine dingen in ons leven opent onze ogen voor de talloze verborgen zegeningen van God, wat ons helpt dankbaarder in het leven te staan. Mensen die niet bidden voor stomme dingen als parkeerplaatsen, gaan God alleen danken als er serieuze dingen gebeuren, wat betekent dat zo iemand een minder dankbaar leven leeft! Dit is misschien waarom ons is verteld dat we voor ons dagelijks brood moeten bidden, ook al leven we in een land waarin voedsel zelden op een bovennatuurlijke manier gegeven hoeft te worden. Als we God vragen om brood, kunnen we er dankbaar voor zijn wanneer het komt.

Een van de grootste voorbeelden van dit soort dankbaarheid was de schrijver G.K. Chesterton, wiens werk overstroomt van verrukking over wat hij *Het Grote Minimum des levens* noemt – lantaarnpalen en madeliefjes en toevallige ontmoetingen. Het mirakel van zulke alledaagse wonderen was voor Chesterton zo overdadig, dat elke extra vreugde in het leven bijna overbodig leek. Die dankbaarheid voor kleine dingen is altijd een kenmerk geweest van mensen die als dwazen en voortdurend bidden over de details van het leven. Ze geloven dat God zeer bij ze betrokken is en dat maakt dat ze Hem voortdurend danken voor dingen die anderen als vanzelfsprekend beschouwen. Ze ontvangen zelfs de kleinste gelukjes als antwoorden op gebed.

Omdat alle goede dingen van God komen, doet het er eigenlijk nauwelijks toe of Hij ze door een bovennatuurlijke tussenkomst aan ons geeft, of simpelweg door de natuurlijke orde van oorzaak en gevolg. Als de oneindige complexiteiten van de patronen in het leven met elkaar samenzweren om ons een zonnige trouwdag te geven of een trein juist wanneer we die nodig hebben, laten we God dan danken! Maar als de treinen en de regenwolken zich niet onderwerpen aan onze gebeden, zouden we God toch moeten danken omdat één of meer van onze 6,6 miljard naasten in plaats van ons is gezegend met de trein, het weer of de parkeerplaats die zij nodig hadden.

Waarom onbeantwoord gebed? 2: Tegenstrijdigheid
Sommige gebeden worden niet beantwoord omdat ze tegenstrijdig zijn met andere gebeden.

Complexiteit en schepping

Geen van de tot dusver beschreven voorbeelden waren echt schokkend. Het ligt voor de hand dat gebed voor dingen als vistuig, pompstations en parkeerplekken te onbelangrijk zijn om wakker van te liggen. We kunnen ook begrijpen waarom gebeden die elkaar tegenspreken over het algemeen onbeantwoord moeten blijven. Maar we moeten nu met ons gezonde verstand nadenken over een veel minder aangename mogelijkheid: De gedachte dat wonderen, per definitie, zeldzaam moeten zijn – veel zeldzamer dan wij dat graag zouden willen en heel veel zeldzamer dan veel christelijke sprekers ons willen doen geloven.

Dit is niet wat we willen horen. We zouden liever allemaal geloven dat elk gebed om genezing kan werken, dat elke auto die op een kind afraast op tijd kan stoppen, dat elk huwelijk gered kan worden en dat elke verloren zoon terug zou kunnen keren tot de Heer. Maar we weten ook dat God nauwgezet bepaalde leidende principes heeft ingesteld (natuurwetten) die ervoor zorgen dat het leven 'werkt' en dat ze dat meestal doen met een bijna oneindige complexiteit en een prachtige harmonie.

We zullen verderop in dit boek het vernietigende effect behandelen dat de vrije wil van de mens en de zondeval op dit fragiele systeem hebben gehad. Voor dit moment is het echter goed om in gedachten te houden – zoals hedendaagse geleerden als N.T. Wright ons voorhouden – dat deze delicate en oneindig ingewikkelde wereld ons thuis is. We zijn geroepen om erover te heersen, maar we zijn er ook deel van en daarom zijn we onderworpen aan haar wetten. Christenen kunnen de zwaartekracht niet uitschakelen als er een baksteen naar hun voeten toe keilt of wanneer een vliegtuig uit de lucht komt tuimelen. Uit bittere ervaring weten we hoe ongewoon wonderen in dit soort situaties zijn. We kunnen nu misschien beter leren begrijpen dat ze zeldzaam zijn vanwege een hoger doel.

> *Dat God de materie kan veranderen en dat soms ook doet, zodat er dingen gebeuren die wij wonderen noemen, maakt deel uit van het christelijk geloof; maar het idee van een gemeenschappelijke, bestendige wereld vereist dat dergelijke gebeurtenissen zeldzaam behoren te blijven.* C.S. Lewis[3]

Als God de hele tijd wonderen zou doen door voortdurend in te grijpen in de leidende principes van het leven op aarde in antwoord op elk van onze gebeden, zou dit helemaal geen overvloed van groter geluk veroorzaken, integendeel: de gevolgen zouden verschrikkelijk zijn. Het wonder voor de enkeling kan ellende brengen bij miljoenen van zijn medemensen. Laat me hier een voorbeeld van geven.

Op een dag voeren Jezus en zijn vrienden op het meer van Galilea toen er plotseling een storm opstak. De discipelen, van wie verschillende ervaren vissers waren die deze wateren goed kenden, geloofden dat ze het grote gevaar liepen dat ze zouden verdrinken. Maar Jezus bestrafte eenvoudigweg de wind en de woeste golven. 'Daarop ging de wind liggen en kwam het water tot rust' (Luc. 8:24). Geen wonder dat de discipelen zich stomverbaasd afvroegen: 'Wie is hij toch?' (vers 25), tot Petrus enkele verzen later wanneer antwoordt: 'U bent de door God gezonden Messias' (Luc. 9:20).

Overal ter wereld zullen vandaag veel mensen vanuit verschillende situaties er vurig voor bidden dat Jezus een eind zal maken aan gevaarlijke stormen zoals Hij dat deed die avond in Galilea. Een orkaan dreigt misschien hun broodwinning te vernietigen. Windkracht 10 en huizenhoge golven staan misschien op het punt hen te laten verdrinken. Donkere donderwolken verzamelen zich misschien onheilspellend en dreigen de langverwachte kerkbarbecue te verpesten.

Echter, de meeste van deze gebeden zullen vanwege een belangrijke reden niet 'werken': de stormen waartegen we misschien soms bidden zijn van levensbelang voor miljoenen mensen. Stormen zijn de airconditioning van de aarde. Ze houden het klimaat, en daarmee het hele ecosysteem, in een delicate balans. Zonder stormen zou het in de tropen veel heter worden en zouden ze geleidelijk aan woestijnachtig worden. Op de polen zou het veel kouder worden. Cruciale luchtstromen zouden wegsterven en de bliksem zou in de wolken ingesloten worden, zodat het vliegen zo gevaarlijk wordt dat het vrijwel onmogelijk zou zijn.

Dit zijn slechts een paar voorbeelden van de vreselijke gevolgen die zouden plaatsvinden als elk gebed tegen elke storm in elk deel van de wereld vandaag zou worden verhoord. Kan God weersystemen beheersen? Natuurlijk! God is soeverein en almachtig. Hij stuurde regen op Noach, droogte over Achab en vrede op die dag in Galilea. Meteorologische wonderen gebeuren. Ik beschreef er zelf één in de introductie van dit boek. Maar als God elke storm zou kalmeren (of zelfs maar de meeste stormen), zou de balans in de schepping overhoop raken met verwoestende gevolgen. En dus, ook al is het triest, kunnen er vandaag heel goed oogsten verloren gaan, schepen zinken en kerkbarbecues verregenen. Hij doet het misschien met tegenzin, maar God zegt soms 'nee' tegen vele gebeden vanwege het welzijn van de meerderheid.

Vandaag zal Christus af en toe (wat waarschijnlijk neerkomt op een paar duizend situaties op 6,6 miljard mensenlevens) zijn kracht ontketenen en wonderbaarlijk ingrijpen in het weer, in een medische prognose of in een financiële crisis in antwoord op gebed. Maar zoals C.S. Lewis zei: '*Maar het idee van een gemeenschappelijke, bestendige wereld vereist dat dergelijke gebeurtenissen zeldzaam behoren te blijven.*'[4]

> **Waarom onbeantwoord gebed? 3: Natuurwetten**
> *Sommige gebeden worden niet beantwoord omdat ze schadelijk zijn voor de wereld en de levens van anderen.*

Het leven is klote, maar God is goed

Minstens een keer per jaar probeer ik met een stel vrienden te gaan surfen in North Devon. Deze jaarlijkse happening, die we 'The Board Meeting' zijn gaan noemen, volgt altijd hetzelfde standaardpatroon van eten, drinken en ijskoud zeewater. Sommigen van ons zijn behoorlijk goede surfers, maar ik ben allang blij wanneer ik kan rondtuimelen in de grijze koude oceaan als een sok in de wasmachine, schreeuwend tegen de zeemeeuwen en lachend over de onmogelijkheid dat de meest ongecoördineerde man ter wereld het voor elkaar zou kunnen krijgen om op de golven te rijden door langer dan drie seconden te blijven staan op een stuk glasfiber.

De 'Members of the Board' vormen een gevarieerde mix van karakters. Zo is er een Poolse priester, een sociale hulpverlener uit Portsmouth met een irrationele angst voor vissen, een homoseksuele filmmaker, een zeer on-homoseksuele politieman, mijn oude vriend Alex die klinkt alsof hij lid is van de koninklijke familie, een grafisch ontwerper die Jezus ontmoette na het roken van onnoemelijke hoeveelheden wiet, en een ondernemer die Matt heet en die ooit de achttiende plaats innam in de Britse surfscene (iets dat wel goed klinkt, tot het je te binnen schiet dat er vast niet meer dan ongeveer twintig Britten kunnen zijn die daadwerkelijk een eigen surfboard hebben).

Na de meest recente Board Meeting reed ik met mijn goede vriend Mike mee naar huis. Mike is een kerel die zo ontzettend op Buzz Lightyear uit de film *Toy Story* lijkt, dat hij een fortuin zou kunnen (en volgens mij ook zou moeten) verdienen op kinderfeestjes. Maar hij is vrijwel zeker vooral de aardigste persoon op aarde sinds Jezus. Je kent vast wel wat aardige mensen, maar ik verzeker je: Mike zou ze allemaal kunnen verslaan in aardig-zijn, en dat *zonder dat hij in de gaten had dat hij dat deed.*

Ondanks zijn aardig-zijn, hebben Mike en zijn vrouw Jo het de laatste jaren niet makkelijk gehad. Hun dochter Lucy werd geboren met een grote lichamelijke handicap waardoor ze nooit zal kunnen lopen. In drie jaar tijd heeft haar kleine lichaam vier grote operaties ondergaan. Net toen ze de emotionele en praktische uitdagingen van deze situatie een beetje te boven begonnen te komen, kregen de leiders van hun kerk onenigheid, die er gaandeweg toe leidde dat hun gemeenschap uit elkaar viel. Begrijpelijkerwijs voelden Mike en Jo zich boos en verdrietig. Ze wisten niet eens wie ze de schuld moesten geven. Rond dezelfde tijd kreeg Mike pijn in zijn heupen en terwijl hij pas 32 jaar was, werd bij hem degeneratieve artritis geconstateerd. Om de zaken nog erger te maken: Mike is outdoor instructeur. Voor zijn werk moet hij bergbeklimmen, trektochten maken, fietsen, kanoën en zeilen. Wat zou deze diagnose betekenen voor zijn carrière en hun toekomst? Boven op al deze moeilijkheden, wist ik ook dat Mike en Jo wanhopig graag wilden verhuizen en al enige tijd als gekken (zonder succes) aan het bidden waren voor de verkoop van hun huis.

'Hoe kun je dit in vredesnaam aan?' vroeg ik, terwijl we in de regen over de krappe, bochtige wegen van Dorset slingerden.

'Wat kan ik aan?' vroeg hij.

'Nou, je weet wel… de kerk, het huis, Lucy's toestand, de artritis…'

'O, dat,' lachte hij. 'Ehm… Ik weet niet of ik het wel aankan!'

'Oké, maar hoe geef je het dan allemaal een plek, Mike? Wat doet dit dan met jou en God?'

Hij werd stil. De ruitenwissers veegden regen van de voorruit. En toen, terwijl hij meer dan ooit op Buzz Lightyear leek, schraapte Mike zijn keel en zei iets heel eenvoudigs en heel diepzinnigs: 'Ik denk dat ik door heb gekregen dat het leven in essentie hard is.' Hij keek me aan en grijnsde. 'God is goed en trouw, maar het leven kan echt klote zijn, ja toch?'

Ik grinnikte en Mike reed zwijgend verder. 'Ik denk,' vervolgde hij uiteindelijk, langzaam sprekend alsof hij moeizaam gedachten uit een moeras trok, 'Ik denk dat ik altijd dacht dat... dat ik een soort goddelijk recht had op geluk. Ik bedoel, ik wist heus wel dat er soms wat moeilijke tijden zouden zijn, maar... nou, om eerlijk te zijn... ik vind het de laatste tijd makkelijker om gewoon te accepteren dat het leven hard is – zoals men dat honderden jaren geleden deed – dan om me min of meer benadeeld te voelen, alsof ik bestolen ben. Waarom God de schuld geven van zaken die gewoon de alledaagse realiteit zijn op een verknoeide planeet? Snap je wat ik bedoel, Pete?'

Ik knikte. Ik wist precies wat hij bedoelde. Sommige woorden zijn niet goedkoop.

De regen raasde en siste op het wegdek en de ruitenwissers tikten de tijd weg. Mike knikte naar de grote witte snavel die over de voorkant van de auto hing: 'Wij hebben surfkano's, pijnstillers, ontbrandingsmotoren en allerlei goede dingen,' ging hij verder. 'Maar ik denk dat het voor de meeste mensen, vroeger of later, ongelofelijk moeilijk wordt om gewoon uit bed te komen. En als de dingen gewoon goed gaan, zoals dat soms het geval is... echt, je moet die perioden waarderen, want ze zijn niet normaal.'

We reden verder door de regen en ik dacht over Mikes woorden na en moest denken aan een goede vriend in Amerika die net zijn baan had verloren en nu geen inkomen had voor zijn vier kinderen. Ik dacht aan hem en ik dacht aan Samies epilepsie...

> *Leg dit boek maar eens even neer en sta vijf minuten stil bij het feit dat alle grote godsdiensten voor het eerst zijn gepredikt en lange tijd zijn aangehangen in een wereld zonder anesthesie.* C.S. Lewis[5]

Ik vind dat er iets bevrijdends en zelfs geruststellends zit in Mikes sombere pragmatisme. Misschien is het leven gewoon heel hard en is dat oké. 'Elke dag,' zegt Jezus, 'heeft genoeg aan zijn eigen last' (Mat. 6:34). Uitgerekend Hij was erg realistisch over hoe zwaar het leven kan zijn. De apostel Petrus was net zo onverstoorbaar toen hij aan de gelovigen schreef die door vervolging over Klein-Azië verspreid waren geraakt: 'Wees niet verbaasd over de vuurproef die u ondergaat; er overkomt u niets uitzonderlijks' (1 Pet. 4:12).

Misschien moeten we gewoon accepteren wat ouderen, armen en veel gehandicapten al lang weten: Vandaag zal het waarschijnlijk erg moeilijk zijn en morgen wordt het net zo moeilijk. Door onze verwachtingen bij te stellen, kunnen we wellicht de gevoelens van teleurstelling, eenzaamheid en oneerlijkheid verminderen, die het gevolg zijn van onbeantwoord gebed. Met een 'alles gaat zijn gangetje'-benadering van de beproevingen van het leven, kunnen de goede momenten verrassend en verrukkelijk worden. Dan zullen het meer onze zegeningen en minder onze moeilijkheden zijn die ons ertoe aanzetten om aan God te vragen: 'Waarom?'

Stel je twee groepen mensen voor, die allebei in hetzelfde grote, oude, vervallen gebouw wonen. De helft van hen denkt dat het een duur hotel is, en zij zijn bitter teleurgesteld. De andere helft denkt dat het een gevangenis is, en zij zijn aangenaam verrast![6] Ironisch genoeg is het pas wanneer we eindelijk het feit accepteren dat het leven geen vijfsterrenhotel is en we onze verontwaardiging over de manier waarop we behandeld worden opgeven, dat we hoop beginnen te vinden. Zo lang we tekeer blijven gaan tegen de hemel, zullen we arm blijven in onze pijn. Maar als we ons oog laten vallen op het slijk, kunnen we een rijkdom aan kleine inzichten ontdekken die blinken in modderpoelen aan onze voeten. Toen G.K. Chesterton zijn pogingen om optimistisch te zijn over de wereld eindelijk opgaf en accepteerde dat het een gevallen wereld was, voelde hij zich helemaal niet depressief: zijn hart 'sprong op van vreugde, zoals een vogel in de lente.'[7]

In Alexander Soltsjenitsins klassieker *Een dag uit het leven van Ivan Denisovich* is de overlevingsstrategie van de held in een 'speciaal' strafkamp, dat hij de verschrikkingen accepteert als norm. Het boek, dat Soltsjenitsin als zijn beste beschouwde, volgt een gevangene genaamd Shukov, gedurende een gewone vreselijke dag. Het begint als hij ziek wakker wordt, waarna hij, omdat hij te laat is, voor straf gedwongen wordt het wachthuis schoon te maken bij temperaturen onder nul. Maar doordat hij deze dingen aanvaardt als normaal en onveranderbaar, kan Shukov aan het eind van de dag tevreden zijn bed in klimmen en zijn zegeningen tellen:

> *Ze hadden hem niet in de isoleercel gestopt; ze hadden zijn eenheid niet naar de nederzetting gestuurd; hij had bij het avondeten een pan havermout leeg geveegd; de leider van hun eenheid had hun werk correct beoordeeld; hij had een muur gebouwd en ervan genoten om het te doen; hij had dat stuk metaalzaag mee weten te smokkelen; hij had een gunst verdiend bij Tsezar die avond; hij had tabak gekocht. En hij was niet ziek geworden. Hij had doorgezet.*[8]

Shukov moest als gevangene tien jaar dwangarbeid verrichten, omringd door de dood, in een van de meest barre klimaten die we op aarde kennen, als een gevangene van een van de meest onderdrukkende regimes in de wereldgeschiedenis. Toch kon hij die avond tevreden en dankbaar in bed klimmen, want 'het was een dag zonder donkere wolken. Een gelukkige dag, bijna.'[9]

Ondanks alle technologische vooruitgang en een toegenomen levensverwachting heeft onze generatie te kampen met een buitengewone kwetsbaarheid. We storten makkelijk in, onze huwelijken vallen uit elkaar en we voelen ons snel aangevallen. In onze wereld die is geobsedeerd door beroemdheden, bij de dood vandaan geknuffeld en tegen pijn verdoofd, moeten we eraan herinnerd worden dat het normaal is om problemen te hebben, ziek te worden, voor financiële uitdagingen te staan en relaties kapot te zien gaan. Jezus beloofde ons dat we 'het zwaar te verduren krijgen in de wereld' (Joh. 16:33), maar slechts weinigen van ons plakken dat bijbelvers op de koelkast. In plaats daarvan voelen we ons verraden als we tegenslagen te verduren krijgen. 'Waarom ik?' vragen we, alsof zulke dingen een volgeling van Christus niet zouden mogen omringen. Alsof wij immuun zouden moeten zijn voor de ziektes die onze buren treffen.

Ironisch genoeg kan gebed juist een van de problemen zijn. In het bidden leggen we de lat van onze hoop hoog en noemen het dan geloof en dan bidden we voor de perfecte partner, gezonde kinderen, succesvolle carrières en rustige gezinnen. En we wensen deze dingen niet alleen, we trainen onszelf ook om ze te verwachten! We vrezen het ergste als we ooit onszelf iets minders voor ogen zouden stellen. Maar dit is vals geloof. De apostel Paulus wilde niet alleen 'Christus kennen en de kracht van zijn opstanding ervaren', maar ook 'delen in zijn lijden' (Fil. 3:10). Het christelijk getuigenis en onze uiteindelijke hoop ligt niet in een wonderbaarlijke opeenvolging van wonderbaarlijke ontsnappingen aan al het menselijk lijden. Het gaat juist om de vreugde over een steeds dieper wordende relatie met de 'man die het lijden kende en met ziekte vertrouwd was' (Jes. 53:3), die van ons houdt en in ons leeft.

Ik zeg niet dat we zouden moeten bidden om moeilijke tijden, maar juist dat áls die tijden komen we iets minder woede en veel meer hoop zouden moeten voelen, omdat Jezus – die door vergelijkbare moeilijkheden ging – voorspelde dat we ze zouden tegenkomen en beloofde dat Hij midden in die moeilijkheden bij ons zou zijn.

Waarom onbeantwoord gebed? 4: Het leven is hard
Sommige gebeden worden niet beantwoord omdat 'de schepping ten prooi is aan zinloosheid' en nog niet volledig is 'bevrijd uit de slavernij van de vergankelijkheid' (Rom. 8:20-21). Tragisch genoeg is er niet aan te ontkomen dat het leven in zo'n omgeving af en toe bijzonder moeilijk zal zijn.

Geloof en de zondeval

De naam 'Israël' beschrijft letterlijk 'iemand die twist, vecht of worstelt met God'. Net als Jakob betwisten we, worstelen we, twijfelen we, geloven we en vechten we. Er is daarom af en toe een zekere, koppige trots in de joods-christelijke vastberadenheid om ongeacht de omstandigheden te vertrouwen op en zich te verheugen in God. 'Wil Hij mij doden,' schreeuwt Job, 'ik blijf op Hem hopen!' (Job 13:15, NBG-1951). Hoor je de trots? Dit is de vechtlustige taal van een geloof dat gesmeed is in het vuur van worstelingen.

Dezelfde onverzettelijke houding zien we in de opstandigheid van Sadrach, Mesach en Abednego wanneer ze door koning Nebukadnessar bevolen worden om een grotesk gouden afgodsbeeld te aanbidden – als ze weigeren zullen ze worden gedood. Hun reactie getuigt van onbedwingbare moed:

> *Wij vinden het niet nodig, Nebukadnessar, uw vraag te beantwoorden, want als de God die wij vereren ons uit een brandende oven en uit uw handen kan redden, zal hij ons redden. Maar ook al redt hij ons niet, majesteit, weet dan dat wij uw goden niet zullen vereren, noch zullen buigen voor het gouden beeld dat u hebt opgericht (Dan. 3:16-18).*

De paradox van het geloof is samengevat in deze indrukwekkende speech. Aan de ene kant zeggen de drie jongemannen dat 'de God die wij vereren *kan* redden.' Bovendien geloven ze dat God er niet alleen toe in staat is, maar ook de *wil* heeft om hier wonderlijk voor hen in te grijpen, en ze zeggen: '*Hij zal* ons redden uit uw hand.' Maar nadat ze deze ondubbelzinnige geloofsverklaring hebben gemaakt, voegen ze eraan toe: 'maar *ook al redt hij ons niet*... wij zullen uw goden niet vereren.'

In het eerste deel van hun toespraak zien we dat Sadrach, Mesach en Abednego geloof hebben voor een wonder, en dat is indrukwekkend. Maar dan zien we dat ze ook in alle opzichten een dieper soort geloof hebben – geloof om het lijden te verdragen, mocht het wonder niet gebeuren.

☙

Een paar maanden nadat bij zijn vader longkanker werd geconstateerd, begon een jongeman die ik Kevin zal noemen naar de kerk te gaan, waar hij een boodschap hoorde over Gods macht die gebeden verhoort. Dit deed hoop in hem ontbranden voor zijn zieke vader. Zijn beste vriend was onlangs een volgeling van Jezus geworden en het duurde niet lang voordat Kevin dat ook werd.

Vanaf het begin waren de meeste van Kevins gebeden en hoopvolle verwachtingen vanzelfsprekend gericht op de verslechterende toestand van zijn vader. Hij leerde al snel om God aan te roepen voor genezing. Op een dag reed Kevins zus, die geen christen was, alleen in haar auto toen ze een waarneembare stem hoorde die haar vertelde dat haar vader inderdaad wonderlijk zou herstellen. Versterkt door zo'n opmerkelijke bemoediging gingen ook wij samen met Kevin ernstig bidden voor zijn vader. God had gesproken en we baden met geloof! Maar hoewel zijn toestand af en toe verbeterde (waarvoor we God altijd direct dankten), was de bittere waarheid dat de toestand van Kevins vader over het algemeen gestaag verslechterde.

Met een zwaar gemoed ging ik er op een dag met Kevin voor zitten om hem de 'Wat als' vraag te stellen. Wat als zijn vader zou sterven? Hoe zou hij daarmee omgaan? Wat zou er van zijn geloof overblijven als al die gebeden en zijn zusters mysterieuze ervaring nergens toe zouden leiden? Kevin vertelde me dat hij begreep dat er geen garanties zijn op genezing. Hij verzekerde mij dat hij als zijn vader zou sterven het christendom niet zou opgeven – hoewel hij toegaf dat hij 'een aantal grote vragen zou hebben'.

Een paar maanden later stierf Kevins vader en binnen een paar weken ook Kevins geloof in God. Het was pijnlijk om te zien hoe zijn verdriet en teleurstelling omsloegen in bitterheid en onverschilligheid. Net als Sadrach, Mesach en Abednego, had Kevin een uitdagend geloof in de mogelijkheid van een goddelijk ingrijpen, maar anders dan bij hen zat het geloof dat Kevin in God had vast aan die mogelijkheid. In gebed was hij gewoon niet bereid om 'nee' als antwoord te accepteren. Ik denk dat ik Kevins wanhopige verlangen naar een wonder en zijn gevoel van verlatenheid toen zijn gebeden geen merkbaar verschil maakten en zijn vader stierf, wel kan begrijpen. Maar het was wel ontzettend verdrietig dat toen Kevin zijn vader verloor, hij ook zijn geloof in zijn hemelse Vader kwijtraakte, juist toen hij Hem meer nodig had dan ooit.

Als ik terugkijk, besef ik dat we erin faalden om het juiste leerstellige fundament in Kevins jonge geloofsleven te leggen. Aan de oppervlakte leek hij die vurige, jonge christen die niets anders wilde dan te leven voor God. Maar toen de vloed kwam, stortte hij in. Zijn fundament was gemaakt van zand.

Veel mensen zijn geschokt als hun gebeden niet worden beantwoord. Vaak beginnen ze aan God te twijfelen. Soms lappen wij deze mensen op met een paar troostende woorden of counseling en wat cliché opmerkingen over Gods ondoorgrondelijke manier van werken, terwijl wat ze eigenlijk nodig hebben gewoon bijbels onderwijs is over wat het inhoudt om christen te zijn. Toen ze christen werden, was hun misschien verteld dat God al hun problemen zou laten verdwijnen, of misschien veronderstelden ze dat alleen maar, zoals Kevin. Maar de Bijbel zelf leert dat we 'delen in zijn lijden om met hem te kunnen delen in Gods luister' (Rom. 8:17), en Jezus zegt ons juist dat we het tegenovergestelde van een makkelijk leven moeten verwachten, zoals we eerder zagen in Johannes 16:33.

Wat hadden Barbara Fisher, Floyd McClung en mijn vriend Mike dat Kevin niet had? Ze hadden een juist begrip van hoezeer het lijden in de christelijke beleving is verweven.

Waarom onbeantwoord gebed? 5: Bijbelse leer
Sommige gebeden worden niet beantwoord op de manier waarop wij denken dat het zou moeten, omdat ons begrip en onze verwachtingen van God onjuist zijn.

Terwijl we leven in het tijdsgewricht tussen de zondeval en de wederopstanding, en we zowel de vreselijke kwellingen van het leven als de kracht van gebed die wonderen uitwerkt erkennen, herinnert het verhaal van Sadrach, Mesach en Abednego ons eraan om meer in God te geloven dan dat we in wonderen geloven. Net als deze drie mannen vertrouwen we erop dat de God die we dienen in staat is ons te redden. We houden nadrukkelijk vol dat wonderen kunnen gebeuren. Maar aan zo'n geloof voegen we trouw toe, zodat zelfs wanneer onze dappere woorden niet bevestigd worden – zelfs als onze gebeden niet worden beantwoord en we in de vurige oven van het lijden worden gegooid – we nog steeds op God zullen vertrouwen.

Van dit soort weerbarstig geloof kan ik geen beter hedendaags voorbeeld bedenken dan dat van Margaret Lee, een rustige, Schotse mevrouw.

Margaret had een lichte huid en was verlegen, vriendelijk maar toch vastberaden en, hoewel haar gezicht vaak serieus oogde, had ze altijd een twinkeling in haar ogen. Drie jaar geleden werd uit het niets keelkanker bij haar vastgesteld. De zich vermenigvuldigende cellen in haar slokdarm waren Margaret geleidelijk aan het verstikken, dus plaatsten de artsen een buis in haar keel, zodat ze kon blijven slikken. Het was beangstigend dat de buis ook samengeperst werd door de druk van de tumor, maar Margaret koos ervoor om geen nieuwe buis te laten plaatsen. 'Ik ben niet bang om te sterven,' fluisterde ze. 'Maar ik ben wel bang voor wat er gebeurt als mijn luchtwegen definitief dicht komen te zitten.'

Veel mensen gingen bij Margaret op bezoek en als ze kwamen uitten ze vaak hun diepe droefheid over haar lot. 'Je hebt ook zo'n zwaar leven gehad,' zeiden ze, 'en nu dit weer...' Alsof 'dit' (waarbij ze de keelkanker bedoelden) het ergst denkbare was. Margaret raakte zo gewend aan deze goedbedoelde beoordeling van haar situatie, dat ze haar standaardantwoord op een stukje kladpapier schreef. Het is denk ik een van de moedigste uitingen van geloof in Jezus die ik ooit heb gezien:

Dit is niet het ergste wat kan gebeuren! Kanker is zo beperkt.
Het kan liefde niet lamleggen, hoop niet verpletteren, geloof niet

aantasten, vrede niet wegvreten, vertrouwen niet vernietigen, vriendschap niet doden, herinneringen niet buitensluiten, moed niet doen verstommen, de Geest niet uitblussen of de macht van Jezus verminderen.

Is dat niet ongelofelijk? De kanker was Margaret aan het doden, maar ze kon een lijst opstellen met de vele beperkingen ervan. Ze kon nauwelijks spreken of slikken, haar lichaam was uitgemergeld en de pijn hield aan, maar de kanker had Margaret Lee niet vernietigd en kon dat ook niet. Van de buitenkant leek ze alleszins een afschuwelijk testament van het bederf van de natuur en de beperkingen van de macht van Christus. Maar in werkelijkheid gaven haar leven en dood een welsprekend getuigenis van de kracht van het gebed voor hen die geloven.

'Ik moet het vragen, heel voorzichtig,' schrijft Francis Schaeffer. 'Tot hoeveel nadenken stemt [onze gelijkvormigheid met Christus]? Is het niet zo dat onze gebeden voor onszelf bijna alleen maar gericht zijn op het tegen elke prijs kwijtraken van het negatieve in plaats van dat we bidden dat het negatieve met de juiste houding tegemoet zal worden getreden?'[10] In Margaret Lee zien we iemand die zich zo identificeerde met Christus (zijn lijden en zijn opstanding) dat ze niet langer 'tegen elke prijs het negatieve wilde kwijtraken', maar in plaats daarvan genade zocht om de kanker vanuit een diepe christelijke houding tegemoet te kunnen treden.

Margarets lichaam werd begraven in een weide op een heuvelhelling in de Scottish Borders. Rond haar graf stonden degenen wier levens waren veranderd door haar moedige en constante getuigenis. Net als Sadrach, Mesach en Abednego wist Margaret dat God wonderen kan doen en doet in antwoord op gebed. Maar anders dan Kevin was ze ook bereid God te vertrouwen als het wonder niet plaats zou vinden.

We kunnen Golgota en Getsemane niet uit de realiteit van het leven met Jezus weglaten. Sprekers die zeggen dat het altijd Gods wil is om te genezen, hebben gewoon geen theologie van het lijden. Ze lopen groot gevaar om 'vijanden van het kruis van Christus' te worden, zoals Paulus dat noemt, mensen '[wier] aandacht alleen gericht is op aardse zaken' (Fil. 3:18-19). De vermaarde spreker Dr. Martin Lloyd-Jones beschrijft in zijn commentaar op Efeziërs 6 het probleem als volgt:

> *Als je gelooft dat 'genezing deel uitmaakt van de verzoening' – dat het nooit Gods wil is dat een van zijn kinderen ziek zou zijn en dat geen enkele christen ooit zou moeten sterven als gevolg van een ziekte…; als je dat gelooft en jij of iemand die dicht bij je staat toch op sterven ligt als gevolg van een ongeneeslijke ziekte, dan zul je je ellendig voelen en ongelukkig zijn. Waarschijnlijk zullen bepaalde mensen tegen je zeggen: 'Er is iets mis met je geloof'… En je zult terneergeslagen raken in je geestelijk leven. De toestand van zo iemand is het gevolg van een dwaling of ketterij over een belangrijk christelijk uitgangspunt. Hij of zij heeft iets toegeschreven aan het christelijk geloof dat er werkelijk niet in thuis hoort.*[11]

Laten we dit even heel duidelijk stellen: Hoewel het lijden in het christelijk leven schering en inslag is, haat God het net zoveel als wijzelf. Hij haat Samies aanvallen. Hij haat wat er met Margaret Lee en Kevins vader gebeurde en wat er bijna met Misha en Luke McClung gebeurde. We zouden niet verbaasd moeten zijn als er moeilijke tijden aanbreken, maar we hoeven ook niet te doen alsof we ze leuk vinden. 'God sluit geen vriendschap met onze dood,' schreef theoloog Alan Lewis toen hij stervende was aan kanker. Hij voegde eraan toe dat slechts een kleine glimp op Jezus' doodsstrijd aan het kruis laat zien hoe 'volmaakt, onverzettelijk en onverbiddelijk Gods haat is tegen de vloek van de dood en alles wat dat met ons doet.'[12]

Er is geen aanwijzing die doet vermoeden dat er voor de zondeval ziekte was in de hof van Eden. Ook is er geen enkel bewijs in het leven van Christus dat ziekte ooit Gods verlangen is, tenzij het tot eer van de Vader is (zie Joh. 9:3). Het boek Openbaring ziet uit naar een tijd dat de verblijfplaats van God onder de mensen zal zijn zodat er 'geen dood meer zal zijn, geen rouw, geen jammerklacht, geen pijn' (21:4). Maar tot die dag leven we in de kloof tussen de zondeval en de komende verlossing van alle dingen. Zodoende kunnen we nog steeds soms ziek worden, kunnen onze zaken lijden onder de krimpende wereldeconomie, lopen onze huizen onder water, enzovoort.

Natuurlijk worden we soms geïnterrumpeerd door een wonder: De storm wordt kalm, de trein vertrekt eerder, er komt een anonieme gift onder de deur door, de blinde ziet, de vislijn komt met haakjes. En wanneer deze dingen gebeuren, krijgen we een voorproefje – dat ons nu al doet watertanden! – van de nieuwe schepping waarin alle dingen met onbegrensde complexiteit samenwerken aan eeuwigdurende schoonheid en harmonie, tot eer van God.

☙

In onze poging om onbeantwoorde gebeden beter te begrijpen, hebben we gekeken naar Gods wereld en wat we daarin redelijkerwijs kunnen verwachten. We hebben vooral gezien dat:

- Sommige gebeden betekenisloos of onbelangrijk zijn, zoals Huckleberry Finns gebed om vistuig of mijn eigen gebed om een pompstation (hoewel we niet per se moeten stoppen met bidden voor dit soort zaken);
- Veel gebeden andere gebeden tegenspreken, zoals mijn gebed voor het op tijd vertrekken van de trein;
- Sommige gebeden in de context moeten worden gezien van de natuurlijke gang van zaken en het feit dat wonderen noodzakelijkerwijs zeldzaam zijn;
- Veel gebeden gedwarsboomd worden door de voortdurende chaos van de zondeval en door het feit dat biddende mensen niet immuun zijn voor de verderfelijke gevolgen daarvan, ook al kunnen we wel in Christus overwinnen, zoals Margaret Lee die moedig de beperkingen in kaart bracht van de ziekte die haar lichaam doodde;
- Sommige gebeden niet beantwoord worden omdat we verkeerde dingen van God vragen, gebaseerd op onbijbelse verwachtingen.

Nu we deze logische, praktische en omgevingsfactoren hebben vastgesteld die de reikwijdte van ons bidden bepalen, richten we onze aandacht in hoofdstuk 9 op een aantal geestelijke dynamieken (moed, geloof, vasthoudendheid en geestelijke oorlogsvoering) waarmee we in ons bidden invloed kunnen uitoefenen op deze factoren. Met andere woorden, *als* mensen in geloof gaan reageren, zijn de voor de hand liggende dingen 'niet meer zo voor de hand liggend'. Het gebed verandert soms werkelijk de loop der dingen! Maar eerst verleggen we de aandacht van Gods wereld naar Gods wil.

Hoofdstuk 8

Gods wil

We zullen op een dag een hemel binnengaan waar we dankbaar zullen constateren dat Gods grote weigeringen soms de werkelijke antwoorden waren op wat we eigenlijk echt baden.
P.T. Forsythe in *The soul of prayer*

In het vorige hoofdstuk keken we naar factoren in *Gods wereld* die onze gebeden kunnen dwarsbomen. Nu we verdergaan met ons afvragen waarom er onbeantwoord gebed is, richten we onze aandacht op het belangrijkste punt van allemaal: De harmonische samenwerking van *Gods wil* met de menselijke, vrije wil om de uitkomst van onze gebeden vast te stellen. We doen dit door het verkennen van de naar binnen en de naar buiten gekeerde kenmerken van Gods wil, waaronder: 1) Gods wil voor ons leven en 2) Gods wil versus vrije wil.

Gods wil voor ons leven

De eerste keer dat ik echt verliefd werd, was ik tien jaar. Je zult misschien wel denken dat dit een beetje vroeg was, maar neem maar van mij aan: dit was bloedserieus. In die tijd zat ik op een privéschool in Surrey met alleen maar jongens. Het was het soort school dat er trots op was dat er een eetruimte met mahoniehouten lambrisering was en dat een vervangend schoolhoofd had die flamboyante vlinderdassen droeg.

Mijn vriendje, wiens vader oogarts was, kwam soms naar school met een potje in zijn zak waarin een oog ronddreef. Hij schudde dan met die pot en we stonden dan gespannen om hem heen om te kijken wie de oogbal uiteindelijk aanstaarde. Ik leerde Latijn op mijn achtste, kreeg Frans van een gepensioneerde kolonel met een grijze walrussnor en Engels van een man die een slechtvalk op zijn pols ronddroeg. Wij Britten kunnen een hoop dingen niet zo goed, maar we blijven wereldleiders op het gebied van excentriek gedrag.

Het is dat deze school het decor vormde voor dat gedoe van op-je-tiende-verliefd-worden, anders zou ik me wel twee keer bedacht hebben voor ik het zou vertellen, uit angst dat ik jouw sympathie als man van het volk zou verliezen. Natuurlijk word ik door mijn pseudo-marxistische vrienden geminacht omdat ik naar zo'n soort school ben geweest, maar wat kon ik anders? In die tijd mocht ik niet eens mijn eigen ondergoed kiezen, laat staan een school in de binnenstad en een regering voor het volk. Dus ja, dit was mijn school tot ik elf werd. Ik geef het toe en ik denk er met liefde aan terug.

Tijdens mijn derde jaar werd besloten dat de school een gemengde school zou worden. Maar er verschenen slechts twee dappere meisjes aan het begin van het volgende semester. Een van hen (we zullen haar Annie noemen) zou het onvermijdelijke middelpunt van de belangstelling worden van ruim honderd pre-puberale jongens.

Het is moeilijk te beschrijven wat voor opzienbarende indruk Annie op de school maakte. Ik kan dit het beste beschrijven door het te vergelijken met de ervaring van mijn vriend Malcolm, die werd gevraagd gitaar te spelen voor 20.000 mensen in een afgelegen deel van Nigeria. Alles ging prima voor Malcolm, tot het donker werd en men een schijnwerper op het podium richtte. Hij realiseerde zich toen al snel dat het niet zo'n goed idee was geweest om als enige blanke onder de enige felle verlichting binnen een straal van een paar honderd vierkante kilometer ook nog een wit T-shirt aan te trekken. De schijnwerper verlichtte Malcolm als een menselijke vuurtoren waardoor zwermen uitgehongerde insecten vanuit de vier windstreken van Afrika aangetrokken werden om zijn T-shirt als landingsplaats uit te kiezen. Het werd er niet beter op toen ze ook zijn neusgaten binnenkropen en zelfs, telkens als hij probeerde te zingen, zijn mond. Zo gebeurde het dus dat bij het vallen van de nacht 20.000

Nigerianen vol verbazing toekeken hoe de blanke jongen uit Chichester voor hun ogen langzaam zwart werd. Ik stel me zo voor dat Malcolm een soort gitaar spelende versie was van die gekke bijenhouder die op *Discovery Channel* nonchalant in de camera probeert te praten, terwijl hij bedekt is met een tweede huid van zwermende bijen.

Terug naar mijn school in Surrey. Er gebeurde daar ongeveer hetzelfde toen Annie in de spotlight kwam te staan. Wolken van zwermende jongens werden op mysterieuze wijze uit alle vier hoeken van het schoolplein aangetrokken om zich als idioten rondom Annies heldere gloed te verzamelen. Ik was niet zo'n jongen met enorm veel zelfvertrouwen die zich schaamteloos stort op een meisje als Annie om zijn Hubba Bubba kauwgom met haar te delen. Ik stond altijd op zijn minst een trede lager op de ladder van coolheid: De onhandige jongen die wat aan de zijlijn staat te mompelen en probeert niet te veel te staren. Ik was nooit een stalker of iets wat daar op lijkt, mocht je je daar zorgen om maken, maar ik voel een bepaalde sympathie voor de hopeloos verliefde nerd die naast het huis van de nietsvermoedende schoolkampblondine de vuilnisbakken doorzoekt. Misschien had ik dit beter voor mezelf kunnen houden.

Afijn, kauwgom of geen kauwgom, ik was totaal verliefd op Annie. Als zij in dezelfde ruimte was als ik, kon ik amper ademen. Ik heb haar zelfs ooit anoniem een valentijnskaart gestuurd (maar nu ik eraan terugdenk, ze had waarschijnlijk een persoonlijke postauto speciaal voor zichzelf op Valentijnsdag van dat jaar). Ik hoopte en bad dat we ooit iets speciaals zouden krijgen. Avond na avond vroeg ik God of Hij ervoor wilde zorgen dat ze mij net zo leuk zou vinden als ik haar. Ik was tien en had nog nooit van mijn leven zo vasthoudend en gepassioneerd (en lachwekkend) voor iets gebeden. Zo terugkijkend is het makkelijk om op deze gebeden laatdunkend neer te kijken, maar misschien, heel misschien, weet je nog hoe het voelde. Hoe echt het was. Hoe vreselijk veel het uitmaakte.

Een aantal jaren later kwam ik Annie nog eens tegen. Ze leek nog steeds niet in mij geïnteresseerd. Die gebeden van toen ik tien was bleven onbeantwoord. Maar toen ik naar haar keek, was het alsof die mooie vlinder, die ooit zo sierlijk rond onze school fladderde en de harten van zo'n honderd jongens had betoverd, op de een of andere manier een omgekeerde metamorfose had ondergaan en was veranderd in een schattig, maar plomp rupsje. Het klinkt misschien harteloos, maar ik weet nog dat ik God vanuit het diepst van mijn hart dankte, dat Hij die gepassioneerde gebeden van vroeger voor een vriendin had genegeerd.

Gods wil is het beste

Soms moeten we toegeven dat God echt wel weet wat het beste voor ons leven is. Annie herinnert mij eraan dat God per definitie groter is dan mijn begrip en mijn verlangens. Hij is groot genoeg om het hele universum te bedenken terwijl Hij persoonlijk betrokken is bij meer dan zes miljard mensen tegelijkertijd. Dit is multitasking op hoog niveau. Elke seconde worden er vijf baby's geboren en God is bij ze, bij elke keuze die ze maken, iedere dag van hun leven. In diezelfde seconde sterven er twee mensen en we geloven dat God ook hen kent.

Het is daarom niet onlogisch dat we niet alles zullen kunnen begrijpen wat zo'n grote God doet of niet doet. 'Ons leven,' zegt Annie Dillard, 'is als een ijl spoortje op het oppervlak van het mysterie.'[1] Wat een tragedie zou het zijn als ons lot beperkt zou worden tot de verwachtingen van het menselijk redeneren en de armzalige mogelijkheden die we met onze voorbijgaande verbeelding creëren. Zou er iets slechter kunnen zijn dan het vooruitzicht dat elk van onze gebeden verhoord zou worden, zodat 'god' verworden zou tot niet veel meer dan de naam van onze persoonlijke krachtbron?

Ik denk wel eens dat dit de reden is waarom de vrouwen van zoveel wereldleiders zich inlaten met astrologie en allerlei soorten vreemde new-age-zaken. Misschien lijkt dat alleen maar zo door de aandacht van de media, maar men heeft ontdekt dat veel intelligente, krachtige en in andere opzichten verstandige vrouwen de sterren raadplegen, kristallen dragen of de energielijnen van hun ambtswoningen onderzoeken. Mijn theorie is als volgt: Deze vrouwen zijn in hun onderbewuste doodsbang voor de gedachte dat de wereldvrede in handen is van een man die de naam van zijn kat niet meer weet en windjes laat in zijn slaap. Hun eigen veiligheidsgevoel maakt dat ze moeten geloven dat er een hogere intelligentie aan de touwtjes van de macht trekt dan die van de man die in de garage met veel moeite probeert een Ikea-kast in elkaar te zetten.

Het goede nieuws voor deze vrouwen – en het goede nieuws voor ons allemaal – is dat er echt een God is die regeert over de menselijke aangelegenheden en aan wie wij onze loyaliteit verschuldigd zijn. 'Mijn plannen zijn niet jullie plannen,' zegt God als we niet begrijpen waar het in ons leven op uitloopt. Hij voegt daaraan toe: 'En jullie wegen zijn niet mijn wegen,' waarmee Hij bedoelt dat Hij niet altijd doet waarvoor we bidden (Jes. 55:8-9).

Als ik naar Samie kijk en terugdenk aan Annie, weet ik zeker dat God soms mijn gebeden weigert te verhoren omdat Hij iets veel beters voor me heeft. Ik adem een zacht 'amen' op Gods belofte aan Jeremia: 'Mijn plan met jullie staat vast… Ik heb jullie geluk voor ogen, niet jullie ongeluk: ik zal je een hoopvolle toekomst geven' (Jer. 29:11). Mijn hart verheft zich om samen met Thomas à Kempis te bidden: 'O Heer, u weet wat het beste voor me is. Geef me wat u wilt, zoveel u wilt en wanneer u wilt.'

Het is makkelijk te erkennen dat de Heer in het geval van een kinderliefde weet wat het beste is. Maar de meeste situaties van onbeantwoord gebed liggen veel gecompliceerder en – laten we eerlijk zijn – zijn ook veel pijnlijker. Vorige week vroeg ik mijn vriendin Emily of ze enige ervaring had met onbeantwoord gebed. Ze vertelde onmiddellijk over de langdurige, aanhoudende en alsmaar doorgaande frustraties over de werksituatie van haar man Matt. Hij was al jaren op zoek naar de juiste baan en ze waren nu totaal ontmoedigd en hadden flinke schulden. 'Ik heb gebeden en gebeden, maar er komt geen enkele beweging in,' zei ze vermoeid.

Dat was vorige week, maar gisteren zag ik Emily met tranen van blijdschap in de keuken. Na al die jaren was Matt eindelijk een fantastische baan aangeboden, die perfect past bij zijn kwaliteiten in het rekruteren van specialistisch personeel. Hij is dolenthousiast. Hun financiën komen er weer bovenop. 'Het enige nadeel,' zei Emily na een paar minuten van vreugde, 'is dat de kinderen hem wel gaan missen. Ze zijn er zo aan gewend geraakt dat hij de hele week thuis is.'

Waarom werden Emily's gebeden pas zo laat beantwoord? Er is geen eenvoudige uitleg voor, maar één aspect van Gods goedheid wordt beslist duidelijk in de hoeveelheid tijd die Matt tijdens zijn beproeving thuis kon doorbrengen, waardoor hij gewoon een goede vader was in een sleutelfase van de ontwikkeling van zijn kinderen. Een onmiddellijk antwoord op Emily's gebeden zou Matts betrokkenheid bij hun kinderen sterk hebben verminderd. De Schotse auteur P.T. Forsythe schrijft: 'We zullen op een dag een hemel binnengaan, waar we dankbaar zullen constateren dat Gods grote weigeringen soms de werkelijke antwoorden waren op wat we eigenlijk echt baden.'[2]

Waarom onbeantwoord gebed? 6 Het beste van God
Sommige gebeden worden niet beantwoord omdat God iets nog beters voor ons heeft.

Gods wil versus onze wil: motivatie in ons bidden

Na vijf vruchteloze jaren van eenzaam zendingswerk onder het Lisu volk in de zuidwestelijke bergstreek van China, kon James O. Fraser niet begrijpen waarom zijn gebeden niet werden beantwoord. Hij had in Schotland een veelbelovende carrière opgegeven en alle mensen van wie hij hield en elke vorm van comfort achtergelaten om radicaal gehoorzaam te zijn aan de grote opdracht van Christus, en toch vonden zijn preken geen gehoor, net als, zo leek het, zijn gebeden. Waarom had Jezus hem gezonden om het Lisu volk 'tot zijn discipelen te maken', om hem daarna zo in de steek te laten?

Geleidelijk realiseerde hij zich dat zijn prioriteiten, die zo rechtvaardig leken, toch niet helemaal goed waren. 'Onbeantwoorde gebeden,' schreef hij, 'leerden mij om de wil van de Heer te zoeken in plaats van die van mijzelf.'[3] Als onze gebeden ons na langere tijd nog geen doorbraak geven, kan het zijn dat we ons moeten afvragen of we wel echt Gods wil najagen op Gods manier, of alleen maar onze eigen ambities.

J.O. Fraser gaf zijn gebeden een iets andere richting. Hij ging er niet langer van uit dat hij in elke situatie Gods wil en Gods manieren kende, maar nam de tijd om te vragen *hoe* hij moest bidden. Zijn werk begon langzaamaan meer vrucht te dragen tot, na acht jaar zwaar zwoegen, de doorbraak kwam. Alsof er een dam was doorgebroken werden vele Lisu, in een periode van slechts een paar maanden, het koninkrijk van God ingesleurd (later meer hierover).

De doorbraak kwam niet doordat Frasers gebeden inhoudelijk anders waren geworden – hij had altijd het verlangen gehad dat het Lisu volk gered zou worden – maar doordat het hart achter zijn gebeden kenmerkend was veranderd. J.O. Fraser leerde op de harde manier dat het bij gebed altijd belangrijker is *waarom* we bidden dan *hoe* we bidden en *wat* we zeggen.

Mijn vermoeden is dat iedereen wel eens bidt uit egoïstische motieven. Ik houd van het verhaal van de ambitieuze moeder die op een dag schuchter naar Jezus toe kwam en vroeg of haar twee zoons, Jakobus en Johannes, de topbanen in zijn komende koninkrijk konden krijgen! Ik weet nog dat ik als kind fanatiek bad om een fiets met een racestuur, dat ik mijn examen zou halen ook al had ik het niet geleerd en, een andere keer, dat mijn ouders er niet achter zouden komen dat ik had moeten nablijven op school. De apostel Jakobus legt heel eenvoudig uit dat een op onszelf gerichte motivatie een van de redenen is voor onbeantwoord gebed: ‘En als u bidt ontvangt u niets, omdat u verkeerd bidt: u wilt alleen uw eigen hartstochten bevredigen’ (Jak. 4:3). Jezus heeft in feite nooit beloofd dat Hij onze gebeden onvoorwaardelijk zou beantwoorden. Het zijn Gods gebeden in onze monden die gegarandeerd zullen werken. De apostel Johannes zegt het als volgt: ‘Wij kunnen ons vol vertrouwen tot God wenden, in de zekerheid dat hij naar ons luistert als we hem iets vragen dat *in overeenstemming is met zijn wil*. En omdat we weten dat hij naar ons luistert, wat we hem ook vragen, weten we ook dat we alles al hebben gekregen wat we hem gevraagd hebben' (1 Joh. 5:14-15, nadruk toegevoegd). Het is als wij 'in overeenstemming met zijn wil' bidden, dat God hoort en handelt, wat betekent dat wonderen alleen gebeuren wanneer onze gebeden in harmonie zijn met Gods ruime verlangens voor ons leven.

Op mijn eerste afspraakje met Samie gaf ik haar een boek over de legendarische Ierse voetballer George Best. Nu ik erop terugkijk besef ik dat het niet het meest romantische gebaar was en hoewel het goedbedoeld was, was het ondoordacht. Er is namelijk niemand minder in voetbal geïnteresseerd dan mijn vrouw! Bij God werkt dit ook zo. Naarmate we Hem beter leren kennen, ontdekken we wat Hij leuk vindt, waarvan Hij droomt en wat zijn wil is. Dit is een krachtige ontdekking, want het stelt ons in staat om te bidden in zijn naam. Niet alleen voor grote zaken, maar ook voor de minder duidelijke dilemma's in het dagelijkse leven. De ongelofelijke belofte die Jezus doet, is dat dit soort gebeden, die gedaan worden in zijn naam, gegarandeerd werken: 'Maar ik verzeker jullie: wat je de Vader ook vraagt in mijn naam – hij zal het je geven' (Joh. 16:23).

Waarom onbeantwoord gebed? 7: Motivatie
Sommige gebeden, zelfs de gebeden die heel geestelijk klinken, worden niet beantwoord omdat ze eigenlijk vanuit egoïstische motivatie gebeden worden.

Gods wil is een persoonlijke relatie

De chassidische meesters hebben een oud rabbijns verhaal om uit te leggen waarom God vaak wacht met het inwilligen van de verlangens van ons hart.

Er is een koning die twee zonen heeft. Ieder van hen komt om zijn geschenk van de koninklijke tafel in ontvangst te nemen. De eerste zoon verschijnt in de deuropening en zodra de vader hem ziet, wordt zijn verzoek ingewilligd. De vader heeft weinig respect voor hem en zijn nabijheid ergert hem. De koning geeft opdracht het geschenk bij de deur aan de zoon te geven zodat hij niet bij de koninklijke tafel hoeft te komen. Dan verschijnt de zoon in wie de koning een welgevallen heeft. De vader is erg blij dat hij er is en wil liever niet dat hij snel weer weggaat. In de hoop dat zijn zoon dichterbij komt, wacht de koning daarom met het inwilligen van zijn verzoek. De zoon komt dichterbij en hij voelt de liefde van de vader zo diep vanbinnen, dat hij niet aarzelt zijn eigen hand uit te strekken naar de koninklijke tafel.[4]

Het diepste verlangen dat de Vader voor ons leven heeft, is dat we 'wonen in zijn voorhoven' en daardoor een meer bevredigende relatie met Hem ontwikkelen. Door terughoudend te zijn met zegeningen in ons leven, probeert God ons ertoe te verleiden in zijn aanwezigheid te blijven wachten. Beide koningszonen waren geliefd en kregen geschenken van gelijke waarde. Maar anders dan het lijkt was de zoon wiens verlangens niet onmiddellijk werden ingewilligd in feite de meest gezegende. In het koninkrijk van God wordt geluk niet primair bepaald door populariteit, dikke bankrekeningen of een goede gezondheid, maar door hoe dicht we bij de Vader zijn. 'Gelukkig wie door u gekozen is en u mag naderen, hij mag wonen in uw voorhoven!' roept de psalmist (Ps. 65:5). 'Als jullie in mij *blijven*,' zegt Jezus, 'en mijn woorden in jullie, kun je vragen wat je wilt en het zal gebeuren' (Joh. 15:7).

Samie en ik zoeken nu al maanden Gods leiding in verband met een mogelijke grote verhuizing. Het is voor ons een enorme beslissing – een van de grootste in ons leven – en we hebben Gods raad dringend nodig. Maar na twaalf maanden bidden, een enkele dag vasten en talloze gesprekken met vrienden weten Samie en ik nog steeds niet zeker wat God zegt. De beslissing begint langzamerhand urgent te worden en wat de uitkomst ook zal zijn, het zal grote gevolgen hebben voor onze vriendschappen, onze begroting, de scholing van onze kinderen en onze algehele bediening. Hoewel er af en toe influisteringen van de heilige Geest geweest zijn, hebben we niets ontvangen dat onmiskenbaar en duidelijk is, niets dat kan rechtvaardigen dat we onze kinderen van hun huidige school halen.

Het vreemde is echter dat God dit jaar glashelder tot ons gesproken *heeft* over kleinere zaken – voor sommige daarvan hebben we nauwelijks de moeite genomen om te bidden! Waarom spreekt God zo duidelijk over bijzaken, maar blijft Hij stil over de kwestie waarin we zijn hulp het hardst nodig hebben? Mijn antwoord, en noem het maar een vermoeden, is dat God de manier waarop we door dit proces in gebed met Hem worstelen *fijn vindt*. Anders gezegd, Hij vindt ons zoeken en onze nieuwsgierigheid misschien belangrijker dan de betrekkelijk simpele daad van het geven van een antwoord. Maar wat de reden ook is, ik zou niet weten hoe ik je kan duidelijk maken hoe frustrerend dit voor ons is!

Het resultaat van Gods stilte in deze zaak is dat Samie en ik harder bidden, we met meer ijver ons binnenste doorzoeken en onze oren afstemmen op de kleinste fluistering uit de hemel, zoals we dat normaal niet zouden doen. Kort gezegd, we naderen dichter tot God juist vanwege ons niet beantwoorde gebed. In de woorden van de rabbijnse gelijkenis: 'De vader is erg blij dat wij er zijn en wil liever niet dat we snel weer weggaan. Daarom willigt de koning ons verzoek niet direct in, in de hoop dat we daardoor dichter bij Hem zullen komen.'

Het lijdt geen enkele twijfel dat de mensen met de meest diepgaande en dynamische relatie met God ook de mensen zijn die lijden onder de stiltes van onbeantwoord gebed. Er is geen enkele heilige die zich voortdurend koestert in Gods overvloedige voorzieningen. Het zijn juist pijn en frustraties die ons aansporen een dieper leven met God na te jagen. 'Beproevingen maken dat we eerder bidden,' observeerde John Newton, voormalig kapitein op een slavenschip, die bekend is als schrijver van het lied 'Amazing Grace'. 'De ervaring leert dat een lange periode van gemak en vooruitgang, zonder pijnlijke veranderingen, de ongelukkige neiging heeft ons koud en formeel te maken in onze persoonlijke aanbidding; maar problemen wekken onze geest en dwingen ons om in alle ernst de Heer aan te roepen, wanneer we die hulp behoeven die we alleen van Hem kunnen krijgen.'[5] Door toe te staan dat we moeilijke tijden meemaken, provoceert

God onze ziel tot gebed. 'De nood vanbuiten doet die vanbinnen ontbranden,' schrijft P.T. Forsythe, 'en we zullen zien dat het volledige antwoord op gebed de Beantwoorder is.'[6]

Gods hogere doel is, en zal altijd gericht zijn op, zijn relatie met ons. Hij ontneemt ons soms iets om ons dichter naar *Iemand* toe te trekken. En als we hierop reageren – als we besluiten dat we Hem meer willen dan we zijn dingen willen – gebeurt er iets heel wonderlijks. We worden vanbinnen 'opnieuw bedraad' en onze verzoeken worden ook veranderd doordat we zijn wil voor ons beter leren kennen en daar de voorkeur aan geven boven onze eigen wil, of ze worden gewoon verhoord omdat, wanneer we het koninkrijk van God zoeken, 'al die andere dingen' ons erbij gegeven worden (Mat. 6:33).

Waarom onbeantwoord gebed? 8: Persoonlijke relatie
Sommige gebeden worden niet beantwoord omdat God zelf een groter Antwoord is dan datgene waarvoor we bidden en omdat Hij het gevoel van nood wil gebruiken om ons in een diepere relatie met Hemzelf te trekken.

Het moge duidelijk zijn dat ik er absoluut nooit voor gekozen zou hebben om vrijwillig te ondergaan wat wij de laatste paar jaar hebben doorgemaakt. Als ik op enig moment een schakelaar had kunnen omzetten die Samie beter maakte, had ik het zonder twijfel gedaan. Nog steeds. Maar nu de keus voor ons is gemaakt (door God, door Eva en door de slang – ze speelden ieder hun eigen rol), zou ik niet weer de zorgeloze persoon willen zijn die ik ooit was. God heeft me veranderd. Hij heeft me vanbinnen 'opnieuw bedraad'. Ik denk dat Hij me gevoeliger heeft gemaakt. Hij floot af voor de eerste helft van mijn leven en deed me inzien dat veel van mijn prioriteiten verkeerd lagen.

Ik voel me zo getroost door het verhaal van de wijze, oude chassidische meesters en hun ongehoorde idee dat God genezing misschien bewust heeft tegengehouden, niet omdat Samie en ik slechte bidders zijn, maar eerder omdat we zoveel voor Hem betekenen en Hij ervan houdt dat we Hem vragen stellen en geniet van onze aanwezigheid. Maar het gaat nog verder. Ik moet je iets belangrijks bekennen (en het is voor mij in dit hele boek misschien wel de moeilijkste zin om te schrijven): Ik ben gaan geloven dat als Samie haar hersentumor bespaard was gebleven en we nooit hadden hoeven stilstaan bij de mogelijkheid van haar vroegtijdige dood, we daarmee het beste dat God voor ons had zouden zijn misgelopen.

Zo, dat is eruit. Ik heb er veel over nagedacht en ik meen het. Het beste dat God heeft, is toch op de een of andere manier voortgekomen uit de ergste pijn die we ons maar konden voorstellen. Ik blijf Samies ziekte haten, maar ik ben daardoor meer van Samie gaan houden. God heeft laten zien dat Hij groter is dan die venijnige tumor. Groter ook dan een brein waarin soms kortsluiting plaatsvindt. Groter dan nachten vol angst. Groter dan mijn onvermogen het te begrijpen. Is Hij ook groter dan sterven? Ik weet wat ik hier *verondersteld* word te zeggen, maar ik denk dat we het antwoord hierop gewoon maar moeten afwachten…

Gods wil versus vrije wil

> *Tracht de mogelijkheid van het lijden, die besloten ligt in de natuurlijke orde en in het bestaan van ieders vrije wil, uit te bannen, en u zult ontdekken dat u het leven zelf hebt uitgebannen.*
> *C.S. Lewis*[7]

Er bestaat een oude grap over een man die stellig geloofde dat God zelfs het kleinste detail van zijn leven bestuurde. Op een dag viel hij van de trap en terwijl hij bont en blauw onder aan de trap lag mompelde hij: 'Godzijdank, dat heb ik achter de rug.'

Ik geloof dat de Bijbel een heel ander begrip heeft van Gods soevereiniteit en God beschrijft als iemand die er constant voor kiest zijn eigen macht in te perken. We zagen eerder dat God ervoor kiest de natuurwetten (die Hij zelf instelde ten behoeve van het welzijn van iedereen) te respecteren, en dat Hij in zijn liefde niet steeds de orde van de schepping met voeten treedt in antwoord op elk gebed. God kiest er ook voor (om redenen die we nu zullen bekijken) de vrije wil die Hij de mensheid heeft gegeven niet terzijde te schuiven. In het volgende hoofdstuk (over geestelijke oorlogsvoering) kijken we naar de vrije wil van Gods engelenrijk, dat voor een deel in opstand blijft tegen zijn Maker.

Wanneer God omgaat met zijn schepping, laat Hij zijn heerschappij liever niet eenzijdig gelden maar respecteert Hij de natuurwetten en de keuzes van zijn schepselen. Die gewilligheid om afstand te doen van zijn macht is uiteindelijk het beste zichtbaar gemaakt in Jezus. Wij geloven dat de almachtige God in Hem een incontinente baby wordt. Het tweede hoofdstuk van Paulus' brief aan de Filippenzen volgt dit opzienbarende proces van Gods zelfbegrenzing, vanuit de hemel, door de onwaardigheid van een geboorte, de nederigheid van dienstbaarheid en zijn dood door degenen die Hij gemaakt heeft, 'zelfs de dood aan het kruis' heen. Ik ben ervan overtuigd dat we de dynamiek van gebed en de redenen voor onbeantwoord gebed niet goed zullen kunnen begrijpen als we niet eerst een idee krijgen van Gods vastbeslotenheid om de vrije wil van de mensheid te respecteren.

In op zijn minst drie gevallen had Jezus zelf te maken met onbeantwoord gebed, maar slechts een van die gebeden is tot op de dag van vandaag niet verhoord:

1. In Getsemane vroeg Hij of de beker van het lijden en het gescheiden zijn van Hem kon worden weggenomen, maar dat gebeurde niet. Althans, niet direct.
2. Aan het kruis vroeg Hij, 'Waarom hebt u mij verlaten?' en er kwam geen antwoord. Het antwoord zou komen, maar twee dagen lang kwam het niet.
3. Een derde gebed van Christus is 2000 jaar onbeantwoord gebleven: 'Ik bid...' zei Hij tegen de Vader, 'laat hen allen één zijn... opdat de wereld gelooft dat u mij hebt gezonden' (Joh. 17:20-21). Dat hogepriesterlijk gebed voor christelijke eenheid, waarvan Hij liet zien dat het een sleutel is tot Gods missie op aarde, blijft tot op de dag van vandaag keihard onverhoord. Waarom? Omdat dit specifieke verlangen van God, an-

> ders dan de andere twee gebeden, afhankelijk is van vrijwillige, menselijke gehoorzaamheid. In onze vastbeslotenheid om verdeeld te zijn en onze weigering om elkaar te vergeven, onthouden wij (slechts mensen) Jezus het antwoord op zijn liefdevolle gebed om eenheid.

God kan natuurlijk zijn plannen aan zijn schepping opdringen, maar Hij heeft ervoor gekozen om zijn schepselen de 'waardigheid van oorzakelijke verbanden' (Blaise Pascal) toe te staan. Gods soevereiniteit verlangt niet van Hem dat Hij zijn schepping door bedreigingen dwingt tot een wrokkige onderwerping. Hij is de Heer van alle heren, maar zijn koninkrijk is geen dictatuur. In plaats daarvan bidt Hij, verleidt Hij, heeft Hij lief, luistert Hij, legt Hij zijn leven af. Het is Satan die manipuleert, domineert en verkracht. Het ligt in Gods natuur ons hart te lokken met mildheid, oneindige tederheid, en ons leven voortdurend meer waardigheid te geven door keuzemogelijkheden.

In hoofdstuk 5 beschreef ik de wonderbaarlijke redding van Misha McClung en haar baby, Luke. Maar wat ik nog niet had verteld, is dat Misha twee weken voor haar bevalling een droom had waarin ze in een rolstoel zat en op de een of andere manier mentaal niet helemaal in orde was. Huiveringwekkend was dat ook Luke in de droom ontbrak. Wat moeten we met zo'n droom? Moeten we deze voorafgaande waarschuwing als een woord van God zien – als een schokkende herinnering aan wat er zou zijn gebeurd als zijn mensen zich er niet biddend in gemengd hadden?

Een verhaal over twee bomen

Het was een doodeng moment, toen ik Samie vroeg met me te trouwen. Ik wist dat ze maar een kort woord hoefde te zeggen om al mijn dromen in duigen te laten vallen, of een ander woord om ze uit te laten komen. Mijn toekomst hing af van haar keuze. Ik had ervoor kunnen kiezen om het risico van teleurstelling te vermijden door Samie met één hand bij haar haar te pakken en met mijn andere hand als overwinning op mijn borst te slaan, roepend, 'Je zult van mij zijn', maar dan zou mijn gedrag tegenover haar als niet erg liefdevol beschouwd zijn! Liefde laat namelijk altijd de mogelijkheid van een keus open en neemt daarmee doodenge risico's.

Van alle bomen in de tuin mag je eten, maar niet van de boom van de kennis van goed en kwaad.
Genesis 2:16, 17

Midden in het scheppingsverhaal zien we hoe God dit principe van de vrije wil vormgeeft door een boom te planten waarvan Adam en Eva niet mochten eten. Door dit te doen, creëerde God voor hen de gevaarlijke mogelijkheid om ongehoorzaam te zijn zodat ook de hogere weg van vrijwillige onderwerping mogelijk kon worden. Zijn onzelfzuchtige verlangen was om hun toe te staan deel te nemen aan zijn eigen intieme relatie van de Drie-eenheid, die gekenmerkt wordt door wederzijdse overgave en oneindige afhankelijkheid.[8] We doen ons uiterste best om in louter woorden of beelden het wonder van deze mogelijkheid te beschrijven. Misschien geeft de intimiteit die geliefden beleven wanneer ze zich overgeven aan elkaars gevoelens tijdens seksuele gemeenschap ons een minimale glimp van de intimiteit waarvoor we geschapen zijn – een intimiteit die slechts bereikbaar is door complete en wederzijdse zelfopoffering.

God schiep de mensheid om te delen in die unieke relatie van wederzijdse zelfopoffering die in het hart van zijn wezen ligt. Hij maakte geen bataljon persoonlijke robots, die zorgvuldig geprogrammeerd zijn om elk moment het juiste te doen in een hermetisch afgesloten universum waarin alles van tevoren is bepaald. Hij maakte ons met het goddelijke vermogen tot creativiteit, royaliteit, terughoudendheid en het aangaan van relaties, in de wetenschap dat deze onschatbare kwaliteiten alleen beschikbaar zijn voor degenen die de ultieme macht tot zelfbeschikking bezitten.

Er is nooit een groter risico genomen dan toen God ervoor koos de mensheid te scheppen met het vermogen om lief te hebben en geliefd te worden. Barbara Brown schrijft in haar boek *When God Is Silent*, 'Het gevaarlijkste woord dat God ooit spreekt is "Adam".'[9] Wat een risico! Toen Adam en Eva ervoor kozen om de mogelijkheid van ongehoorzaamheid uit te buiten, waren de onvermijdelijke gevolgen rampzalig. Eva werd door de slang overgehaald om twee dingen in twijfel te trekken: *De getrouwheid van Gods woord* ('Jullie zullen helemaal niet sterven') en *de goedheid van Gods bedoelingen* ('God weet dat jullie de ogen zullen opengaan zodra je daarvan eet, dat jullie dan als goden zullen zijn').

Op dat moment, door ervoor te kiezen Gods woord en intenties in twijfel te trekken, creëerde Eva de geestelijke ruimte in het universum voor ongeloof in Gods waarheid en liefde – waaruit zijn gehele wezen bestaat. In deze ruimte, die geschapen was door de veronderstelde afwezigheid van liefde, ontstond de feitelijke mogelijkheid tot haat en egoïsme. Op dezelfde manier, door het tot dan toe ondenkbare idee te koesteren dat God ook maar iets minder is dan liefde en waarheid, scheidden Adam en Eva – die juist waren geschapen door Gods liefde en zijn woord – zich onherroepelijk af van hun enige bron van identiteit en wezen.

Wereldschokkende zonde kwam in de wereld door die simpele keus van onze voorouders en, zoals we eerder zagen, er was een andere eenvoudige, maar ook catastrofale keuze – deze keer van Jezus die bad, 'niet mijn wil maar die van u' – nodig om redding te brengen. En hoe worden we vandaag de dag deel van die redding? Door onze eigen eenvoudige keuze te maken om te geloven! We staan tussen twee bomen. In de hof van Eden staat de boom van eerzucht en hebzucht, die kennis belooft maar dood voortbrengt. En in de hof van Getsemane staat de boom van zelfopoffering, die dood belooft maar leven voortbrengt. Niemand zal de vrucht die dood belooft als in een zelfmoord eten, zonder er eerst op te vertrouwen dat degene die zegt, 'wanneer je daarvan eet, zul je onherroepelijk sterven' (Gen. 2:17) ook 'de opstanding en het leven' is en dat daarom geldt: 'wie in mij gelooft zal leven, ook wanneer hij sterft' (Joh. 11:25).

We zien dat de realiteit van de menselijke vrije wil een enorm gevaar bevat, maar ook het hoogste potentieel in het universum. Ik ben ervan overtuigd dat het dit potentieel is dat in het christelijke gebed wordt ontsloten. Toen Jezus wonderen beloofde aan degenen die bidden volgens Gods wil, stelde Hij niet zozeer een voorwaarde, maar deed Hij een constatering. Als een mens door Gods genade een verlangen uit dat niet geworteld is in zijn eigen zelfzucht ('mijn wil') maar in Gods plan voor de schepping ('uw wil'), keert die houding het scheve effect van de zondeval om in het eigen leven van die persoon en vestigt dat opnieuw een klein stukje van Eden, door hem of haar heen, op aarde.

Maar dezelfde macht van de menselijke keus die de bedoelingen van God in gebed kan vrijmaken, kan ook worden gebruikt om Gods wil te weerstaan. Dat is wat gebeurde in de hof van Eden, en het gebeurt nog steeds, Gods bedoelingen tegenwerkend – in elk geval voorlopig. Laat me je vertellen hoe ik dit belangrijke principe voor het eerst begon te begrijpen.

Uit zijn op een groot aantal bekeerlingen

Ooit nam ik deel aan een intensieve evangelisatiecampagne die een nietsvermoedend dorp in Berkshire als doelwit had uitgekozen. Gedurende twee weken boden we elke afzonderlijke inwoner in die gemeente verschillende mogelijkheden om over Jezus te horen. De lokale inwoners werden volledig overvallen toen een buitenaardse invasie van grijnzende evangelisten, gewapend met alleen hun bijbels en ademverfrissers hun dorp kwam overnemen (en, helaas, voelde het waarschijnlijk voor hen inderdaad alsof ze overvallen werden).

We deden zo ongeveer alles wat je maar kunt bedenken om Christus te verkondigen. We wasten autoruiten bij verkeerslichten, gingen deur-aan-deur bij de inwoners langs, gaven lessen op school, stelden voor dat we hun tuinen zouden omspitten, deden enquêtes in het winkelcentrum, speelden Beatles covers voor de mannen in de plaatselijke kroeg, zongen 'Danny Boy' voor hun opa's en oma's in het bejaardentehuis, en een kerel die Steve heette deed zelfs een ontsnappingsact waarbij hij, ondersteboven hangend aan een kraan, uit een dwangbuis ontsnapte. Iedereen in het dorp wist van onze missie en er leken best veel mensen werkelijk geïnteresseerd te zijn in Jezus Christus. Op een avond stak zelfs een hele welpenhorde van scouting hun hand op en zeiden ja, ze wilden Jezus graag in hun hart uitnodigen. Toen dat gebeurde was de leider van de groep – die wat zelfgenoegzaam grijnzend achterin had gezeten – zo verbaasd dat hij bijna van zijn stoel viel.

Als ik terugkijk op deze twee bizarre weken van mijn leven, dan heb ik een aantal tamelijk grote vragen. Allereerst denk ik dat we meer mensen van ons vervreemdden dan dat we ze aantrokken. Ik vraag me ook af of het op de lange termijn wel veel effect heeft gehad, want het was allemaal zo weinig duurzaam opgezet. Ik geneer me te moeten erkennen dat we vanbinnen waarschijnlijk meer geïnteresseerd waren in het ruilen van het evangelie tegen de prijs van een opgestoken hand en een uitgesproken gebed, dan dat we echt betrokken waren bij de gedachten en levens van de mensen met wie we spraken. Achteraf gezien vind ik dat onze benadering meer leek op het team uit *Ocean's Eleven* dat zo snel mogelijk een casino in Las Vegas berooft, dan op Jezus en zijn discipelen die drie jaar lang met elkaar omgingen, verhalen vertelden, zieken genazen en huilden over de mensen. Jezus versimpelde het evangelie nooit tot een exact passende formule, maar Hij sprak op een beeldende manier en leefde de profetieën voor zonder ze uit te leggen. En voor wat betreft de aantallen: Hij probeerde de menigten vaak ervan te weerhouden om Hem te volgen!

Maar hoe makkelijk het ook is onze hit-and-run-benadering af te kraken, het had ook vele positieve kanten. Terugkijkend voel ik me bijvoorbeeld aangetrokken tot de pure passie en de bereidheid die we toen hadden om eropuit te gaan en iets te doen, maakt niet uit wat, om het kogelvrije glas te breken en het goede nieuws van Jezus Christus door te geven. Bovendien, hoewel de hele onderneming sociaal gezien misschien onhandig en een beetje fanatiek was, waren de resultaten verrassend goed. Binnen twee weken hadden meer dan 100 inwoners in die kleine gemeenschap op de een of andere manier laten merken in Jezus te willen geloven. Het zou denigrerend zijn om aan te nemen dat die mensen niet wisten wat ze deden of dat hun gebeden niet gemeend of echt genoeg zouden zijn geweest.

Aan het begin van de campagne werd ik door de leiders aangemoedigd om 'geloofsdoelen' te stellen voor wat betreft het aantal mensen dat ik de komende dagen verwachtte 'tot de Heer te leiden'. Door elke spier in mijn lichaam aan te spannen kon ik me nog net indenken dat er vijf mensen christen zouden worden en gehoorzaam begon ik te bidden dat dit zou gebeuren. Alles bijeengenomen ging de campagne tamelijk goed van start en al snel vibreerde de teamruimte van de opwindende verslagen over mensen die op allerlei vreemde locaties 'het gebed baden'. Iedereen leek te zijn veranderd in een soort mini Billy Graham. Behalve ik. Ik bad en bad voor mijn vijf bekeringen, maar het gebeurde gewoon niet. Na een uitputtende week kwam ik bemoedigd door wat God had gedaan thuis, maar diep vanbinnen was ik erg teleurgesteld omdat ik geen enkele persoon tot Christus had geleid.

In een gesprek met mijn mentor Roger – een man met een lange, blonde paardenstaart en de meest omfloerste stem van het noordelijk halfrond – stortte ik mijn frustratie uit. Ik vertelde hem over het wassen van de autoruiten en over hoe ik tuinen omgespit had, over Danny Boy en de welpenhorde. Toen vertelde ik hem over mijn vurige gebed om vijf mensen. Ik zei dat ik me eigenlijk een mislukkeling voelde en dat ik niet kon begrijpen waarom God me had laten vallen. Roger keek me met een ironische glimlach aan en leunde naar achteren. Ik stond op het punt om een les te leren die ik nooit meer vergeten zou.

'Je kunt alle geloofsdoelen stellen die je maar wilt, Pete,' kraakte hij, 'maar uiteindelijk ligt de kwestie van wie er reageert op het evangelie in Gods handen.' Ik keek hem verbaasd aan, dus ging Roger verder. 'Als het zo makkelijk was, zou Hij iedereen nog voor de lunch het koninkrijk binnen zappen, maar het is niet zijn beslissing. Het besluit om Christus te aanvaarden of te verwerpen ligt echt direct bij ieder individu, en niemand anders kan dat besluit voor hen nemen – zelfs God niet.'

Roger begon warm te lopen, dit was zijn onderwerp. 'Het is duidelijk dat gebed helpt en dat evangelisatie essentieel is, maar sinds het moment dat Eva een hap uit die appel nam – of wat voor vrucht het ook was – betaalt God de prijs voor de keuzes die we maken. Satan kan de vrije wil van een persoon niet terzijde schuiven, en God doet het niet.' Roger nam een slok van zijn koffie en grinnikte. 'Het is jammer voor je Pete, maar het lijkt erop dat God zijn standpunt over de menselijke vrije wil niet gaat aanpassen, alleen maar om zich te schikken naar jouw boodschappenlijst.'

Waarom onbeantwoord gebed? 9: Vrije wil
Sommige gebeden worden niet beantwoord omdat God een persoon niet zal dwingen om iets te doen dat hij of zij niet wil doen.

Onder invloed

Mijn mentor Roger had gelijk, mijn gebedslijst was een boodschappenlijst. Maar hoewel zijn wijze raad mijn directe vraag had beantwoord, riep deze ook nieuwe vragen op zoals, 'Waarom de moeite doen om voor wie dan ook te bidden dat hij of zij christen wordt (of om ook maar iets te doen, trouwens) als God nooit iemands vrije wil terzijde zal schuiven?

Macht is niets zonder controle
Advertentie voor Pirelli-banden

Veel van onze vragen over onbeantwoord gebed kunnen worden toegeschreven aan het feit dat we ten onrechte denken dat gebed werkt zoals een Pirelli-band. Macht uitoefenen door middel van absolute controle. Maar we zullen zien dat Gods macht veel meer een zaak is van *beïnvloeding* dan van *controle.*

In de westerse wereld wordt macht vaak gezien als een mechanisme; een kracht die een persoon, een dier of een ding iets laat doen dat ze anders niet zouden hebben gedaan. In de mechanica is dit juist. Als een hamer een spijker raakt, heeft deze geen andere keus dan bewegen. Een bougie in een ontbrandingsmotor creëert een kleine explosie, en de zuiger heeft geen andere keus dan wegschieten, zodat de aandrijfas gaat draaien en daarmee de wielen van de auto. De controle die wordt uitgeoefend door mechanische kracht is vrijwel absoluut. We wensen vaak dat gebed net zo werkt. Maar dat doet het natuurlijk niet.

Door God te vragen om vijf bekeerlingen in zeven dagen tijd, ging ik ervan uit dat gebed op een mechanische manier werkt. Ik dacht dat ik alleen maar de juiste knoppen moest indrukken om mijn doelen te behalen en de onthutste bekeerlingen bij de deur van de kerk af te leveren, waar zij het 'Halleluja' zouden zingen. God gebruikt zijn macht echter niet om de levens van mensen in antwoord op gebed op een mechanische manier te controleren. Hij werkt relationeel met ons en door ons. Volgens het Nieuwe Testament wordt de goddelijke macht volkomen geopenbaard in Jezus (zie Kol. 1:15) en aan het kruis (zie 1 Kor. 1:22-24). Jezus staat hier tegenover al die krachtige, mechanische, controlerende verbeeldingen van macht, waar wij zo vertrouwd mee zijn. In plaats daarvan definieert Hij macht op een nieuwe manier: als een bijproduct van vriendelijkheid, van opoffering en zelfs van lijden.

Als we stilstaan om de wereld om ons heen onder de loep te nemen, zullen we al gauw beseffen dat de meeste echt effectieve uitingen van macht – omdat ze voortvloeien uit God – systemen van beïnvloeding zijn, en niet van controle.

Zo weten we bijvoorbeeld dat een gevangenis (een duidelijk voorbeeld van een klassiek controlemechanisme) weinig oplost, terwijl met voorlichting en coaching (modellen van beïnvloeding) de problemen die aan de basis van criminaliteit liggen veel effectiever worden aangepakt. Evenzo weten we dat als een ouder voortdurend fysiek geweld moet gebruiken om een kind te laten gehoorzamen, het gezag van de ouder niet sterk is, maar zwak. Ik probeer in dit boek ongegeneerd om je denken te beïnvloeden, maar ik dwing je niet en zet je niet onder druk om het met mij eens te zijn. Natuurlijk is er geen enkele schrijver die dat zou willen, want alleen als de vrije wil van de lezer wordt gerespecteerd en erbij betrokken wordt, kan de kiem voor iets blijvends worden gelegd.

Het is uiteindelijk de kracht van beïnvloeding die levens vorm geeft en verandert. Pas als we de kracht van gebed gaan beschouwen als een manier om relationeel van invloed te kunnen zijn op de levens van mensen in plaats van als een onpersoonlijke mechanische controle over hen, zullen we beginnen in te zien hoe belangrijk het is om te volharden in gebed en om de heilige Geest toe te staan om ons te leiden in de manier waarop we langere tijd voor een persoon of een gemeenschap bidden.

Waarom onbeantwoord gebed? 10: Invloed
Sommige van onze gebeden zijn nog niet beantwoord omdat de uitwerking geleidelijk plaatsvindt en niet volgens een onpersoonlijk mechanisme van geforceerde controle.

Als een inbraak een gebedsverhoring is

Een vrouw die ik ken, bad jarenlang dat haar man christen zou worden, maar hij was gewoon niet geïnteresseerd. Ze liet folders achter op de koffietafel, gaf in gesprekken bepaald niet subtiele hints en nodigde hem uit voor ontelbare samenkomsten, maar hij was een zelfvoorzienend zakenman die geen behoefte aan God had.

Jaren gingen voorbij en de vrouw begon te wanhopen en haar gebeden werden weinig meer dan wishful thinking. Maar op een dag, terwijl zij met de kinderen weg was, werd er ingebroken in hun huis. Haar man kwam thuis, alleen, trof een ravage aan en ontdekte dat veel waardevolle spullen waren verdwenen. Toen hij alleen was in dat doorzochte huis bleef er weinig over van zijn jarenlang opgebouwde zelfredzaamheid en hij knielde ten slotte neer om zijn onafhankelijkheid over te geven. Ik denk niet dat God de inbrekers stuurde om dat huis te beroven (hoewel Hij het ze duidelijk wel toestond), maar dat echtpaar kijkt nu op de inbraak terug als een perfect getimed antwoord op gebed!

Als de kracht van gebed door controle had gewerkt, zou de echtgenoot van deze vrouw al vele jaren eerder door haar aanhoudend bidden en vasten het koninkrijk gedwongen binnen zijn gegaan. Het was per slot van rekening zonder twijfel duidelijk dat haar gebeden op één lijn zaten met Gods wil voor het leven van haar man. Maar toch bleek haar man prima in staat om de kracht van haar gebeden jarenlang consequent te weerstaan. Er had alleen geleidelijk een veel subtielere verschuiving plaatsgevonden door een beheerst, bovennatuurlijk proces, dat respectvol met zijn vrije wil omging. Door een combinatie van relatie en gebed, geduld en consequent getuigen, waren zijn vooroordelen ongemerkt ontmanteld. Dit is waarom, toen de omstandigheden in zijn leven hem ten slotte confronteerden met zijn eigen nood, hij zich eindelijk aan Christus overgaf, wiens 'ongehaaste achtervolging en niet verontrustende tempo' zijn ambities hadden ingehaald om zijn hart te winnen.

Kalm, zonder haast volgend,
in een niet verontrustend tempo,
met bedachtzame snelheid, majestueuze drang,
naderden achtervolgende voetstappen,
en een stem daarbovenuit –
'Niets beschut u, u die Mij niet wilt herbergen.'
Francis Thompson[10]

De subtiele Geest

We kunnen de wil van mensen niet door gebed veranderen alsof ze op afstand bestuurbare auto's zijn of computers die klaarstaan om gehackt te worden. Maar we kunnen misschien wel hun omstandigheden beïnvloeden zodat hun harten zachter worden. In gebed doen we een beroep op de vriendelijkheid van Christus' karakter, alsook op zijn macht, en beïnvloeden we de complexe vrije wil van mensen van wie Hij houdt. Dat is waarom gebeden voor mensen vaak zo langzaam werken. Het is net als water dat geleidelijk in de kleine scheurtjes van een groot rotsblok loopt. Lange tijd ziet het eruit alsof er niets is veranderd. Onze gebeden lijken op de waterdruppels en blijken van een totaal andere orde dan het materiaal waaruit de rots bestaat. Maar dan komt de eerste winterse vorstperiode – een situatie buiten de menselijke invloed om – en in één nacht, als door magie of door een blikseminslag, splijt dat kolossale rotsblok open.

Door gebed kunnen we samen met God de omgeving en ervaringen van een persoon beïnvloeden (en als de vrije wil van die persoon al geneigd is om voor God te kiezen, zullen onze gebeden veel sneller een verandering uitwerken dan wanneer iemands hart verhard is). Maar we kunnen iemand niet iets laten doen dat hij of zij niet wil. Gebruiken we een restaurant als analogie, dan helpt gebed om mensen de menukaart te tonen en misschien kan het zelfs helpen om hen hongerig te maken (dat is de bovennatuurlijke dimensie). Maar omdat gebed geen controlemechanisme is, kan het hun niet het voedsel in de mond duwen. Hoe frustrerend ook, het is aan hen om te bestellen en te eten. Alleen dan zullen ze 'de goedheid van de HEER proeven en ervan genieten' (Ps. 34:9).

☙

In dit hoofdstuk heb ik de relatie tussen Gods wil en onze wil verkend en verschillende oorzaken voor onbeantwoord gebed in overweging gegeven:

- Misschien heeft God iets beters voor ons
- Misschien zijn de motieven waarmee we bidden egoïstisch
- Misschien staat God toe dat we een tijd worstelen om ons zo in een diepere relatie met Hemzelf te trekken
- Misschien betekent een positief antwoord op ons gebed een schending van iemands vrije wil
- Misschien beantwoordt God ons gebed op een subtiele manier door de macht van geleidelijke beïnvloeding, in plaats van door controle

We ontdekken gaandeweg dat er redenen zijn voor veel van onze worstelingen, zowel in het ingewikkelde en gevallen karakter van Gods *wereld* als in de weldadige complexiteit van Gods *wil*. In onze zoektocht naar antwoorden op de grote vraag waarom onze gebeden onbeantwoord blijven, zullen we nu onze aandacht vestigen op het conflict dat woedt tussen Gods *wereld* en Gods *wil*: de gevaarlijke werkelijkheid van Gods *oorlog*.

Gebed van overgave

Opnieuw zoek ik U, leid mij – bid ik nog een keer –
Zelfs als het tegen mijn wil ingaat, op uw manier.
Laat mij geen enkel uur het gevoel hebben dat u een vreemde bent,
Of bang van u worden, alsof u een vervreemde kracht bent.
Door twijfel, door geloof, door geluk, door uiterste wanhoop,
Door zonneschijn, wind, of sneeuw, of mist, of regen
Trek mij naar u toe, u die mijn enige dag bent.
George MacDonald[11]

Hoofdstuk 9

Gods oorlog

Want onze strijd is niet gericht tegen vlees en bloed...
Efeziërs 6:12 (Willibrordvertaling 1995)

Het was een zonnige namiddag en de donkere schaduwen van de bomen lagen achteloos verstrooid op de weg voor ons. Achter in de MPV zaten Hudson en Danny enthousiast te kwebbelen met onze vrienden Paul en Rachel. We waren opgewekt, want we hadden zin in het komende weekend, dat we zouden doorbrengen bij Lake of the Ozarks in Missouri, waar de beboste heuvels omlaag glooien naar honderden verborgen kloven en beekjes. Hoe hadden we ooit kunnen vermoeden, op zo'n prachtige middag, dat God op het punt stond om ons op een dramatische manier een blik te gunnen in de geestelijke strijd die er in ons leven woedde?

Ik keek opzij naar Samie. Ze zat met haar voeten op het dashboard mee te neuriën met Coldplay. Ze lachte en ik weet nog dat ik naar een schilderachtig wit kerkje wees, dat links om de bocht zichtbaar werd. Er hing een of andere poster aan de voorkant. Terwijl ik dat deed stopte Samie ineens met neuriën en de zichtbare paniek in haar gezicht vertelde mij genoeg. 'Niet nu, Heer,' mompelde ze.

Ik slingerde de auto de parkeerplaats van het kerkje op en bracht hem gierend in een stofwolk tot stilstand. Ik gaf Paul en Rachel een seintje. Ze begrepen meteen waar het om ging en snel namen ze de kinderen, gillend van plezier, mee naar een speelveld dat gelukkig in de buurt was. Ik richtte mijn aandacht nu op Samie, deed haar stoelleuning achterover, perste een sweater voorzichtig achter haar hoofd en deed de ringen van haar vingers. De aanval zette inderdaad in en ik begon haar door de ademhalingsoefeningen heen te tellen die we doen om de pijn te verminderen. 'Adem in. Adem uit. En één. En twee.' De aanval werd snel heftiger. 'Adem in...' Samies rechterhand begon zich te verwringen. 'Adem uit...' De spasmes trokken langs haar arm omhoog. 'En één...' Als het haar hoofd bereikt, kunnen dingen behoorlijk uit de hand lopen. 'En twee...' Ik probeerde kalm te blijven. 'Adem in...' De aanval ging te snel. 'Adem uit...' In groeiende paniek begon ik te rekenen. 'En één...' Het dichtstbijzijnde ziekenhuis was minstens honderdvijftig kilometer bij ons vandaan. 'En twee...'

'*B-b-bid*,' hijgde Samie door haar op elkaar geklemde tanden. Dat deed ik. Ik stopte met tellen en begon God te vragen om in te grijpen. Het had nog nooit enig zichtbaar verschil gemaakt, maar wat kon ik anders? Waar anders konden we heen, hier in the middle of nowhere? Terwijl ik bad, viel mijn blik op de poster die aan het kerkje hing. Het was zo'n ding dat ik al op honderden andere aanplakborden had gezien: Christus die de doornenkroon draagt, met eronder iets over 'het bloed van het Lam'. Meer uit wanhoop dan uit inspiratie volgde ik de hint en richtte ik mijn gebed op de kracht van Jezus' bloed. Dat was het moment waarop er iets heel opmerkelijks gebeurde: de razernij in Samies arm stopte met oprukken. En toen, terwijl ik verder bad, zag ik de verkrampingen zich terugtrekken naar haar hand. Ik kon bijna niet geloven wat ik zag. Met opkomend geloof bad ik door en al snel bereikten de stuipen haar hand en leken geheel te verdwijnen.

Ik slikte en slaakte een zucht van verlichting. Wat was er zojuist gebeurd? Had ik het me ingebeeld? Duizelig staarde ik over de parkeerplaats, naar mijn kinderen op de schommels. Maar zodra mijn gebed ophield begon de aanval weer. Grote defibrillerende schokken sidderden door Samies arm en trokken meedogenloos op naar haar lichaam, als een golf die op het punt van breken staat. 'Niet stoppen! Blijf bidden,' smeekte ze. En dat deed ik natuurlijk. Maar dit keer bad ik met kracht en sterk groeiend geloof. Dit keer riep ik het werkelijk uit naar God. Ik proclameerde dat Samie een nieuwe schepping was en dat ze geheeld was door de wonden van Christus. Ik maakte aanspraak op de kracht van het bloed van het Lam. Ik proclameerde, claimde en bad zo ongeveer alles waarvan ik dacht dat het geproclameerd, geclaimd en gebeden kon worden. Ik moet geklonken hebben als een klassieke pinkstervoorganger. En terwijl ik al die dingen deed, proclameren en claimen en bidden, leek de aanval opnieuw te gehoorzamen. Het schudden stopte gewoon en toen, net als even daarvoor, viel het terug, het zakte af naar Samies pols en verliet haar lichaam.

Ik zat daar naar Samies hand te staren alsof die het achtste wereldwonder was. In gedachten zei ik tegen haar hand, ‘Heb het lef eens om opnieuw te gaan schudden!’ Maar in plaats daarvan ontspanden haar vingers zich, werd haar ademhaling rustiger en was er vrede. Samie keek naar me met een mix van blijheid en ontkenning. Hadden we zojuist echt een slag gewonnen tegen haar epilepsie?

De kinderen zaten nog steeds op de schommels en de bladeren van de bomen leken boven hun hoofden te flakkeren in de avondzon, als scholen vissen wervelend in de turkooizen lucht. Binnen in de auto zaten Samie en ik stilletjes naar elkaar met onze ogen te knipperen. We probeerden nog steeds te begrijpen wat er net gebeurd was. Je moet echt honderden epileptische aanvallen hebben meegemaakt en elke keer zonder succes hebben gebeden om een idee te krijgen hoe overweldigd we waren door wat er net was gebeurd. Toen zei Samie zacht iets dat minstens net zo verbijsterend was: gedurende de aanval had ze voor de allereerste keer de aanwezigheid van Jezus daadwerkelijk ervaren in haar pijn.

Ik staarde naar de poster, zo’n religieus cliché en plotseling toch zo relevant en diepgaand voor mij. Dit was de allereerste keer dat we merkten dat gebed enige impact had op Samies lichamelijke toestand. Bovendien had Samie, op een mysterieuze wijze waar ze moeilijk woorden aan kon geven, midden in het hele gebeuren Jezus ontmoet. Na jaren van ineffectief gebed gaf dit incident ons een schokkend inzicht in sommige van de geestelijke dimensies die achter de grimmige, neurologische realiteit van Samies fysieke conditie schuilgaan.

Sinds die keer op de parkeerplaats heeft bidden nog maar één andere keer zo'n verschil gemaakt op een aanval. Maar deze twee interventies waren genoeg om ons geloof in de bovennatuurlijke kracht van gebed te vernieuwen, om te beseffen dat gebed een verschil kan maken in onze persoonlijke situatie. Ook heeft het ons doen inzien dat als we bidden, er echt een strijd gaande is.

Ik heb mensen horen zeggen dat God elk gebed op een van de volgende drie manieren beantwoordt: 'ja', 'nee' of 'nog niet'. Maar toen ik die dag in de auto bad voor Samies genezing, lag het allemaal niet zo simpel. In die situatie zei God 'ja', Satan zei 'nee' en het conflict dat erop volgde was dramatisch.

Het gevecht van je leven

De Bijbel spoort ons aan geestelijke strijd te begrijpen zodat we de diverse felle aanvallen van Satan op vele verschillende manieren kunnen weerstaan. We zijn geroepen om vasthoudend te bidden, te vasten, ons gezonde verstand te gebruiken en nood op een praktische manier te weerstaan: door burgerlijke ongehoorzaamheid tegen een geïnstitutionaliseerd onrecht of door gewoon onze medicijnen te nemen wanneer we ziek zijn, omdat we geloven dat Jezus ons graag beter ziet worden. Soms betekent onderwerping aan God dat we het lijden nederig moeten accepteren, maar soms moeten we boos worden om ons onbeantwoorde gebed en vechten! Waarom? Omdat christenen niet geloven dat elk lijden de wil van God is. We weten dat de wandaden en tragedies die van de voorpagina's van kranten afspatten onmogelijk een afspiegeling kunnen zijn van het hart van een liefhebbende Vader die in zijn wereld aan het werk is. In plaats daarvan geloven we iets dat zo verrassend is, dat het bijna onmogelijk is om te aanvaarden, ware het niet dat het zo overduidelijk waar is: wij geloven dat de almachtige God op aarde niet altijd zijn zin krijgt– ook al is Hij de almachtige God!

Jezus leerde ons tot de Vader te bidden, 'laat uw koninkrijk komen en uw wil gedaan worden' juist omdat het geen uitgemaakte zaak is. Ons wordt verteld dat Jezus 'voor altijd leeft om voor ons te kunnen pleiten' (zie Heb. 7:25), terwijl de heilige Geest voor ons bidt 'met woordloze zuchten' (Rom. 8:26). Waarschijnlijk is dat zo omdat er dingen zijn waar God naar verlangt, die nog niet hebben plaatsgevonden. Zo is het ook het verlangen van de Vader dat 'iedereen tot inkeer komt' (2 Pet. 3:9), en toch doen mensen dat duidelijk niet.

Hoe moeten we zo'n uitzonderlijke gang van zaken doorgronden, waarin de almachtige God zijn zin niet krijgt? De Bijbel wijst terug naar de catastrofale gevolgen van de zondeval, maar legt ook uit dat we op dit moment verwikkeld zijn in een kosmische strijd tussen engelen en demonen en uiteindelijk tussen God zelf en 'de slang van weleer, die duivel of Satan wordt genoemd en die de hele wereld misleidt' (Op. 12:9). Zulke apocalyptische ideeën sluiten misschien niet zo goed aan bij onze zogenaamd ontwikkelde, moderne fijngevoeligheid, maar er is geen twijfel over het bijbelse standpunt.

De geschiedenis beweegt zich voort richting een dag van *shalom*, dan zullen Gods 'ja' en Gods 'nee' geen tegenstand meer kennen en ongeslagen zijn. Johannes van Patmos werd een blik gegund in dat verbazingwekkende moment:

> *Toen hoorde ik een luide stem in de hemel zeggen: 'Nu zijn de redding, de macht en het koningschap van onze God werkelijkheid geworden, en de heerschappij van zijn Messias. Want de aanklager van onze broeders en zusters, die hen dag en nacht bij onze God aanklaagde, is ten val gebracht. Zij hebben hem overwonnen dankzij het bloed van het Lam…'*
> Openbaring 12:10-11

Duistere machten in een nieuwe wereld

Natuurlijk lachen seculiere humanisten om het idee van een kosmische strijd tussen engelen en demonen. Schokkender is dat er sceptische geluiden klinken binnen de christelijke traditie; niet alleen onder de vrijzinnigen uit de twintigste eeuw, maar ook onder leiders uit de eenentwintigste eeuw. Ik woonde een bijeenkomst bij van hedendaagse kerkleiders waar een spreker toegaf dat hij niet geloofde in het bestaan van demonen.

Ik waardeerde zijn eerlijkheid, hij durfde te zeggen wat veel mensen stilletjes denken, maar ik kon niet (en kan nog steeds niet) snappen hoe je zo'n standpunt kunt verzoenen met een bijbels wereldbeeld, laat staan met de ervaringen van de wereldkerk en veel van mijn eigen ervaringen.

Een van de toehoorders reageerde op het scepticisme van de spreker met een ongebruikelijke vraag: 'Waar woont u?' wilde ze weten. 'Orange County in Californië,' was het antwoord, 'ik heb daar mijn hele leven gewoond.'

'Een mooie omgeving!' zei ze met een grijns. 'Dat is waarschijnlijk de reden waarom u niet in demonen gelooft. Ik kan me voorstellen dat alle demonen zeer goed gecamoufleerd zijn in een welvarend en respectabel gebied als Orange County!' Ze nodigde de spreker (die er een beetje ongemakkelijk uit begon te zien) uit om eens met haar mee te gaan naar een van de armste wijken in een Noord-Amerikaanse binnenstad. 'Waar ik woon zult u de realiteit van demonische onderdrukking snel genoeg tegenkomen,' grinnikte ze. Ze ging verder met het beschrijven van een van haar eigen confrontaties met een gedemoniseerde persoon, waarvan je de haren te berge rijzen.

Het zou ons niet moeten verbazen dat sommige mensen het idee van een kosmische strijd tussen goed en kwaad sterk in twijfel trekken. Sociale wetenschappers zoals Max Weber en theologen als Rudolf Bultmann hebben ons geleerd het geloof in engelen en demonen als primitief te beschouwen en alle verwijzingen daarnaar uit de evangeliën weg te rationaliseren. Ik las een bijbelcommentaar dat alles uit de kast haalt om de wonderen uit het evangelie van Marcus weg te halen. Het was een goedbedoelde poging de Bijbel cultureel relevanter te maken voor een wetenschappelijk tijdperk.

De commentator moest echter zulke vergaande maatregelen nemen om op deze manier de tekst te ontdoen van 'mythes', dat het soms ronduit absurd werd, zoals bij het incident waar Jezus de demonen uitdrijft bij de man die bekend stond als 'Legioen' en ze in de kudde varkens laat gaan (zie Mar. 5:1-20). Deze schrijver probeert de demonen uit te drijven uit het verhaal zelf doordat hij suggereert dat Jezus zo luid moet hebben geschreeuwd dat de 2000 varkens allemaal in paniek raakten en zichzelf verdronken! Sterker nog, op een of andere manier wordt verondersteld dat deze scène met schreeuwen en massale varkenszelfmoord de gekwelde man genas van zijn psychose.

Juist dit soort onnodige mentale acrobatiek zou bij de meerderheid van de mensen in de wereld als idioterie overkomen. Voor hen die niet in de westerse wereld leven is de realiteit van engelen, demonen en wonderen nooit verdwenen. En voor wat betreft degenen die in het Westen wonen: er zijn tekenen dat zulke overtuigingen terugkomen.

Tijdens de Tweede Wereldoorlog erkende de Amerikaanse journalist Walter Lippmann, wiens ouders Joods-Duitse immigranten waren, dat 'de moderne, sceptische wereld in de afgelopen tweehonderd jaar een concept van de menselijke natuur is onderwezen, waarin de realiteit van het kwaad, die in de eeuwen daarvoor zo vanzelfsprekend was, buiten beschouwing is gelaten.'[1] Maar toen Lippmann de gruwelen van de Tweede Wereldoorlog zag (net zoals wij moderne gruwelijkheden in beschouwing kunnen nemen: de apartheid, de genocide in Rwanda, de aanslag op de Columbine Highschool, de terroristische aanslag van 11 september en de oorlog in Irak), aanvaardde hij met tegenzin de realiteit van het kwaad in de menselijke ziel: 'We zullen deze vergeten maar essentiële waarheid moeten herwinnen.'[2]

Er zijn natuurlijk talloze bewijzen voor dat het kwaad in onze wereld aan het werk is. Een ME'er vertelde me ooit van de beangstigende ervaring van geweld dat over een straat in golven op hen afkwam, nog voordat de relschoppers zelf de hoek om kwamen. Terwijl ik dit schrijf staat er een man terecht voor het verkrachten van een baby. Er is zojuist een vrouw vastgezet wegens het bewust overdragen van het aidsvirus op een aantal sekspartners.[3] Walter Lippmann heeft gelijk: we moeten de fundamentele waarheid over de realiteit van het kwaad in onze wereld herontdekken en als christenen moeten we bovendien nagaan hoe we in hemelsnaam tegen zo'n kwaad stelling moeten nemen in gebed:

> *Onze strijd is niet gericht tegen mensen maar tegen hemelse vorsten, de heersers en de machthebbers van de duisternis, tegen de kwade geesten in de hemelsferen* (Ef. 6:12).

Een bijbels wereldbeeld

Ongeveer zes eeuwen voordat Paulus deze woorden schreef, had de bijbelse held Daniël op een dag tijdens het bidden een buitengewone ontmoeting met een engel. Het is een verhaal dat ons veel leert over de relatie tussen onbeantwoord gebed en geestelijke strijd. 'Vanaf de eerste dag dat je inzicht probeerde te verkrijgen door in deemoed te buigen voor je God,' zei de engel tegen Daniël, 'is je gebed verhoord, en daarom ben ik gekomen. Maar de vorst van het Perzische koninkrijk heeft mij eenentwintig dagen tegengehouden voordat Michaël, een van de voornaamste vorsten, mij te hulp schoot' (Dan. 10:12-13). Deze ontmoeting toont een fascinerend inzicht, zowel in de strijd die aan de gang is wanneer we bidden, als ook in het tijdsbestek waarin volharding in gebed vereist is.

Deze strijd zien we herhaaldelijk aan het werk in het leven van Jezus. Zijn publieke optreden begon met een intense, veertig dagen durende periode van geestelijke strijd in de wildernis en werd gekenmerkt door vreemde ontmoetingen met schreeuwende demonen. Hij vertelde verhalen over de hemel en de hel en zag zelfs Satan als een bliksemschicht uit de hemel vallen. Bekijken we de teksten objectief, dan begint de Jezus uit de evangeliën te lijken op een soort apocalyptische mysticus die niet helemaal lekker in de collegezalen van de meeste theologische hogescholen zou passen, laat staan op het beschaafde podium van de gemiddelde zondagse samenkomst.

Materialisten en magiërs

Natuurlijk was Jezus, ondanks zijn mysticisme, niet griezelig. Hij was zelfs ontzettend populair (zie Mat. 14:13), kon gevat en geestig zijn (zie Mat. 19:24) en was vaak erg praktisch (zie Mat. 21:2).

Een leven dat Christus als voorbeeld heeft combineert daarom een nuchtere erkenning van het demonische rijk met een behoorlijke dosis opgewektheid en gezond verstand. Er bestaat een verhaal over een beroemde prediker die 's nachts wakker werd en toen een angstaanjagende demonische verschijning aan het voeteneind van zijn bed zag. 'O,' zei hij, 'jij bent het maar!' en hij ging weer slapen. C.S. Lewis schrijft: 'Er zijn twee vergelijkbare maar tegengestelde fouten waarover ons ras kan struikelen als het om duivels gaat. De ene is niet geloven dat ze bestaan. De andere is dat wel geloven en een overmatige en ongezonde interesse in ze tonen. Zijzelf worden van beide fouten even blij en ze begroeten de materialist en de magiër met hetzelfde plezier.'[4]

Maarten Luther stak ooit de draak met het extremisme van veel van zijn tijdgenoten. Hij zei dat ze lijken op dronken boeren die van hun ezel vallen en er weer opklimmen, om er vervolgens van de andere kant weer af te glijden. Als het om geestelijke strijd gaat, is de sleutel het vinden van een balans en moeten we vermijden dat we heftig heen en weer slingeren tussen de extremen. We vinden aan de ene kant van de ezel (om met Luther te blijven spreken) tegenwoordig veel mensen die Satan en zijn demonen veel te serieus nemen. Ze besteden meer tijd aan nadenken, praten en bidden over complexe, geestelijke verbindingen en voorbedetechnieken dan dat ze simpelweg tot Jezus spreken en zijn Woord in zich opnemen. De nieuwtestamenticus N.T. Wright herinnert ons eraan dat 'door wat Jezus aan het kruis deed, de machten en autoriteiten een verslagen, overwonnen bende zijn, zodat wie bij Hem hoort zich nooit meer door hen geïntimideerd hoeft te voelen.'[5] Aan de andere kant van de ezel vinden we de degenen die ermee gestopt zijn om in zoiets primitiefs of ongemakkelijks te geloven als demonen en geestelijke oorlogsvoering. Maar dit is zowel intellectueel onnodig als inconsistent met het bijbelse wereldbeeld.

De roep om stand te houden

Het tekstgedeelte dat meer dan enig ander gedeelte geciteerd wordt als het gaat om geestelijke oorlogsvoering is Efeziërs 6:11-

18, en toch gaat het in vrijwel heel dit stuk meer over de geestelijke verdediging dan over de aanval. In deze acht verzen roept de apostel Paulus de Efeziërs maar liefst vier keer op om gewoon stand te houden!

> *Trek de wapenrusting van God aan om* stand *te kunnen* houden *tegen de listen van de duivel... Neem daarom de wapens van God op om* weerstand *te kunnen* bieden *op de dag van het kwaad, om goed voorbereid* stand *te kunnen* houden. Houd stand...

Paulus legt de nadruk op het moedig weerstand bieden. De tekst biedt geen vrijbrief voor die algemene vorm van machostrijdlust die voortdurend (en onverstandig) het gevecht met de duivel opzoekt in gebed. De apostelen Petrus en Judas waarschuwen beiden voor het bestraffen van het demonische rijk in gebed. Judas leert dat 'zelfs de aartsengel Michaël *het niet waagde* de duivel te beschuldigen en te veroordelen toen hij met hem twistte... Hij zei alleen: "Moge de Heer u straffen!"' (Judas 1:9, nadruk toegevoegd). Als de aartsengel Michaël de duivel niet durfde te bestraffen, maar in plaats daarvan bad of de Heer dat wilde doen, hoeveel te meer moeten wij dan uitkijken dat we niet arrogant worden of zelfs onhoffelijk in geestelijke oorlogsvoering. In zijn boek *Needless Casualties of War* waarschuwt John Paul Jackson ons als volgt:

> *Hoffelijkheid is het kenmerk van Gods koninkrijk. Respectloosheid is het handelsmerk van dat van Satan. Toen Hij met de duivel streed, sprak Jezus ferm, maar met het grootste respect. Toen Hij Satans verleidingen weersprak, beledigde Hij niet. Ook zei Jezus geen botte of respectloze dingen en schold Hij Satan niet op een vernederende manier uit. Jezus citeerde alleen maar de Bijbel om de duivel te bestraffen.*

Er is ruimte voor agressie tegen de vijand: het gebruik van het 'zwaard van de Geest, dat wil zeggen Gods woorden' (Ef. 6:17), maar dat is het enige militaire wapen dat Paulus noemt waarmee we een aanval kunnen inzetten. Geen speren. Geen brandende pijlen. Geen stormrammen. Alleen maar het Woord van God (zo benaderde Christus ook Satan in de wildernis). Een gebalanceerde houding ten aanzien van geestelijke strijd bestaat voornamelijk uit standhouden tegen Satan en, wanneer we moeten aanvallen, eenvoudig het Woord van God hanteren.

Op een bepaald moment vertelt Jezus aan Petrus dat Satan heeft gevraagd of hij hem mag 'zeven als graan'. 'Maar ik heb voor je gebeden,' zegt Jezus, 'opdat je geloof niet zou bezwijken' (Luc. 22:31-32). Als Satan je leven zeeft – je verleidt, je aanvalt en tracht je geloof te ondermijnen – zal Jezus je soms niet onmiddellijk verlossen van het kwaad, maar in plaats daarvan voor je bidden te midden van je beproevingen. Het simpele gegeven dat je dit leest en nog steeds, ondanks al je beproevingen, standhoudt, kan heel goed de verhoring zijn van Jezus' gebed 'dat je geloof niet zal bezwijken'.

We hebben al gezien dat God niet altijd zijn zin krijgt en dat de Bijbel deze vreemde stand van zaken verklaart in termen van permanente geestelijke oorlogsvoering. Het is daarom heel goed mogelijk dat sommige van onze gebeden op dit moment onbeantwoord blijven vanwege directe, satanische tegenstand. Onze levens kunnen ook bepaalde geestelijke aanvallen aantrekken, doordat we stelling nemen voor Jezus. Als dit het geval is, kan het een bemoediging zijn wanneer je beseft dat het niet God is die ons laat vallen. 'Als Gods mensen worden opgeroepen om ernstig lijden en verdrukking te verduren,' zegt de theoloog George Ladd, 'dan moeten ze onthouden dat God hen niet heeft verlaten, maar dat hun lijden te maken heeft met het feit dat ze niet langer tot deze wereld behoren en daardoor het mikpunt van haar vijandigheid zijn.'[6]

Als mikpunten van vijandigheid is het onze roeping om stand te houden, nooit twijfelend aan de realiteit van de strijd die tegen onze levens woedt, en ook niet aan de overwinning die ons deel zal worden. Er valt hier nog veel meer over te zeggen, maar we zullen nu in het bijzonder kijken naar wat het betekent om met *moed, geloof, vasthoudendheid* en *integriteit* stand te houden tegen de plannen van de duivel.

Moedig standhouden

> *Wees vastberaden en standvastig, laat je door niets weerhouden of ontmoedigen, want waar je ook gaat, de HEER, je God, staat je bij.*
> Jozua 1:9

'Het is volbracht!' schreeuwde Jezus aan het kruis en met die triomfantelijke schreeuw gaf Hij de geest. Hij wist dat de verschrikkelijke prijs was betaald! De zonde was verslagen! Satan was overwonnen! Toch neemt de zonde nog toe. Landen worden verwoest door tsunami's en aardbevingen. Afvalligheid komt veel voor. Mijn vriend Andy blijft bidden voor een eind aan de diabetes van zijn vrouw, maar het wordt alleen maar erger. Zat Jezus er dus naast?

De openingsscène van de film *Saving Private Ryan* van Steven Spielberg wordt over het algemeen beschouwd als een van de heftigste in de filmgeschiedenis. We worden meer dan 30 minuten lang gebombardeerd met heftige beelden van de strijd om Omaha Beach op 6 juni 1944. Het officiële verslag van de 1st Infantry Division luidt: 'Binnen tien minuten na het laten zakken van de loopplanken zat de eerste compagnie vast, was er geen leiding en waren ze bijna niet meer in staat tot actie. Elke officier of sergeant was gedood of gewond… Het was een strijd geworden die erop gericht was om te overleven en gered te worden.'[7]

Meer dan 3.000 jonge mannen werden die dag binnen een paar uur gedood. Het was een bloedige slachting. En toch, terwijl we de branding langzaam rood zien kleuren op het strand, zijn we getuige van een oorlog *die ze aan het winnen zijn* en niet aan het verliezen. Het was zeker een overwinning, maar wel tegen een vreselijke prijs.

De strijd tussen Gods koninkrijk en de tirannie van Satan woedt overal om ons heen, maar de Bijbel benadrukt dat we getuige zijn van een strijd die gewonnen wordt, niet verloren. Het christelijke geloof viert het feit dat Satan een overwonnen vijand is, maar de bittere ervaring leert ons dat zijn laatste stuiptrekkingen dodelijk zijn en zullen voortduren totdat Christus terugkeert. 'Hij is ziedend van woede, want hij weet dat zijn dagen geteld zijn' (Op. 12:12, Willibrordvertaling). De bijbelgeleerde Chuck Lowe beschrijft het beeldend:

> *Als een gewond beest dat in een hoek gedreven is, slaat Satan wild om zich heen in een poging zoveel mogelijk van zijn vijanden te verwonden voordat hij zelf wordt vernietigd... De nederlaag van Satan betekent voor de kerk dus nog niet het einde van de problemen. In tegendeel, het kondigt juist een escalatie en intensivering van tegenstand en vervolging aan. Maar het einde is in zicht en zij die volhouden tot het eind zullen overwinnen, zelfs als ze, in de tussentijd, zelf slachtoffers worden.*[8]

Terwijl we anticiperen op het herstel van alle dingen en de doodsstrijd van Satan verdragen, zijn er helaas veel 'overwinnende slachtoffers'. We hebben allemaal te kampen met verleiding, ziekte, ongerechtigheid en egoïsme in al zijn verschijningsvormen. Maar de Bijbel laat er geen twijfel over bestaan dat Gods *wil* en Gods *wereld* uiteindelijk met elkaar in harmonie zullen zijn, omdat Jezus de uiteindelijke uitkomst van Gods *oorlog* al heeft veiliggesteld en Hij terug zal komen om Satan en zijn demonen definitief te overwinnen (zie Op. 12:12-17). In de tussentijd hebben we te maken met de getijdenbewegingen van de strijd, vieren we overwinningen en verdragen we tegenslagen moedig 'als soldaten van Christus Jezus' (2 Tim. 2:3).

Lang voordat de leden van de 1st Infantry Division doodbloedden op Omaha Beach, was het onofficiële motto van het bataljon, 'geen missie te moeilijk, geen opoffering te groot'. Het heeft absoluut geen zin om te doen alsof onze opdracht in Christus iets anders is dan moeilijk of dat de van ons verlangde offers minder zullen zijn dan groot. Onze Opperbevelhebber zelf houdt vol dat we Satan alleen door opoffering overwinnen zullen (zie Mat. 5:10-12, Op. 12:11). Dit kan vervolging inhouden en zelfs het martelaarschap, maar voor de meesten van ons voelt het opgeven van ons leven zelden heroïsch. In plaats daarvan neemt het de aardse vorm aan van een dagelijkse worsteling waarin we ons niet slechts één keer, maar herhaaldelijk moeten opofferen (Rom. 12:1), waarbij we anderen voor laten gaan, onze tong in bedwang houden wanneer we kritiek willen hebben en op God vertrouwen als we het bijltje er eigenlijk bij neer willen leggen. Als we de prijs van gehoorzaamheid betalen, kunnen we er zeker van zijn dat elk onbeantwoord gebed en elk verlies op de korte termijn zijn rol speelt in de langetermijnzekerheid van de overwinning in Christus. We hebben ons alleen nooit goed gerealiseerd dat winnen soms zo hels pijn doet.

Waarom onbeantwoord gebed? 11: Satanische tegenstand
Sommige gebeden worden niet beantwoord omdat Gods wil direct wordt tegengewerkt door 'de kwade geesten in de hemelsferen' (Ef. 6:12). Volharding, geloof en het met autoriteit gebruiken van Gods Woord zijn van levensbelang om ons hier doorheen te kunnen slaan.

Standhouden in geloof

> *Alles waarom jullie in je gebeden vragen zullen jullie krijgen, als je maar gelooft.*
> Matteüs 21:22

De discipelen wisten alles over onbeantwoord gebed. Op een dag probeerden ze een demon uit een jongen uit te drijven en, hoe gênant, het gebeurde niet. Toen Jezus terugkwam van zijn gebedstijd vroegen ze Hem waarom de demon niet was geweken. Hij gaf hun een fascinerend antwoord: 'Vanwege jullie gebrek aan geloof' (Mat. 17:20). In het evangelie van Marcus voegt Jezus daaraan toe: 'Dit soort kan alleen door gebed worden uitgedreven'

(Mar. 9:29). Het lijkt erop dat geloof het fundamentele ingrediënt is van elk effectief gebed. Hoe kunnen we daar meer van krijgen?

Het eerste en belangrijkste wat hierover gezegd moet worden, is dat geloof een gave is die van God komt en niet iets dat we in onszelf opwekken. Als kind probeerde ik wanhopig mijn geloof in de Kerstman terug te krijgen nadat ik een kerstmannenkostuum in mijn moeders kleerkast had gevonden. Je kunt jezelf echter niet iets doen geloven door je tanden op elkaar te klemmen en te doen alsof! Ik heb een vriend die mij door zijn uitgesproken commentaar en luidruchtige persoonlijkheid totaal onbetrouwbaar leek toen ik hem voor het eerst ontmoette. Maar naarmate ik hem beter leerde kennen, ontdekte ik dat hij eigenlijk de meest loyale en betrouwbare vriend is die ik me maar kon wensen. Door hem beter te leren kennen, ontkwam ik er niet aan om hem te gaan vertrouwen.

Geloof in God ontstaat door Gods trouw te leren kennen. Het is een gave die Hij ons geeft wanneer we tijd doorbrengen in zijn tegenwoordigheid. Het is een afspiegeling van zijn karakter in onze levens. In tegenstelling tot wat veel mensen lijken te denken, is geloof geen handelswaar die we verdienen. Het is ook geen geestelijk betaalmiddel waarmee we goddelijke genezing, voorziening of succes kunnen verwerven. Het is een relationele vertrouwenshouding die ons in staat stelt Gods wil te ontvangen op een manier waarop anderen dat niet kunnen. Geloof is twee open handen.

Hóé kunnen we dan onze handen openen om meer geloof te ontvangen? Er zijn bibliotheken vol boeken die deze vraag proberen te beantwoorden. In de context van dit boek volsta ik dus met een lijst van 10 praktische tips die me hebben geholpen om een beter inzicht te krijgen in Gods trouw in mijn leven.

1. SLEUTELS TOT GELOOF: GEBED EN AANBIDDING

De sleutel tot Jezus' bediening was beslist het vele aantal uren dat Hij in gebed doorbracht. Hij zei immers zelf: 'de Zoon kan niets uit zichzelf doen, hij kan alleen doen wat hij de Vader ziet doen' (Joh. 5:19). Zonder twijfel was het doordat Jezus de tijd nam om, weg van de menigte, zich opnieuw te richten op de aanwezigheid van de Vader en zijn prioriteiten dat Hij hernieuwd geloof, inzicht en kracht kreeg. Op een keer kwam Hij lopend over het water van zijn gebedstijd terug. Na een andere tijd met God stelde Hij zijn discipelen aan. In Getsemane, zoals we eerder zagen, vond Hij het grootste geloof van iedereen.

Het is natuurlijk om God om dingen te vragen en Hij nodigt ons uit juist dat te doen. Maar als we willen groeien in geloof moeten we tijdens het bidden ook tijd besteden aan wachten, luisteren, waken en aanbidden. We moeten welbewust onze blik afwenden van onszelf en van onze lange lijsten met problemen en in plaats daarvan onze blik op God richten. Geloof groeit door gericht te zijn op Gods goedheid en grootheid en het schrompelt ineen als we geobsedeerd raken door onze eigen problemen. Het is daarom goed om een ritme in gebed te ontwikkelen, een moeiteloze eb en vloed tussen het God vragen dingen te doen en het Hem prijzen om de dingen die Hij al heeft gedaan. Het maakt niet uit met hoeveel onbeantwoorde gebeden we worstelen, er zullen altijd dingen zijn waarvoor we God dankbaar kunnen zijn en waarin we Gods trouw en goedheid kunnen herkennen.

De apostel Paulus adviseerde ons om onze 'boodschappenlijstjes' met een dankbaar hart bij God te brengen: 'Wees over niets bezorgd,' zegt hij, 'maar vraag God wat u nodig hebt en dank hem in al uw gebeden' (Fil. 4:6). Mijn relatie met Samie groeit pas echt als we stoppen over onze problemen te praten en de tijd nemen om te genieten van elkaars aanwezigheid door uit eten te gaan, naar de bioscoop te gaan, te wandelen in de natuur en elkaar te verrassen. Op dezelfde manier groeit ons geloof als we leren ons te ontspannen in Gods aanwezigheid, onze aandacht niet langer op onszelf vestigen en blij genieten van zijn goedheid die we overal zien. De Deense filosoof Søren Kierkegaard zei het heel mooi: 'Leer me, O Heer, niet mezelf te kwellen, mezelf niet tot martelaar te maken door verstikkende reflectie, maar leer me juist om diep adem te halen in geloof.'

2. SLEUTELS TOT GELOOF: SAMENZIJN

Hoewel persoonlijk gebed zeer belangrijk is voor een zich verdiepend geloof, zijn er bepaalde kenmerken van Gods karakter die je alleen in je op kunt nemen, kunt verkennen en waarvan je kunt genieten als je je binnenkamer verlaat en actief deel bent van een gemeenschap. De theoloog Richard Lovelace stelt dat een persoon niet meer vervuld kan zijn met de heilige Geest dan zijn of haar gemeenschap dat is. De woorden en levens van andere mensen die met God leven hebben steevast een aanstekelijke uitwerking en wanneer we tijd met hen doorbrengen, voelen we ons na afloop sterker in onze overtuigingen. Ze helpen ons (net zoals wij hen helpen) om de 'grondslag' te vinden 'voor alles waarop we hopen' en om ons te laten 'overtuigen van de waarheid van wat we niet zien' (Heb. 11:1).

Voor mij was Pearl Lavers, een oude dame die inmiddels is overleden, een van deze mensen. Het leek of ze altijd vol blijdschap en hoop was, ondanks allerlei moeilijkheden. Op onze trouwdag was het slecht weer. Het hoosde! Maar Pearl kwam naar me toe en zei: 'Is het niet *geweldig*? Wat een *wonder dat het uitgerekend vandaag regent!*' Ik wist niet hoe ik hierop moest reageren. 'Och lieverd, zie je het dan niet?' zei ze huiverend van opwinding. 'In de Bijbel is regen altijd een teken van Gods gunst, en voor jou,' ze wees naar de donkere stromen die langs de ramen dropen, 'voor jou laat Hij het echt plenzen!' Mensen als Pearl zijn goed voor je geloof!

Zelfs als je niet bevoorrecht bent met zulke opmerkelijke vrienden, kun je jezelf nog steeds trainen positief te denken en te spreken in plaats van cynisch te zijn. Door dit te doen kun je een meer verwachtingsvol klimaat creëren onder je vrienden. Je kunt ook inspiratie opdoen door het lezen van de vele biografieën over geloofshelden, en door dit te doen ben je deel van de gemeenschap van degenen die je zijn voorgegaan en kan je geloof groeien door het getuigenis van hun levens.

3. SLEUTELS TOT GELOOF: VASTEN

De discipline van het vasten kan je gebeden focussen, zoals een vergrootglas het zonlicht kan samenbundelen om een vuur te doen ontbranden. Als je worstelt om door gebed een doorbraak te krijgen in een bepaalde situatie, is het de moeite waard om een of andere lichamelijke vorm van zelfverloochening te overwegen. Je kunt je voor een bepaalde tijd onthouden van eten, van seks, van amusement of van andere vormen van luxe. Daniel onthield zich zelfs drie weken lang van bodylotion! In *Vasten voor God*, een van de beste boeken over dit belangrijke onderwerp, schrijft Arthur Wallis, 'Als het wordt gedaan vanuit een zuiver hart en de juiste motivatie, kan vasten ons een sleutel bieden om deuren te openen die andere sleutels niet open konden maken.'[9]

4. SLEUTELS TOT GELOOF: KLEIN BEGINNEN

Als je nog niet het geloof hebt om een ziekenhuisafdeling binnen te wandelen en voor de zieken te bidden, moet je misschien beginnen met bidden voor de hoofdpijn van een vriend. Probeer te bidden in verhouding tot het geloof dat God jou op dit moment gegeven heeft. Begin klein en bouw van daaruit verder. Jezus zei dat we alleen maar het geloof van een mosterdzaadje nodig hebben! Ergens anders zien we Hem bezig met het coachen van zijn discipelen naar een grotere, geestelijke autoriteit (zie Mat. 15:29-39, Mar. 9:29, Luc. 10:4, Luc. 22:36). Toen God me voor het eerst vroeg Hem te vertrouwen voor onze financiën ging het over relatief kleine bedragen (hoewel het op dat moment heel eng was!). Maar doordat Hij door de jaren heen zijn trouw heeft laten zien, is mijn geloof gegroeid. Ik merk dat ik God nu kan vertrouwen voor de grote geldbedragen die nodig zijn om een internationale organisatie te runnen, een mate van geloof die mij 15 jaar geleden de das om zou hebben gedaan.

5. SLEUTELS TOT GELOOF: IMPULSIVITEIT

Soms geeft God je een uitzonderlijke geloofsuitbarsting voor iets en als dit gebeurt, is het belangrijk om gelijk te reageren. Zoiets kan tijdens aanbidding gebeuren of op een minder voor de hand liggend ogenblik, maar ineens ben je ervan overtuigd dat God iets niet alleen *kan* doen, maar dat Hij het ook *gaat* doen als je het Hem vraagt. Grijp dan dat moment aan om voor datgene te bidden. Het Nieuwe Testament staat vol met woorden zoals 'onmiddellijk' en 'op dat moment'. Er is vaak een besef van urgentie en van dringende noodzaak in de bewegingen van de Geest.

6. SLEUTELS TOT GELOOF: AVONTUUR

Maarten Luther definieert geloof als een 'levend, moedig vertrouwen in Gods genade.'[10] Wij kunnen ons een leven met een moedig vertrouwen permitteren omdat Gods genade onze fouten bedekt en ons onvoorwaardelijk zegent. Luther heeft hier waarschijnlijk Hebreeën 11:6 geparafraseerd om te zeggen: 'Zonder moedig geloof is het onmogelijk om God te behagen.'

Ik heb regelmatig Gods glimlach ervaren vanwege de risico's die ik in zijn naam nam. Achteraf gezien is het zelfs zo dat de grootste zegeningen in mijn leven zonder uitzondering het gevolg zijn van een angstaanjagende stap van geloof het onbekende in. Misschien is het wel daarom dat – van alles wat Brennan Manning heeft geschreven – het citaat waar ik het vaakst op teruggrijp geloven beschrijft als een 'beweging de onzekerheid in':

> *De weg van vertrouwen is een beweging in onzekerheid, naar het ongedefinieerde, naar dubbelzinnigheid, niet naar een van tevoren duidelijk uitgestippeld plan voor de toekomst. De volgende stap toont zichzelf pas als men kan onderscheiden dat God handelt… op dit ogenblik. De realiteit van het naakte vertrouwen is als het leven van een pelgrim die alles wat zeker, duidelijk en veilig is achterlaat, en het onbekende intrekt, zonder rationele onderbouwing om zijn besluit te rechtvaardigen of als garantie voor de toekomst. Waarom? Omdat God de beweging heeft gezien en zijn aanwezigheid en belofte heeft aangeboden.*[11]

7. SLEUTELS TOT GELOOF: BIJBELSTUDIE

Telkens als we zeker zijn van Gods wil, kunnen we bidden met absoluut geloof en vertrouwen. Onze gids hierbij is natuurlijk de

Bijbel, waardoor God ons geloof opbouwt omdat Hij daarin zowel zijn beloften als zijn persoon in Jezus laat zien.

Gods wil is, vermoed ik, makkelijker te begrijpen dan we geneigd zijn te denken. Als we in een situatie onduidelijkheid ervaren, komt dat waarschijnlijk eerder door de oneindige complexheid van de schepping of doordat Satan ons welbewust in de war brengt, dan doordat God zijn wil voor ons verbergt. De Vader heeft zijn hart volledig getoond in Jezus, 'in hem heeft heel de volheid willen wonen' (Kol. 1:19).

De apostel Paulus zegt, 'Gods onzichtbare eigenschappen zijn vanaf de schepping van de wereld *zichtbaar* in zijn werken, zijn eeuwige macht en goddelijkheid zijn met het verstand waarneembaar. Er is niets waardoor zij te verontschuldigen zijn' (Rom. 1:20, nadruk toegevoegd). De alomtegenwoordige vraag *'What Would Jesus Do?' (Wat zou Jezus doen?)* blijft een uitstekend (hoewel simplistisch) uitgangspunt voor leiding en gebed omdat het Jezus was die de wil van de Vader voor altijd duidelijk maakte (zie Joh. 14:9).

Soms hoor ik mensen lange gebeden bidden die beginnen met, 'als het uw wil is...' Ze gaan daarna verder met iets te vragen dat God in de Bijbel heeft beloofd. Maar omdat God zijn wil al heeft laten zien, moeten we stoppen met wensen en Hem zoeken in de volste overtuiging dat Hij doet wat Hij zegt. Het wordt gegarandeerd door Gods belofte.

Soms heb ik de 'als het uw wil is'-clausule gebruikt als een soort geestelijke disclaimer, een excuus voor mijn gebrek aan geloof. Als ik bid voor de bekering van een vriend, weet ik dat God mijn gebeden hoort, want het is zijn diepste verlangen dat niemand verloren zal gaan. Er zal wat geestelijke strijd nodig zijn, de vrije wil van mijn vriend (die God niet zal schofferen) kan Gods toenadering koppig weerstaan en ik zal Gods timing moeten afwachten, maar ik kan er absoluut van op aan dat ik bid volgens Gods wil. Evenzo als ik bid of iemand de heilige Geest mag ontvangen, dan kan ik weten dat Hij beloofd heeft dat Hij de Geest nog liever geeft dan een vader brood geeft aan zijn zoon.

Zo kan ik dus bidden met een geloof dat stevig geworteld is in het getuigenis van het Woord van God.

8. SLEUTELS TOT GELOOF: BEDEVAART

Een van de weldaden van een bedevaart – of het nu een tocht is naar een specifieke plek die voor jou persoonlijk of van oudsher betekenisvol is, of naar een plaats van vernieuwing zoals een jaarlijkse retraite of een specifieke conferentie – is dat deze geloof kan genereren en ons in staat stelt om een nieuw perspectief te verwerven op oude situaties. Geloven is ook makkelijker in bepaalde omgevingen, een fenomeen dat zelfs invloed leek te hebben op Jezus toen Hij weinig wonderen kon doen in zijn geboorteplaats vanwege de ongelovige atmosfeer (zie Mar. 6:5).

9. SLEUTELS TOT GELOOF: EEN DAGBOEK BIJHOUDEN

Door vele generaties lang tijd vrij te maken voor het opschrijven van ervaringen, inzichten, gedichten, frustraties, mythes en verhalen, schreef het volk Israël de Bijbel. In onze hedendaagse wereld kan het bijhouden van een dagboek of blog een nuttige manier zijn om Gods werk in de verschillende seizoenen van ons leven vast te leggen, en daardoor kan het een geweldige manier zijn om te groeien in geloof. Mijn dagboeken staan vol droedels, bijbelstudies, depressief geklaag, wanstaltige gedichten en oude toegangskaartjes. Ze staan ook vol met willekeurige lijstjes: dingen die ik wil doen voor ik doodga, muziek en boeken die ik wil kopen, rare plaatsen waar ik ooit naartoe wil, dingen die God tegen me heeft gezegd, de uitslagen van de Portsmouth Football Club. Ik word vaak herinnerd aan Gods trouw als ik terugkijk op de dingen die ik in het verleden heb opgeschreven.

10. SLEUTELS TOT GELOOF: LUISTEREN NAAR GOD

De apostel Paulus zei, 'dus door te luisteren komt men tot geloof' (Rom. 10:17). Het is daarom van vitaal belang om te leren luisteren naar God en onze oren op Hem te richten om te groeien in geloof, en dan verder te gaan met toenemend vertrouwen in zijn wil.

Dallas Willard geeft ons een verfrissend praktische methode om goed te luisteren naar God. 'Ik vind het persoonlijk het beste werken,' schrijft hij, 'als ik God vraag om tot mij te spreken en daarna ongeveer een uur bezig ga met het soort dingen die niet mijn volledige aandacht opeisen, maar die me ook niet toestaan om me sterk te concentreren op de aangelegenheid waarover ik van God wil horen. Dingen in het huishouden, tuinieren, korte autoritjes voor diverse boodschappen of het betalen van rekeningen zijn hier goede voorbeelden van. Ik heb geleerd me er geen zorgen over te maken of het wel of niet werkt. Ik weet dat het niet hoeft te werken, maar ik weet zeker dat het zal werken als God echt iets heeft dat Hij mij wil laten weten of doen. Dit is ten diepste zo omdat ik zeker ben van zijn grootheid en goedheid.'[12]

Waarom onbeantwoord gebed? 12: Geloof
Sommige gebeden worden niet beantwoord omdat we niet geloven dat ze beantwoord zullen worden. Maar naarmate we God beter leren kennen, groeit ook ons geloof.

Met volharding standhouden

Wees verheugd door de hoop die u hebt, wees standvastig wanneer u tegenspoed ondervindt, en bid onophoudelijk.
Romeinen 12:12

Het was 9 juni 1978 en Bob Specas was bijna klaar voor het moment waarvan hij zijn hele leven had gedroomd. Dit was de dag waarop hij hoopte de geschiedenisboeken in te gaan door het wereldrecord dominostenen omverwerpen te verbreken. Dagenlang was hij bezig geweest de kleine, zwarte rechthoekige steentjes in een vast patroon overeind te zetten, in de wetenschap dat hij 100.000 stenen moest laten omvallen om de titel in de wacht te slepen. Op 9 juni 1978 was hij bijna klaar voor het grote ogenblik. De media hadden zich al verzameld om deze historische gebeurtenis uit te zenden. Specas had net zijn 97.499ste steentje met zorg geplaatst, precies achter de vorige – nog 2501 te gaan – toen een onvoorzichtige cameraman zijn perskaart liet vallen. De pas stootte een steen om en Bob Specas keek hulpeloos toe hoe de andere steentjes direct na elkaar omvielen, als een kronkelende, ratelende slang.

Gebed kan veel weghebben van dominostenen omverwerpen, want hoewel sommige gebeden de allereerste keer dat je ze vraagt worden beantwoord, moet je bij de meeste maanden of zelfs jaren wachten voordat er enige doorbraak te zien is. Elke dag opnieuw zeg je eigenlijk hetzelfde tegen God en soms vraag je je af of het ooit nog een verschil gaat maken. Dan, op een dag, bid je weer hetzelfde dat je al ontelbare keren eerder had gebeden en binnen een paar minuten zet dat de vervulling van jarenlang trouw bidden in gang.

Twee van Jezus' gelijkenissen benadrukken in het bijzonder het belang van vasthoudend gebed. Hij vertelde zijn discipelen de gelijkenis over de vasthoudende weduwe specifiek vanwege 'de noodzaak om altijd te bidden en niet op te geven' (Luc. 18:1). Discipelen van nu moeten dit waarschijnlijk nog meer horen dan zijn oorspronkelijke toehoorders, omdat we leven in een waanzinnige wereld waarin we gewend zijn alles direct te krijgen. We willen absoluut nergens op hoeven wachten. Van de grote spreker D.L. Moody werd gezegd dat hij een lijst met 100 namen van niet-christenen bij zich droeg, waarvoor hij zijn hele leven bad. Door de jaren heen werden zijn gebeden voor veel van deze mensen verhoord en als iemand van de lijst tot geloof kwam, vinkte hij die naam op de lijst af. Het is een eerbetoon aan de kracht van vasthoudendheid in gebed dat toen hij stierf 96 van de mensen op Moody's lijst volgelingen van Jezus waren geworden. Sterker nog, de overgebleven 4 gaven hun leven aan Jezus tijdens Moody's begrafenis.

Als er nu een engel zou verschijnen om te vertellen dat je eerstvolgende gebed de doorbraak zou brengen waar je al zo lang naar verlangt, weet ik zeker dat je direct op je knieën zou vallen. Maar hoe zou je reageren als die engel jou zou zeggen dat je een jaar lang dagelijks moest bidden en dat er meteen een wonder zou gebeuren bij de 365ste keer? Zou je het doen? Waarschijnlijk wel! We hebben geen idee hoelang het gaat duren, maar Jezus zelf heeft ons al verteld dat we niet op moeten geven.

De apostel Paulus zegt dat 'ellende tot volharding leidt, volharding tot betrouwbaarheid, en betrouwbaarheid tot hoop' (Rom. 5:3-4). Doordat ze onze vasthoudendheid vereisen, kunnen onze onbeantwoorde gebeden meer uitwerken om onze karakters te vormen en ons geloof te voeden dan de instant bevrediging van allesomvattende wonderen. God zelf zou ons gebed soms doelbewust kunnen vertragen, om ons zo belangrijke lessen te leren of ons karakter te vormen.

Het woord 'onmiddellijk' is verbonden met de meeste wonderbeschrijvingen in de evangeliën. Maar niet met alle! In sommige situaties was er een opzettelijke vertraging, die Jezus zonder uitzondering gebruikte om zijn discipelen belangrijke lessen te leren. Is het je bijvoorbeeld wel eens opgevallen in het Matteusevangelie dat Jezus, voordat Hij de storm tot bedaren brengt, eerst de tijd neemt om zijn discipelen terecht te wijzen? 'Waarom hebben jullie zo weinig moed, kleingelovigen?' Pas daarna stond hij op en kalmeerde hij de golven (Mat. 8:26). Jezus wilde hun duidelijk iets leren in en door het trauma heen, zonder meteen toe te snellen om hun gebed om hulp te verhoren. Het was belangrijk dat ze iets langer zouden lijden. Jezus had echter ook dingen die Hij aan de discipelen wilde laten zien door hen uit de angstige situatie te bevrijden, en dus, op het juiste moment, toen de les geleerd was, kalmeerde Hij de storm.

Een andere keer wachtte Jezus zo lang met reageren op de smeekbede van Jaïrus om te komen en het leven van zijn dochter te redden, dat het te laat was toen ze bij zijn huis aankwamen. Ze was overleden. Maar Jezus gebruikte die situatie om God nog meer te verheerlijken door haar uit de dood op te wekken.

Toen vier mannen hun verlamde vriend door een gat in het dak lieten zakken, liet Jezus zien hoezeer zijn prioriteiten anders liggen door het meest duidelijke fysieke probleem van de man te negeren en zijn zonden te vergeven.

Als we Jezus vragen om een wonder zonder dat er een direct antwoord komt, kan het zijn dat Jezus ons andere lessen wil leren of dieperliggende zaken in ons leven aan wil pakken. Door te volharden in gebed laten we zien dat we bereid zijn om trouw te wachten en ons consequent over te geven aan de prioriteiten die Christus voor ons leven heeft.

Een prachtig voorbeeld van volharding in gebed zien we in het leven van de Schotse pionier James Fraser (ik noemde hem eerder in hoofdstuk 8), die naar China ging om zijn leven in te zetten voor de Lisu, een primitief bergvolk.

De eerste jaren waren erg zwaar. Fraser moest vaak op de modder slapen en het hoofd bieden aan bijna constante ontmoedigingen. De eerste mensen die hij moeizaam tot Jezus leidde, zwoeren Hem zonder uitzondering weer af en keerden terug tot de aanbidding van hun afgoden. Erger nog, de meerderheid van de Lisu was totaal onverschillig tegenover het evangelie waarvoor Fraser alles had opgegeven zodat hij het aan hen kon vertellen. Na vijf jaar van zelfopoffering, hard werken en gebed was de uitwerking van Frasers inspanningen zo gering dat hij diep depressief werd. In zijn dagboek durfde hij exact die vraag te stellen waarmee wij in dit boek worstelen: 'Beantwoordt God gebed eigenlijk wel? Weet hij het wel en kan het Hem wel schelen?'[13]

Pas toen Fraser zo wanhopig was dat hij bijna zelfmoordneigingen kreeg, begon hij zich te realiseren waarom zijn gebeden niet werden beantwoord. Het was niet zo, zoals hij eerst dacht, dat God zijn herhaalde verzoeken negeerde of afwees, maar dat de machten van de Satan weerstand boden aan Gods wil. Door deze openbaring van de zich tegen hem gekeerde geestelijke krachten werd Fraser als door een elektrische schok aangespoord om met vernieuwde energie te volharden:

> *De tegenstand zal niet door redeneren of door smeken worden overwonnen, maar hoofdzakelijk door voortdurend en volhardend gebed… Ik ben nu onverzettelijk: Als het werk lijkt te mislukken,* bid dan; *als diensten niet door kunnen gaan,* bid dan meer; *als er maanden voorbijgaan met weinig of geen resultaat,* bid dan nog meer en vraag anderen je te helpen.[14]

James Fraser stierf vlak voor het begin van de Tweede Wereldoorlog aan cerebrale malaria. Hij liet een kleine groep Lisu christenen achter die zwaar werden vervolgd, eerst door de Japanners en daarna door de communisten. Maar ondanks al die beproevingen bevestigden rond 1990 de statistieken van de communisten zelf dat 90 procent van de Lisu christen was. Jaren eerder schreef James Fraser: 'Zo zien we in ons werk Gods manier van succes: een drie-eenheid van gebed, geloof en geduld.'[15]

Waarom onbeantwoord gebed? 13: Standvastigheid
Sommige gebeden zijn gewoon niet beantwoord – nog niet! Of je gebeden nu worden tegengehouden door mysterieuze, geestelijke krachten, door koppige mensen of zelfs door God zelf: gewoon niet opgeven! Blijf dominostenen neerzetten.

Met integriteit standhouden

Toen zei de HEER tegen Mozes: 'Roep niet langer tot Mij, breek het kamp op en zet het volk in beweging!'
Exodus 14:15 (Het Boek)

We zagen dat Satan onze gebeden kan tegenwerken, zelfs wanneer ze op één lijn staan met Gods wil. Daarom worden we opgeroepen om hem met moed, geloof en standvastigheid in gebed te weerstaan. Als laatste moeten we de vitale relatie tussen wat we bidden en hoe we van dag tot dag ons leven leiden begrijpen. Augustinus zei, 'Het is slechts door ware vroomheid dat de mensen van God de vijandige macht van de lucht verjagen die de godsvrucht tegenwerkt; ... en ze overwinnen alle verleidingen van de tegenstander door te bidden, niet tot hem, maar tegen hem tot hun eigen God.'[16]

Toen Floyd en Sally McClung (over wie ik in hoofdstuk 5 schreef) hun missiepost op de Wallen openden, tussen een seksshop en een satanskerk, kozen ze ervoor hun tijd niet te verdoen met bidden tegen de uitingen van het kwaad aan beide kanten naast hen. In plaats daarvan joegen ze de 'ware vroomheid' van Augustinus na, door elke dag Jezus te aanbidden en zijn heiligheid te zoeken. Deze aanpak, waarbij de confrontatie werd vermeden, bleek effectief. Na een paar jaar stug standhouden in volhardend gebed verwoestte een brand de satanskerk. En wat betreft de seksshop, die is tegenwoordig het thuis van een Chinese kerk.

Integriteit en gebed zijn een krachtige combinatie. We kennen allemaal wel mensen die dicht bij Jezus wandelen en van wie de gebeden bij God een uitzonderlijk gewicht in de schaal lijken te leggen. De apostel Jakobus schrijft hierover wanneer hij eerlijkheid en transparantie koppelt aan genezing en toenemende kracht in gebed. 'Beken elkaar uw zonden en bid voor elkaar, *dan zult u genezen*,' zegt hij, en hij voegt eraan toe: 'Want het gebed van een rechtvaardige is krachtig en mist zijn uitwerking niet' (Jak. 5:16, nadruk toegevoegd). Wanneer onze relatie met God in orde is, zegt Jakobus, dan zal ons gebed krachtiger en effectiever zijn, met name op het gebied van genezing.

Het twaalfstappenplan van de Anonieme Alcoholisten is doortrokken van het bijbelse principe van het bekennen van zonden. In de vijfde stap, die over het algemeen wordt beschouwd als de meest pijnlijke maar ook de belangrijkste, worden we uitgenodigd om: 'Tegenover God, tegenover onszelf en tegenover een ander mens de precieze aard van onze misstappen te bekennen.' God heeft nooit beloofd het gebed te verhoren van iemand die niet in een eerlijke relatie met Hem leeft (hoewel Hij dat in zijn genade soms wel doet!). 'Had ik kwaad in mijn hart gevonden, de Heer had mij niet gehoord,' schrijft de psalmist (Ps. 66:18).

Als we willen dat onze gebeden door God worden gehoord, kunnen we ons niet permitteren de 'zonde te koesteren', maar moeten we deze bekennen, zodat we hersteld kunnen worden.

Standhouden met integriteit houdt persoonlijke transparantie en radicale eerlijkheid in, maar het betekent ook dat we de implicaties van ons gebed heel praktisch moeten uitleven. Een oud Russisch spreekwoord luidt: 'Bid tot God, maar roei naar de kust!' In de zestiende eeuw zei men op het Concilie van Trente hetzelfde: 'God geeft genade en gebiedt je te doen wat je kunt en te bidden voor wat je niet kunt.' Dat is toch heerlijk praktisch? Natuurlijk zullen er altijd gebieden zijn waarop we echt hulpeloos zijn, waarin we geen verandering teweeg kunnen brengen en we een bovennatuurlijk ingrijpen nodig hebben. Maar er zullen andere aspecten van het leven zijn waarin God ons op kan roepen om zelf een antwoord op onze eigen gebeden te zijn door onze levensstijl te veranderen. In zulke situaties kunnen onze gebeden onbeantwoord zijn, niet vanwege Gods onwil om te handelen, maar vanwege die van onszelf. Daar staat tegenover dat er vaak wonderen gebeuren wanneer we God toestaan ons te veranderen in een antwoord op gebed.

Mijn vriend Kelly, bijvoorbeeld, bad zo hard voor een groep drugdealers en prostituees in Mexico dat ze uiteindelijk zelf een antwoord op haar eigen gebeden werd door te vertrekken uit Tulsa, in Oklahoma, om onder hen te gaan wonen. Het gevolg is dat haar gebeden nu dramatisch verhoord worden op een manier die niet gebeurd zou zijn als ze thuis was blijven bidden. In het afgelopen jaar zijn er ten minste één prostituee en één drugsdealer tot geloof gekomen dankzij de bereidheid van Kelly om op een integere manier haar gebeden uit te leven.

> *Laat God dus zijn wil in je ten uitvoer brengen. Roep een luid 'Nee' tegen de Duivel en zie hoe hij ervandoor gaat. Zeg stil 'Ja' tegen God en Hij zal er direct zijn. Stop met liefhebberen in de zonde. Reinig je binnenste.*
> Jakobus 4:7 (*The Message*)

Waarom onbeantwoord gebed? 14: Zonde

Sommige gebeden worden niet beantwoord omdat er gebieden in ons leven zijn waarin we God niet gehoorzamen. Zijn er verborgen zonden die we moeten bekennen of acties die we moeten ondernemen om onze gebeden van kracht te voorzien?

Recht doen

De profeet Jesaja zegt ons dat een andere reden voor onbeantwoord gebed – één die we niet vaak overwegen – persoonlijk onrecht en het veronachtzamen van de armen is. Hij beschrijft de manier waarop de Israëlieten vastten en baden: 'Zeker, ze zoeken mij dag aan dag, vol verlangen om te ontdekken wat ik wil' (Jes. 58:2). Maar hun gebeden bleven onbeantwoord en ze wilden per se weten waarom. 'Waarom ziet u niet dat wij vasten, en merkt u niet op dat wij ons onthouden?' God reageert zonder omhaal van woorden op deze vraag en wijst hen op hun levensstijl en noemt specifiek hun geruzie, hun lakse gastvrijheid, hun boosaardige geroddel en hun minachting voor de armen.

> *Is dit niet het vasten dat ik verkies…*
> *Is het niet: je brood delen met de hongerige,*
> *onderdak bieden aan armen zonder huis,*
> *iemand kleden die naakt rondloopt,*
> *je bekommeren om je medemensen?*
> *Dan breekt je licht door als de dageraad,*
> *je zult voorspoedig herstellen…*
> *Dan geeft de HEER antwoord als je roept;*
> *als je om hulp schreeuwt, zegt hij: 'Hier ben ik.'*
> Jesaja 58:6-9

Misschien is een van de redenen waarom er in welvarende westerse kerken zoveel minder wonderen gebeuren dan in armere landen, dat ons de onrechtvaardigheden verweten kunnen worden die in Jesaja worden genoemd. Maar naarmate we actiever betrokken raken bij de nood van de armen, zullen onze gebeden krachtiger worden, zoals God beloofde aan de Israëlieten: 'je zult voorspoedig herstellen… dan geeft de HEER antwoord als je roept.'

Waarom onbeantwoord gebed? 15: Recht doen

Sommige gebeden worden niet beantwoord omdat

wij geen oog hebben voor de nood van anderen in onze directe omgeving en in andere landen.

En ten slotte: houd stand...

Word niet overmoedig. Satan heeft duizenden jaren kunnen oefenen en wij weten nog niet een honderdste deel van wat hij weet.
Maarten Luther[17]

Dit hoofdstuk ging over standhouden tegen de doodsstuipen van de Satan met moed, geloof, volharding en een levensstijl die daarbij past. Sommige mensen zeggen dat we geestelijke overheden moeten binden, territoriale 'bolwerken' van de duivel door gebed in kaart moeten brengen en over het algemeen de strijd met de vijand moeten aangaan. Ik ben er zelf niet altijd op tegen, maar ik ben er wel van overtuigd dat het niet onze primaire taak is om de vijand aan te vallen. Onze missie is juist het resoluut standhouden in geloof.

Standhouden is niet een passief iets. Het kan krachtige gevolgen hebben omdat de duivel een lafaard is die erop vertrouwt dat angst veel van zijn werk voor hem zal doen. 'Verzet u tegen de duivel,' zegt de apostel Jakobus – en ik stel me zo voor dat hij zijn schouders een beetje onverschillig ophaalt – 'dan zal die van u wegvluchten' (Jak. 4:7).

Help me standvastig te zijn

Heer,
Help me vandaag stand te houden.
Er is overal beproeving en verleiding.

Als het leven pijn doet,
Word ik verward, oneerlijk, wantrouwend en kritisch.
Ik doe de gordel van de waarheid om.

Als het leven pijn doet,
lijden mijn relaties daaronder, vooral mijn relatie met U.
Ik doe het harnas van de rechtvaardigheid aan.

Als het leven pijn doet,
Word ik heel lui of juist extreem druk.
Ik trek de schoenen aan van het evangelie.

Als het leven pijn doet,
Word ik minder waakzaam en ben ik kwetsbaar.
Ik pak het schild van het geloof op.

Als het leven pijn doet,
Ga ik negatief denken en trek ik alles in twijfel.
Ik zet de helm van de verlossing op.

Als het leven pijn doet,
Ben ik een lafaard.
Ik pak het zwaard van het Woord.

Heer, het voelt hier niet erg 'volbracht'.
Ik voel me niet erg 'volbracht'.
Zie me knielen.
Help me stand te houden.

In dit gedeelte heb ik 15 redenen voor onbeantwoord gebed genoemd. Vijf zijn gebaseerd op de analyse van Gods wereld (hoofdstuk 7), vijf op het beter begrijpen van Gods wil (hoofdstuk 8) en de overige vijf op de huidige gevolgen van Gods oorlog (hoofdstuk 9). Ik hoop dat een of meer van deze 15 verklaringen je hebben geholpen je situatie beter te begrijpen. Maar misschien is er geen gemakkelijk antwoord op de vragen die jij je stelt. Met die gedachte in het achterhoofd wil ik dit gedeelte afsluiten met een citaat uit *Brieven uit de Hel* van C.S. Lewis. In dit stukje schrijft een hooggeplaatste demon in een brief aan zijn neefje over de tijden waarin mensen Gods aanwezigheid niet langer kunnen ervaren en waarin zijn plannen niet meer logisch lijken te zijn:

> *Vroeger of later trekt [God] zich terug, zo niet feitelijk, dan toch uit hun bewuste ervaring… Hij laat [de mens] op eigen benen staan; om slechts uit wilskracht plichten te vervullen waaruit alle aangename smaak is verdwenen… Onze zaak is nooit méér in gevaar dan wanneer een mens – die, hoewel hij er niet naar verlangt, toch van plan is de wil van onze Vijand te doen – om zich heen een wereld ziet waarin ieder spoor van Hem lijkt te ontbreken en zich afvraagt waarom hij in de steek gelaten is, en nog steeds gehoorzaamt.*[18]

Er zullen altijd onbeantwoorde gebeden zijn die elke verklaring tarten en zeer pijnlijke momenten waarop God zich onverklaarbaar terugtrekt uit onze bewuste ervaring en ons achterlaat om 'slechts uit wilskracht plichten te vervullen waaruit alle aangename smaak is verdwenen'. In dit soort verwarrende levensseizoenen is er niets krachtiger dan onze trouw die we tonen door vasthoudend te zijn. Zoals C.S. Lewis schrijft, niets brengt de plannen van Satan in groter gevaar, 'dan wanneer een mens – die, hoewel hij er niet naar verlangt, toch van plan is Gods wil te doen – om zich heen een wereld ziet waar ieder spoor van Hem lijkt te ontbreken en zich afvraagt waarom hij in de steek gelaten is, en nog steeds gehoorzaamt.'

En nu we het toch hebben over een wereld waaruit elk spoor van God lijkt te zijn verdwenen: we gaan in het volgende hoofdstuk verder met Stille Zaterdag, zonder twijfel een van de meest fascinerende en belangrijke dagen in de geschiedenis van de mensheid.

Stille Zaterdag

WAAR is God als de hemel zwijgt?

Ze hebben mijn Heer weggehaald,
en ik weet niet waar ze hem hebben neergelegd.
Johannes 20:13

Stille Zaterdag fascineert me. De Bijbel vertelt ons bijna niets over deze mysterieuze dag, ingeklemd tussen de kruisiging en de opstanding, waarop God de hele schepping toestond te leven zonder antwoorden. Het is een dag van verwarring en zwijgen. In Rooms-Katholieke en veel Anglicaanse kerken worden de altaren kaal gemaakt – helemaal tot op het bot – op Stille Zaterdag. Ik denk dat het de enige dag in het hele jaar is waarop de kerk niets te zeggen heeft. En toch, hoewel we er zo weinig van weten, zou Stille Zaterdag volgens mij wel eens de plek kunnen beschrijven waar velen van ons het leven leven: wachtend tot God gaat spreken. We weten dat Jezus gisteren voor ons stierf. We vertrouwen erop dat er morgen wonderen kunnen gebeuren. Maar vandaag dan, op deze eeuwige sabbat waarop de hemel zwijgt? Waar, vragen we ons af, is God nu?

'Zaterdag' door Linnea Spransy

Hoofdstuk 10

De stilte verkennen

De vraag en de roep 'O, waar...?' versmelten tot tranen van duizenden stromen
en overspoelen de wereld met de vloed van verzekering: 'Ik ben!'
Rabindranath Tagore[1]

Niemand praat echt over Stille Zaterdag, maar als we stilstaan en erover nadenken, dan is het daar waar de meesten van ons het grootste deel van ons leven leven. Stille Zaterdag is het niemandsland tussen vragen en antwoorden, tussen uitgesproken gebeden en verwachte wonderen. Het is waar we wachten – met een merkwaardig mengsel van geloof en wanhoop – telkens wanneer God zwijgt of het leven onbegrijpelijk is.

Nu we Gods stilte gaan verkennen, worden we er toe genoodzaakt om het probleem van onbeantwoord gebed letterlijker te gaan nemen dan we tot nu toe deden. We gaan kijken naar de tijden waarin God gewoon geen antwoord geeft wanneer wij bidden. Hij antwoordt niet 'ja', 'nee' of 'nog niet'; Hij zegt gewoon helemaal niets. We bidden en bidden, maar God blijft stil. We vragen om hulp, maar het lijkt alsof God ons negeert. We proberen onze situatie te begrijpen, maar er is geen uitleg, geen openbaring, geen hint dat God zelfs maar om ons geeft. Misschien vragen we ons af of Hij er überhaupt is. De ervaring van Gods zwijgen, of zelfs van zijn afwezigheid, is in het christelijke leven niet ongewoon – met name onder degenen die God het meest krachtig gebruikt. Het is een ervaring die wordt belichaamd, en tevens gelegitimeerd, door het zwijgen van God op Stille Zaterdag.

Wat is er vandaag op aarde gebeurd?
Er is een grote stilte.
Een grote stilte en stil zijn,
een grote stilte want de Koning slaapt.
Oude homilie voor Stille Zaterdag

Een God die spreekt en niet spreekt

De Bijbel opent met de stem van God: Hij spreekt en het leven begint. En sluit af met: 'een geweldige stem, als van een grote menigte, die zegt: "Halleluja!"' (Op. 19:1). Tussen deze twee dramatische momenten scharniert het verhaal op het Woord van God, gesproken in Jezus. De Bijbel is een boek over een God die spreekt! Maar het schildert Hem niet af als iemand die onophoudelijk tegen zijn volk spreekt (trouwens, ook niet tegen iemand anders). In plaats daarvan doorstaan we vaak Stille Zaterdagen waarop Gods stem is verstomd en zijn aanwezigheid versluierd is.

In de nasleep van het overlijden van zijn vrouw beleefde C.S. Lewis Gods zwijgen op die manier en begon hij zich af te vragen, *Waar is God?*

> *Als je gelukkig bent, zo gelukkig dat je geen behoefte aan Hem hebt, zo gelukkig dat je geneigd bent zijn aanspraken als een onprettige inmenging te beschouwen, als je je, denkend aan jezelf, tot Hem wendt met dankbaarheid en lofprijzing, dan word je – of tenminste, zo ervaar je het – met open armen ontvangen. Maar ga eens tot Hem als je Hem wanhopig nodig hebt, als alle andere hulp tevergeefs is, wat vind je dan? Een deur die voor je dichtgeslagen wordt en binnen het geluid van een schuivende grendel, een dubbele grendel. Daarna stilte. Je kan evengoed weggaan. Hoe langer je wacht, hoe dreigender de stilte wordt. Er is geen licht in de vensters. Het huis kan wel onbewoond zijn. Heeft er wel ooit iemand gewoond? Zo leek het soms, ja. En die indruk was even sterk als het omgekeerde nu. Wat betekent dit allemaal? Waarom is Hij in tijden van voorspoed zo duidelijk als gebieder aanwezig en zo totaal afwezig als helper in tijden van nood?*[2]

Mensen kunnen extreme pijn verduren en jaren van onbeantwoord gebed als ze maar weten dat God aanwezig is in het midden daarvan en ze met de psalmist kunnen zeggen: 'Al gaat mijn weg door een donker dal… u bent bij mij, uw stok en uw staf, zij geven mij moed' (Ps. 23:4). Misschien begrijpen we ons lijden op zulke momenten niet, maar in ieder geval worden we getroost door het besef van Gods aanwezigheid in de pijn. Maar soms horen we in plaats van de geruststellingen van Gods woord in de duisternis alleen maar 'het geluid van een schuivende grendel, een dubbele grendel' en 'daarna stilte'.

De Israëlieten riepen het uit naar de God van hun voorvaders terwijl ze slaven waren in Egypte. Maar het zou 430 jaar duren voordat Hij sprak: 'Ik heb gezien hoe ellendig mijn volk er in Egypte aan toe is, ik heb hun jammerklachten over hun onderdrukkers gehoord, ik weet hoe ze lijden' (Ex. 3:7). Deze vergeten mensen – die ongetwijfeld vraagtekens begonnen te zetten bij de stoffige, oude woestijnlegendes van het verbond van Abraham – deze mensen werden in de wereldgeschiedenis het voornaamste voorbeeld van wat God kan doen. Maar het kostte wel bijna 430 jaar.

'Deze schijnbaar oneindige periode waarin de afwezigheid van God werd ervaren,' schrijft Eugene Peterson, 'vindt in het grootste deel van ons leven opnieuw plaats en de meesten van ons weten niet wat ze ermee aan moeten.'[3] Als een man als Peterson iets zegt, moet je echt even opletten en luisteren. Hij besteedde tientallen jaren aan het forensisch bestuderen van elk woord in de Bijbel in zijn oorspronkelijke taal, en schreef in zeven en een half jaar tijd *The Message*, zijn geparafraseerde vertaling van de Bijbel. Daarom begrijpt Eugene Peterson de bredere context van de Bijbel veel beter dan de meeste mensen. En vanuit die bevoorrechte positie doet hij deze buitengewone observatie: 'Het verhaal waarin God zijn reddende werk doet, ontstaat te midden van een volk voor wie de voornaamste ervaring van God diens afwezigheid is.'[4]

Deze ontstellende en deprimerende opmerking roept een pijnlijke vraag op, die eenvoudig en persoonlijk is: Waarom?

Waarom is God afwezig?

Aan het eind van Hudsons eerste jaar op school, stond er in zijn rapport een interessant leerdoel om in de toekomst te kunnen slagen: *Doel voor volgend leerjaar: In het algemeen minder afhankelijk worden van toezicht door volwassenen.* Minder afhankelijk worden van toezicht is ook een geestelijk proces. God heeft zich eraan verbonden dat Hij ons zal helpen om volwassen te worden, en daarom trekt Hij zich soms bewust terug uit onze bewuste ervaring door expres minder duidelijk aanwezig te zijn en minder direct beschikbaar te zijn en door sommige van onze gebeden onbeantwoord te laten.

Toen de gebeden van een compleet volk werden afgewezen en Jeruzalem door de Babyloniërs werd vernietigd, merkte Jeremia op over God: 'U hult u in een wolk, geen gebed dringt tot u door' (Klaagl. 3:44). Waarom hult God zich in zo'n wolk? Waarom trekt Hij zich terug als we Hem nodig hebben? Is Hij nu minder betrokken bij onze noden dan dat Hij eens was? Net zo min als dat Hudsons leerkracht minder betrokken raakte bij zijn vooruitgang. Net zo min als dat wij, als Hudsons ouders, hem minder zullen liefhebben wanneer hij ons minder nodig heeft en groeit naar volwassenheid. Maar in onze liefde trekken we ons soms terug en dringen we erop aan dat hij op zijn eigen benen staat om de uitdagingen van het leven alleen onder ogen te zien.

Momenteel leert Hudson fietsen. We hebben de zijwieltjes van zijn fiets gehaald, en het resultaat is dat hij alle kanten op zwiebert en zichzelf en iedereen binnen een straal van ongeveer vijf meter in gevaar brengt. Ik ren met hem mee en houd hem vast, maar ik merk dat hij geen moeite doet om zijn evenwicht te vinden zolang hij mijn hand op zijn rug voelt en mij naast hem ziet. Hij leunt gewoon tegen mij aan en de fiets gaat gevaarlijk verder onder een hoek van 45 graden.

Ik ben nu dus begonnen om mee te rennen terwijl ik lichtjes de achterkant van zijn zadel vasthoud, zodat hij mij niet kan voelen en ook niet kan zien. Hij heeft er een hekel aan. En soms wordt hij boos op me, omdat ik het niet doe zoals hij het graag wil. Hij heeft al een paar keer aangekondigd dat hij toch niet op zoiets stoms als een fiets wil rijden. Maar ik weet dat hij het uiteindelijk wel zal leren.

Het proces is een beetje riskant (maar lang niet zo gevaarlijk als het voor Hudson lijkt), maar hij leert langzaam een onaangename les terwijl ik mijn steun verminder. Zolang hij me kan voelen of zien, blijft hij 'afhankelijk van toezicht door volwassenen', wat in dit geval betekent dat hij niet zal leren fietsen. Ik sta toe dat Hudson een paar schaafwonden en blauwe plekken oploopt juist omdat ik van hem hou. Ik weiger al zijn hulpkreten te beantwoorden juist omdat ik om hem geef.

Als we God op dit moment niet in onze situatie kunnen zien en we zijn hand niet op ons leven kunnen voelen rusten, kunnen we ons bang, boos of hulpeloos voelen, of het kan zijn dat we het gewoon helemaal op willen geven. Waar we ooit op God konden steunen en het leven met zijn hulp hanteerbaar leek, lijkt Hij ons nu te hebben verlaten. Maar de Bijbel verzekert ons dat God ons niet verlaten heeft, zelfs als we zijn aanwezigheid niet ervaren. Nog afgezien van het feit dat Jezus alomtegenwoordig is, beloofde Hij dat Hij ons nooit zou verlaten of afvallen. Hij doorstond aan het kruis totale verlatenheid, zodat wij dat niet hoeven mee te maken. De apostel Paulus verzekert ons dat niets ons kan scheiden van de liefde van God. De Bijbel laat er absoluut geen twijfel over bestaan dat God, wanneer Hij zwijgt, niet afwezig is – zelfs als dat wel zo voelt. Hij is nu evenzeer met ons als Hij dat ooit tevoren was. Hij is niet minder betrokken bij ons leven dan toen we zijn stem duidelijk verstonden en we de blijdschap van zijn glimlach konden merken. In plaats daarvan heeft God ons vermogen om ons van zijn aanwezigheid bewust te zijn een tijdje uitgezet en dit heeft Hij gedaan om onze afhankelijkheid van externe factoren te verminderen zodat we belangrijke levenslessen kunnen leren.

Maarten Luther betoogde dat God zich terugtrekt en stil wordt om ons te trekken in de diepere relatie met Hem, iets dat alleen mogelijk is als we verder gaan dan louter uitwendige ervaringen en puur rationeel begrip. Als Luther gelijk heeft, zijn de stilte en onwetendheid van Stille Zaterdag essentieel om dieper te wortelen in onze relatie met God. Gods stilte is opzettelijk. Het is een van de belangrijke trainingen waar Hij zijn kinderen doorheen laat gaan 'om ons te laten delen in zijn heiligheid' (Heb. 12:10).

Zulke seizoenen worden vaak beschreven als de 'donkere nacht van de ziel', een technische term uit het werk van Johannes van het Kruis, een mysticus uit de 16e eeuw. Op de manier waarop hij deze term gebruikt, wordt er een zeer hoge vorm van geestelijke vooruitgang mee bedoeld, een vorm die velen van ons nooit zullen meemaken. Maar het gevoel dat gebed en de Bijbel ons niet meer aanspreken en dat onze geestelijke reis zich op een doodlopende weg bevindt, wordt door veel christenen wel beleefd. Het is iets anders dan verveling. We willen niet meer terug naar lichtzinnige bezigheden. Iets in ons is veranderd en we hongeren naar iets dat door geen enkele aardse afleiding kan worden verzadigd.

Soms verwijdert God de zijwieltjes van onze fiets en schrikken we wanneer Hij zijn hand terugtrekt van ons leven. In onze groei naar geestelijke volwassenheid gunt God iedere gelovige seizoenen van onbeantwoord gebed waarin Hij zwijgt en zelfs afwezig kan lijken van de wereld. In zulke tijden mogen we er zeker van zijn dat God het 'toezicht door een volwassene' vermindert, maar dat Hij ons niet volledig heeft verlaten.

Het wonder van onbeantwoord gebed

Het is een van de grote ironieën in het leven dat onze onbeantwoorde gebeden gebruikt kunnen worden om vorm te geven aan de grootste gebedsverhoringen die we ooit zullen meemaken. Als we net christen zijn geworden, komen we vaak in een tijdelijke toestand van geestelijke bevlieging, die lijkt op de overweldigende obsessie die we ervaren wanneer we verliefd zijn. Er kunnen tranen zijn, fascinatie, blijdschap en momenten van diepe intimiteit. Onze gedachten zijn vol van het wonder van God en ons leven begint nieuwe prioriteiten te vinden en helemaal te draaien om onze nieuwe, intense relatie met God. Die bevlieging kan een essentiële tijd zijn in onze vroege geestelijke vorming – we beginnen er hierdoor vol vuur aan om Christus met overgave voor de rest van ons leven na te jagen – maar deze fase kan en moet niet te lang duren.

Er zijn vele studies verricht naar de krachtige en heerlijke chemische prikkelingen die zich voordoen wanneer we verliefd worden. Een recent onderzoek vergeleek het menselijk gedrag op dat soort momenten zelfs met een vorm van krankzinnigheid. En als je het ooit hebt meegemaakt, snap je makkelijk waarom! We weten echter ook dat verliefdheid, die zo onzelfzuchtig lijkt, door en door zelfgericht is. Je hoeft alleen maar te luisteren naar de tekst van de liefdesliedjes uit de hitlijsten om te zien dat de emotie van verliefdheid alleen maar gaat over 'wat je *mij* doet voelen', 'wat *ik* met je wil doen' of 'wat *ik* van je wil'. Dit soort karikaturen van liefde zijn nauwelijks te vergelijken met wat ze op een dag kunnen worden: de prachtige aanblik van een bejaard echtpaar dat hand in hand door de straat loopt.

Groeien tot volwassenheid – of het nu in een romantische relatie is, in een ouder-kindrelatie of in een relatie met God – impliceert altijd een doorgaand proces, waarin onze aandacht wordt verlegd van onze eigen prioriteiten en voorkeuren naar die van de ander. Dat is waarom ons zwaartepunt verschuift wanneer we geestelijk volwassener worden. We beginnen te bidden dat God onze harten verandert en onze motivatie bijstelt. We verlangen ernaar om meer zoals Jezus te worden. We vragen God ons te helpen om nederiger te worden, liefdevoller en trouwer.

Het is als antwoord op juist deze gebeden dat God kan besluiten onze verzoeken af te wijzen en zich zelfs enigszins uit ons leven terugtrekt. Zolang het nog volkomen te begrijpen is waarom we God dienen en voor Hem leven, kan ons geloof slechts tot een bepaald niveau rijpen. Er is niets onzelfzuchtigs of opofferends aan wanneer we God gehoorzamen omdat het in ons eigen belang is – wanneer we van zijn liefde genieten, wonderlijke voorziening meemaken, Gods stem duidelijk verstaan, zijn realiteit in aanbidding ervaren, stimulerende inzichten uit de Bijbel ontvangen, troost ervaren als we pijn hebben en wat niet meer. Zolang deze dingen niet uit ons leven verdwijnen en we er alleen voor komen te staan, zonder enige andere reden om door te gaan dan standvastige trouw, kunnen we niet werkelijk opgroeien vanuit een op onszelf gerichte relatie met God naar één die Christus werkelijk centraal stelt. Pas als de dingen die eens ons geloof versterkten uit ons leven worden weggenomen, kunnen we echt 'leven in een situatie van geloven, niet van zien' (2 Kor. 5:7, Groot Nieuws Bijbel).

De opstanding tot haast dwingen

Hoewel de seizoenen in ons leven waarin God zwijgt voor onze geestelijke groei belangrijk kunnen zijn, kunnen ze ook diepe onrust veroorzaken. Dit leidt er vaak toe dat we het probleem van Gods zwijgen proberen op te lossen met simpele verklaringen voor ingewikkelde situaties, eenzijdige toepassingen van de Schriften en afgezaagde opmerkingen die te vroeg willen troosten. We zijn bang om, midden in de puinhoop van onze onopgeloste problemen, simpelweg te wachten totdat God zelf onmiskenbaar ingrijpt, zoals hij op Paasmorgen deed. We willen niet toegeven dat we geen idee hebben van wat God aan het doen is of waarom dit gebeurt. We zouden ons zelfs kunnen afvragen of het wel bij Christus past om publiekelijk uit te roepen: 'Mijn God, mijn God, waarom heeft u mij verlaten?' Waarom kunnen we niet wachten zonder dat de troep en de pijn van Stille Zaterdag zijn opgelost?

Ik ging naar de begrafenis van Simon, een vriend die zeer plotseling was overleden als gevolg van een hartaanval. Hij liet een vrouw en vier jonge kinderen achter. Het was onbeschrijfelijk verdrietig, in het bijzonder toen ik keek naar zijn kinderen vooraan in de kerk, ontzettend bleek in hun beste kleren, terwijl ze hun best deden om heel erg moedig te zijn, zich groot te houden en zich voor ons allemaal *keurig* te gedragen – zodat hun vader trots op ze kon zijn. Een van de dochters speelde een stukje op de blokfluit. Een andere deed een schriftlezing en haar stem haperde nauwelijks. Toen stond de voorganger op en nodigde de band uit om ons voor te gaan in een tijd van aanbidding. We zongen met z'n allen en tot mijn verrassing begonnen sommige mensen in de eerste rij te dansen. Ik weet waarom ze dat deden – ze wilden vieren dat Simon in de hemel was en dat God het voor het zeggen had.

Op een bepaalde manier hield ik van hen vanwege de weerbarstige absurditeit van dat alles. Maar toen zag ik iets waarvan mijn hart bijna brak. We zongen het lied 'Laat uw kracht zien, almachtig God' – dat volgens de liturgie een van Simons favoriete liederen was geweest – toen zijn zevenjarige dochter haar hoofd draaide en naar de doodskist staarde. 'Laat uw kracht zien, almachtig God,' gingen wij door, terwijl zij gewoon maar naar de kist bleef staren. Het was iets heel eenvoudigs, maar, zoals ik als zei, het brak bijna mijn hart.

Er volgden een aantal grafredes en iedereen zei aardige dingen over Simon. Een van de sprekers vertelde hoe Gods gecompliceerde leiding zichtbaar was in de timing van Simons dood. We geloofden hem – we hadden het *nodig* om hem geloven – maar het leek mij dat de timing voor de vier kleine gezichten op de voorste rij niet slechter had kunnen zijn. Hun vader was die onvermijdelijke aanwezigheid in hun leven geweest. Hij was er altijd geweest. Theorieën over de dood en voorzienigheid gingen niet meer op. De straten zouden leeg moeten lopen. Het Disney televisiekanaal zou uit de lucht gehaald moeten worden.

Ondanks al het zingen, dansen en de gedetailleerde uitingen van vertrouwen (of misschien wel vanwege dat alles), moest ik tijdens de terugrit eraan denken hoe kwetsbaar ons geloof wel niet moet zijn als we niet gewoon een tijdlang verdrietig, bang, verward en vertwijfeld kunnen blijven. In onze angst voor het niet-kennen, springen we haasje-over over Stille Zaterdag heen en we dwingen de opstanding zich te haasten. We rennen ontdaan rond, zoekend naar zingeving en schoonheid, terwijl die er gewoon niet zijn. Nog niet.

Vanaf het schemerdonker op Goede Vrijdag tot de dageraad van Paasmorgen, stond God toe dat de hele schepping in een toestand van chaos en wanhoop verkeerde. Maarten Luther had het lef om te opperen: 'Na Goede Vrijdag' – en ik stel me zo voor dat hij het fluisterde – 'lag God hoogstpersoonlijk zelf dood in het graf.'[5] Is dat mogelijk? Kun jij je dat voorstellen? Niemand van wie de discipelen leiding konden verwachten? Geen basis voor welke hoop dan ook? Geen betekenis?

Als God vermist wordt

We weten in ieder geval zeker dat de familie en vrienden van Jezus doodsbang waren. Johannes zegt dat ze bij elkaar waren, maar met 'de deuren afgesloten, omdat ze bang waren voor de Joden' (Joh. 20:19). Het apocriefe Evangelie van Petrus schrijft dat de autoriteiten actief op jacht waren naar de volgelingen van Christus.[6] De discipelen waren bang, maar ze waren ook verbijsterd. Waren ze drie jaar lang op een wrede manier misleid? Was Jezus alleen maar een profeet geweest en helemaal niet de Christus? Maar hoe zat het dan met alle wonderen, alle bewijzen? Had Hij niet zoiets als dit voorspeld? Maar God zou toch zeker niet toestaan dat zijn Zoon werd gekruisigd?

Voor de discipelen zouden al deze vragen al na een paar uur op de meest glorieuze wijze worden beantwoord. Als wij zulke seizoenen van twijfel en wanhoop ervaren, mogen ook wij er zeker van zijn dat de opstanding eraan komt. Maar het ervaren van Gods afwezigheid is niet iets om aan voorbij te stuiven, alsof het geen waarde heeft in het christelijk leven. Integendeel: Stille Zaterdag was de ervaring van veel van de grootste heiligen in de geschiedenis, van Johannes van het Kruis tot Moeder Teresa.

Toen Moeder Teresa op 87-jarige leeftijd stierf in Calcutta, werden haar dagboeken door de Rooms-Katholieke autoriteiten verzameld en meegenomen naar Rome. Velen waren echter geschokt toen ze haar woorden lazen en de extreme innerlijke strijd ontdekten waarmee de non en Nobelprijswinnares, die altijd zo vol vertrouwen leek over haar geloof, te kampen had gehad. We weten bijvoorbeeld nu dat Moeder Teresa in 1958 schreef: 'Mijn glimlach is een grote mantel die vele pijnen verbergt… [Mensen] denken dat mijn geloof, mijn hoop en mijn liefde overstromen en dat mijn hart vol is van intimiteit met God en eenheid met zijn wil. Ze moesten eens weten.'[7]

In een andere brief schreef ze: 'De vervloekten van de hel ondergaan eeuwige straf omdat ze experimenteren met het verlies van God. Ik voel in mijn eigen ziel de verschrikkelijke pijn van dit verlies. Ik heb het gevoel dat God me niet wil, dat God God niet is en dat God niet bestaat.'[8] Als reactie op deze onthullingen schreef *Il Messaggero*, het populaire dagblad van Rome: 'De echte moeder Teresa was iemand die een jaar lang visioenen had en de volgende vijftig jaar twijfels – tot aan haar dood.'[9]

Een priester schreef hierop een commentaar, hij duidde de twijfels van Moeder Teresa als 'een reinigingsproces', en voegde eraan toe dat dit ook een onderdeel is van heiligheid.[10] Het is een argument dat een lange christelijke traditie weergeeft, waarin ervaring van Gods afwezigheid niet als vijand van het geloof wordt gezien, maar juist als de eigenlijke substantie van groter geloof en intimiteit. Maarten Luther gaat zelfs zo ver dat hij God 'absconditus Deus' noemt – letterlijk vertaald, 'de God die vermist wordt'. De basis hiervan is Christus' eigen ervaring van verlatenheid aan het kruis, een moment dat luid en duidelijk spreekt over de betekenis van Gods zwijgen. 'Wij willen dat God onze gebeden beantwoordt door krachtig in te grijpen,' geeft Tim Chester toe, 'maar in het kruis zien we door geloof de aanwezigheid van God in zwakheid... Het zwijgen blijft stil, maar we zien in het kruis de verborgen God die in ons lijden met ons is.'[11]

Christus werd de atheïst

Een van de meest schokkende verhalen die Elie Wiesel vertelde over het leven in Auschwitz, drukt deze waarheid over Gods afwezigheid duister uit:

> *Toen we op een dag van het werk terugkwamen, zagen we drie opgerichte galgen op de verzamelplaats... De SS'ers schenen bezorgder en ongeruster dan gewoonlijk. Een kleine jongen ophangen voor duizenden toeschouwers is geen kleinigheid. De kampcommandant las het vonnis voor. Alle ogen waren op het kind gevestigd. Hij was doodsbleek, bijna kalm, en hij beet op zijn lippen. De schaduw van de galgen*

viel op hem... De drie ter dood veroordeelden klommen tegelijk op hun stoelen. De drie nekken werden tegelijk in de stroppen gestoken.
'Lang leve de vrijheid!' riepen de twee volwassenen. Maar het kind zweeg.
'Waar is God, waar is Hij?' vroeg iemand achter mij. Op een teken van de kampcommandant werden de drie stoelen omgewipt. Volstrekte stilte in het hele kamp. Aan de horizon ging de zon onder. Toen moesten we zoals gebruikelijk langs de gehangenen lopen. De twee volwassenen leefden niet meer. Hun tong hingen gezwollen, blauwachtig. Maar het derde touw bewoog nog; de kleine jongen zo licht dat hij nog steeds leefde.
Meer dan een half uur bleef hij zo hangen, worstelend tussen leven en dood, voor onze ogen stierf hij een langzame martelende dood. En wij moesten hem recht in het gezicht kijken. Hij was nog steeds in leven toen ik voor hem langs ging. Zijn tong was nog steeds rood, zijn ogen nog niet gebroken. Achter mij hoorde ik dezelfde man vragen: 'Waar is God nou?' En binnen in mij hoorde ik een stem die hem antwoordde: 'Waar Hij is? Hier is Hij, Hij hangt hier aan deze galg.'[12]

Elk ander antwoord op deze verschrikkelijke vraag zou zeker godslastering zijn.[13] Wij staan daar met Elie Wiesel, verbijsterd, twijfelend aan Gods liefde, zijn macht of zelfs zijn bestaan. Maar, vanzelfsprekend, zelfs als we daar staan en twijfelen, wordt het ons onaangenaam duidelijk dat deze scène van zulk kwaad, deze scène die ons geloof in God aanklaagt, ook zeer grafisch de essentie van ons geloof weergeeft. De nieuwtestamenticus Rudolf Bultmann zegt dat toen Christus vanaf het kruis uitriep, 'Mijn God, mijn God, waarom heeft u mij verlaten?', Hij mogelijk op dat moment een totale ineenstorting ervoer van geloof en zinbeleving.[14] De filosoof Albert Camus zei over het lijden van Christus: 'De helse pijn zou makkelijk te verduren zijn geweest, als het had kunnen worden ondersteund door eeuwige hoop. Maar om echt een mens te zijn, moest God wel wanhopen.'[15]

Jezus Christus kon best wel eens dezelfde instorting, wanhoop, twijfel, woede en eenzaamheid hebben ondergaan als Elie Wiesel op die dag in Auschwitz en die duizenden sindsdien hebben ondergaan. Raniero Cantalamessa, prediker voor de pauselijke huishouding, legt deze ontstellende mogelijkheid als volgt uit: 'Christus,' zegt hij over die uitroep vanaf het kruis, 'werd de atheïst, degene zonder God, zodat de mens zou kunnen terugkeren tot God.'[16]

Is het echt mogelijk dat Jezus op het moment van zijn grootste nood niet dapper, uitdagend en strategisch leed, maar aan zijn roeping twijfelde en het doel van zijn naderende dood en de boodschap die Hij zelf gepredikt had in twijfel trok?

De dag ervoor had Hij nog gebeden, 'Abba, Vader, voor u is alles mogelijk.' Op Paasmorgen zou Hij aan Maria verschijnen en zou de tederheid van zijn liefde net zo helder schijnen als het bewijs van zijn macht. Maar tussen deze twee uitingen van goddelijke liefde en macht sterft Jezus en met Hem sterft onze hoop. Misschien moeten we daarom wel naar de jongen aan de galg wijzen en samen met Elie Wiesel somber toegeven, 'Daar is God,' zodat we voor de wereld om ons heen klinken als bittere atheïsten (wat we op zulke momenten misschien allemaal wel zijn). 'Daar hangt de liefde, stervend voor de liefde,' zeggen we. 'Daar hangt als aas voor de vliegen degene voor wie alle dingen mogelijk zijn.'

> *Geen enkel menselijk redeneren kan God rechtvaardigen in een wereld als deze. Hij moet zichzelf rechtvaardigen, en dat deed Hij in het kruis van zijn Zoon.*
> P.T. Forsythe[17]

Via Negativa

De paradox van Gods dood in Christus en zijn aanwezigheid in stilte is door vele heiligen verkend en ervaren, zoals we zagen bij Moeder Teresa. Het is een ervaring die wordt beschreven door een methode die *apofatische* of *negatieve* theologie wordt genoemd en die het karakter van God probeert te omschrijven door de nadruk te leggen op wat Hij *niet* is, in plaats van wat Hij is. Waarom? Omdat God per definitie het menselijk begrip in verwarring moet brengen – een realiteit die we in zo veel lijden ervaren.

Een van de grootste verdedigers van deze omgekeerde benadering van het geloof was R.S. Thomas, misschien wel de beste christelijke dichter uit de twintigste eeuw, die het grootste deel van zijn leven als priester in Wales werkte. De ironie wil dat hij woonde en werkte in de schaduw van de wereldschokkende opwekking in Wales, maar het grootste deel van zijn werk verkende de beleving van Gods afwezigheid. In *Via Negativa* schildert hij een beeld van het geloof voor degenen voor wie de enige ervaringen van God 'de echo's zijn… de voetsporen die Hij net nog achterliet':

Ik heb nooit anders gedacht dan
dat God die grote afwezigheid is
in ons leven, de lege stilte vanbinnen,
de plaats waar wij heen gaan
Zoekend, niet in de hoop te
arriveren of te vinden. Hij bewaakt de kieren
in onze kennis, de duisternis
tussen de sterren. Van Hem zijn de echo's die
wij volgen, de voetsporen die Hij net nog achterliet.
Via Negativa[18]

Als dat gedicht herkenbaar voor je klinkt, dan bestaat de kans dat je een sterk besef hebt van het transcendente en het mysterie van God – misschien wel vanwege je eigen ervaringen met onbeantwoord gebed. De negatieve theologie heeft een belangrijke plaats binnen de christelijke spiritualiteit, met name voor hen die door intense onrust heen met God willen wandelen. Het is, in vele opzichten, de theologie van Stille Zaterdag.

Er zijn echter grenzen aan deze zeer mystieke benadering van het geloof. Want hoewel God ongetwijfeld ons begrip te boven gaat, is het ook van belang dat we niet te esoterisch worden in de manier waarop we met Hem omgaan, want de evangeliën spreken luid en duidelijk over een God die in menselijke zin gekend kan worden, ook als Hij niet volledig begrepen wordt. In Jezus, wordt ons gezegd, werd God volledig geopenbaard, dus ons geloof hoeft niet blind te zijn. Teresa van Avila zei dat elk probleem in gebed voortkomt uit één fataal gebrek: het bidden alsof God afwezig is. Ik ben van mening dat de negatieve theologie wel kan helpen, maar dat deze niet volledig rekening houdt met het feit dat wanneer God zwijgt, Hij niet afwezig is. 'En houd dit voor ogen,' beloofde Hij, 'ik ben met jullie, alle dagen, tot aan de voltooiing van deze wereld' (Mat. 28:20).

Aan het begin van dit hoofdstuk haalde ik een passage aan uit de memoires van C.S. Lewis over de dood van zijn vrouw. Hij beschreef God daarin als 'totaal afwezig als helper in tijden van nood'. Maar terwijl hij bleef vragen om uitleg voor de pijn die hij te verduren had, kwam hij verderop in het boek tot een andere conclusie: 'Als ik deze zaken God voorleg, krijg ik geen antwoord. Maar het is een speciaal soort "geen antwoord". Het is niet de gegrendelde deur. Het is veel meer iets van een stil, zeker niet onbarmhartig staren. Het is alsof Hij zijn hoofd schudt, niet als een weigering maar om de vraag af te weren. Zoiets als "Kalm mijn kind; je begrijpt het niet."'[19]

Het leven is vaak verwarrend. We kunnen de chaos van vroegtijdige begrafenissen meemaken, de innerlijke onrust zoals Moeder Teresa die heimelijk beleefde of zelfs de publieke geloofsverlating waaronder Elie Wiesel in Auschwitz leed, maar God laat ons niet alleen.

Sion zegt: 'De HEER heeft mij verlaten, mijn Heer is mij vergeten.'
Maar kan een vrouw haar zuigeling vergeten
of harteloos zijn tegen het kind dat zij droeg?
Zelfs al zou zij het vergeten, Ik vergeet jou nooit!
Ik heb je in mijn handpalm gegrift,
je muren staan mij steeds voor ogen.
Jesaja 49:14-16

We hebben in dit hoofdstuk de realiteit en relevantie verkend van Gods zwijgen als de ergste vorm van onbeantwoord gebed.

We hebben gezien dat God soms zwijgt en afwezig lijkt, niet alleen op de bladzijdes van de geschiedenis, maar ook in de beleving van elke gelovige die in zijn of haar geloof wil groeien. Ook hebben we gezien dat het belangrijk is deze pijnlijke seizoenen te omarmen en ze niet te ontkennen of ons erdoorheen te haasten. Dit roept natuurlijk de vraag op hoe je dit moet doen. Hoe bewegen we ons van het slechts ondergaan naar een actief bezig-zijn met de onbeantwoorde gebeden in onze levens, zodat we daardoor kunnen groeien in het vurig verwachten van de Paasmorgen?

Liefde die mij niet laat gaan

O liefde die mij niet laat gaan,
Ik laat mijn vermoeide ziel bij u rusten;
Ik geef u het leven terug dat ik aan u te danken heb,
Zodat het in de diepten van uw oceaan
Rijker en voller mag stromen.

O blijdschap, die me door pijn heen zoekt,
Ik kan mijn hart voor u niet sluiten;
Ik speur de regenboog na door de regen,
En voel dat de belofte niet leeg is,
Dat de morgen zonder tranen zal zijn

O kruis dat mijn hoofd omhoog tilt,
Ik durf niet te vragen om van u weg te vluchten;
Ik leg 's levens grootheid dood in het stof,
En vanuit de grond daar bloeit rood
Leven dat oneindig zal bestaan.

Deze beroemde hymne werd geschreven door George Matheson op de avond voor de bruiloft van zijn zus. Zijn eigen bruiloft was geannuleerd toen George blind begon te worden.

Hoofdstuk 11

De stilte omarmen

> *Omdat God leeft… aanwezig in afwezigheid, biddend en antwoordend in stilte, is het verhaal van Paaszaterdag, dat ons sprakeloos laat staan, ook hetgene dat ons de kracht geeft om ons te uiten en te bidden.*
> Alan E. Lewis

In april 1960 was Martin Luther King jr. bezig aan zijn opmars als een van de meest prominente, zwarte leiders in de Verenigde Staten. De burgerrechtenbeweging rondom hem groeide snel, maar de tegenstand kwam ook op gang (achttien maanden eerder was Martin Luther King in New York City neergestoken door een verwarde vrouw). In deze tumultueuze atmosfeer gaf de 31-jarige dominee een interview aan een tijdschrift, waarin hij zijn standpunt over het lijden uiteenzette:

> *Toen mijn lijden begon, realiseerde ik me al snel dat ik op twee manieren op mijn situatie kon reageren: ik kon reageren met bitterheid of proberen het lijden om te zetten in een creatieve kracht. Ik besloot te kiezen voor de laatste manier… De afgelopen paar jaar heb ik geleefd vanuit de overtuiging dat onverdiend lijden verlossend werkt.*[1]

Op 31 jarige leeftijd, met minder dan acht jaar te leven, begreep Martin Luther King jr. dat de grote beproevingen in het leven ons steevast óf *bitter* maken óf *beter*. Ze laten ons nooit onveranderd. Moeder Teresa slaagde hierin door haar heimelijke worstelingen met het geloof om te zetten in een creatieve kracht. Maar voor elke persoon die creatief reageert in seizoenen van wanhoop zijn er anderen die zich door teleurstellingen met God cynisch laten maken en Hem verlaten omdat het erop lijkt dat Hij hen heeft verlaten.

De titel van dit hoofdstuk verwijst naar het omarmen van Gods stilte. 'Omarmen' betekent hier dat je actief met een persoon, situatie of ding omgaat, zodat je een sluimerend potentieel kunt ontsluiten. Als onze gebeden onbeantwoord blijven – en vooral wanneer God zwijgt – staan we voor een belangrijke keuze, die de bestemming van ons leven kan vormgeven: 'of reageren met bitterheid, of proberen het lijden om te zetten in een creatieve kracht.'

In dit hoofdstuk wil ik je een aantal praktische gereedschappen geven om je te helpen meer te doen dan Stille Zaterdag gewoon uitzitten. Ik wil je graag helpen om de stilte van God actief te omarmen en de teleurstellingen van je onbeantwoorde gebeden te veranderen in creativiteit voor God.

Terugkijken:
Je Gods Woord herinneren in de stilte

Zelfs toen Jezus vastgespijkerd was aan de balken, snakkend naar adem en kapot omdat zijn Vader hem klaarblijkelijk in de steek gelaten had, vond zijn extreme angst in de Schrift woorden om te spreken. *'Eloï, Eloï, lema sabachtani?'* schreeuwde Hij het uit in zijn moedertaal. 'Mijn God, mijn God, waarom hebt u mij verlaten?' (Mar. 15:34). Jezus realiseerde zich dat zijn kwellende angst met ijzingwekkende nauwkeurigheid was verwoord in de psalmen:

Mijn God, mijn God,
waarom hebt u mij verlaten?
U blijft ver weg en redt mij niet,
ook al schreeuw ik het uit.

Een woeste bende sluit mij in,
zij hebben mijn handen en voeten doorboord.
Ik kan al mijn beenderen tellen.
Zij kijken vol leedvermaak toe,

> *verdelen mijn kleren onder elkaar*
> *en werpen het lot om mijn mantel.*
> Psalm 22:2, 18-19

Toen Jezus zich verlaten voelde door God, was het verlaten van het Woord van God wel het laatste wat Hij deed – de Schrift was voor Hem juist aansprekender en relevanter dan ooit. Als, zoals Cantalamessa suggereert, Jezus op dat moment een atheïst werd, dan vond zijn atheïsme op de een of andere manier wel zijn context in de waarheid van de Schrift.

Als God zwijgt, lijken de stimulerende openbaringen die we eerder uit de Bijbel en door de 'stille zachte stem' ontvingen misschien niet meer dan een vage herinnering, maar dat maakt ze niet minder waar. Wanneer God zwijgt, wordt het buitengewoon belangrijk om je in plaats daarvan te voeden met de woorden die Hij sprak toen het leven nog een vlot gesprek van tweerichtingsgebed was, toen de preek nog direct op ons hart gericht leek te zijn en de Bijbel echt het boek was dat we op ons nachtkastje wilden hebben.

Mijn vriend Justin heeft zijn smaakzin verloren. Er is een vage hoop dat het op een dag via een chirurgische procedure kan worden hersteld, maar de laatste paar jaar is eten voor hem weinig meer geweest dan een smaakloze oplossing voor de behoefte aan voedingsstoffen van zijn lichaam. De ironie wil dat Elle, zijn vrouw, een enthousiaste en goede kok is en elke keer dat we bij hen thuis eten, is het overheerlijk. Als God afwezig is, lijkt zijn Woord (dat met zoveel liefde gegeven is) ontdaan te zijn van de voortreffelijke smaak die het ooit had. Anderen aan tafel kunnen verrukkelijk genieten van hetzelfde voedsel – 'proef en geniet!' zeggen ze enthousiast – maar wij proeven niets. Gods woord heeft zijn smaak verloren. En toch blijft het, en dit is belangrijk, net zo voedzaam en onontbeerlijk voor het welzijn van onze ziel als het altijd is geweest.

Als we de stilte van God willen omarmen, deze willen omzetten in een creatieve kracht voor ons leven, kunnen we leren van de manier waarop Jezus de Schriften gebruikte op het moment dat Hij verlaten was. Hoewel Gods Woord bitter was geworden en niet langer 'zoeter dan honing' (Ps. 119:103) voor zijn mond, bleef het relevant omdat het zo pijnlijk waar bleek te zijn. Als God zwijgt en ons lijkt te hebben verlaten zodat we alleen zijn in ons lijden, verwoordt de Bijbel nog steeds onze wanhoop en geeft context aan onze twijfel. Samen met Job, Jeremia en die duistere psalmen van verwarring kunnen ook wij de stilte van God vullen met uitroepen van ontstellende woede en jammerklachten. En op zulke momenten kunnen we gerustgesteld worden door het besef dat onze omstandigheden, hoewel pijnlijk, ook in de Bijbel keer op keer benoemd zijn (en daarmee gevalideerd). Misschien heeft deze stilte dan toch betekenis. Misschien leidt hij ons ergens heen. Met een bepaalde taaiheid in ons geloof stellen we vast dat ergens in de stilte Gods aanwezigheid is.

Hoe kan Hij aanwezig zijn en toch afwezig? Misschien is het net als met een ster op grote afstand, zwak flikkerend in de duisternis. We zien het licht wel, maar we weten niet zeker of de lichtbron er zelf nog wel is. Is de ster gestorven of straalt hij nog steeds feller dan de zon? We herinneren ons dat God tot ons leek te spreken, of ons gebruikte, of ons gebed beantwoordde en we kiezen ervoor om trouw te blijven aan die momenten van zekerheid, zelfs al is die waarheid zo in strijd met onze huidige beleving. Zo kunnen wij op het verre licht van voorbije ontmoetingen navigeren in de duisternis, als een stuurman die, wanneer alle andere ijkpunten verdwenen zijn, in het donker zijn weg vindt aan de hand van sterren die allang zijn uitgedoofd.

Sabbat van twijfel

In de duisternis van de dag voor de opstanding hebben de discipelen vast aan de aangrijpende woorden van Jezus gedacht. Misschien herinnerden ze zich zijn woorden slechts als ironie en pathos, of misschien – voor Johannes, Maria van Magdala of Lazarus? – als een ster die nog steeds schijnt. De lunch op die sabbat, direct na de samenkomst in de synagoge, zal zoals altijd begonnen zijn met het uitspreken van de zegen – ben je hier klaar voor? – over het brood en de wijn die bij het maal zouden worden geserveerd. Als ook maar één van de elf discipelen die dag tot eten in staat zou zijn geweest, zou de dankzegging die voor de lunch van Stille Zaterdag werd uitgesproken hen diep in het hart geraakt hebben door de herinnering aan dat Laatste Avondmaal met Jezus. 'Dit is mijn lichaam dat voor jullie gegeven wordt,' zei Hij terwijl Hij het brood brak. 'Doe dit, telkens opnieuw, om mij te gedenken...' (Luc. 22:19). 'Om mij te gedenken?' Ze kónden het niet eens vergeten!

Misschien zou vergeten wel beter zijn. Woorden uit het verleden konden Jezus niet weer levend maken, noch de pijn van het heden verdoven. Maar anderzijds, misschien hadden de echo's nog kracht genoeg om sprankjes van 'misschien' en 'wat als' in de harten van de discipelen aan te wakkeren. Als Jezus geweten had wat zou gebeuren, zou God dan mogelijk een groter plan verborgen houden? Dit kan ook onze ervaring zijn. Als God zwijgt en onze gebeden worden niet beantwoord – als het Woord van God in onze mond geen smaak heeft – kunnen er soms nog kleine sprankjes hoop en zingeving aan ons en voor ons getoond worden in de Bijbel.

God, God... mijn God!
Waarom heeft u mij in the middle of nowhere gedumpt?
Geknakt door pijn
roep ik naar God, de hele dag door.
Geen antwoord. Niets.
Ik blijf er de hele nacht mee bezig, lig te woelen en te draaien.
En u! Staat u boven dit alles, onverschillig,
achteroverleunend op de kussens van Israëls lof?
Psalm 22:1-3 uit *The Message*[1]

Om je heen kijken: God ontmoeten in andere mensen en plaatsen

Ik vraag me af of de discipelen op Stille Zaterdag naar de synagoge zijn geweest. Ze zullen waarschijnlijk nooit eerder de eredienst op de sabbat hebben gemist en we weten dat dit soort

---

1 (In de NBV zijn dit de verzen 2-4)

routines nog belangrijker worden wanneer iemand in een shock verkeert. Dus als de volgelingen van Jezus wel zijn gegaan, is het fascinerend om te overwegen welke Schriftgedeelten ze toen gehoord zouden kunnen hebben en welke gebeden ze misschien baden.

Hoewel niemand het zeker weet, mogen we, omdat het de grote sabbat in het midden van de vieringen voor Pasen was, aannemen dat de synagogen van Israël op de dag dat Christus dood was het verhaal van de uittocht bestudeerden. Als dat zo was, dan moeten de emoties ondraaglijk zijn geweest voor degenen die in Jezus hadden geloofd. Stel je eens voor hoe ze daar zitten, minder dan 24 uur nadat Jezus had gebloed en was gestorven horen ze het verhaal over het bloed van het lam op de deurposten en over het geweeklaag van de Egyptenaren vanwege de dood van hun eerstgeboren zonen. We weten dat een crimineel al in Jezus was gaan geloven terwijl hij stervend aan het kruis hing, en dat hij zo de eerste christen in het paradijs geworden was, zelfs nog voor de opstanding (Luc. 23:42-43)!. Als een veroordeelde dief met geloof reageerde op Jezus' dood, is het dan te veel gevraagd om je voor te stellen dat sommige van de synagogeleiders daags na de kruisiging ook het belang begonnen in te zien van de gebeurtenissen van de vorige dag terwijl ze het verhaal van het Lam van God overdachten?

Misschien begonnen sommige predikers het zich inderdaad af te vragen. Maar elders, in andere synagogen, zullen verontwaardigde schriftgeleerden en farizeeën gebruik hebben gemaakt van de gelegenheid die een sabbatpreek hun gaf om afwijkende opvattingen te onderdrukken met hatelijke opmerkingen over een zekere 'zoon van de farao' die het had verdiend de dag daarvoor te sterven. En als ze dit soort opmerkingen maakten, hadden ze dan geen gelijk? Was Jezus niet de incarnatie van de zonde geworden – de vervloekte zoon van de farao – zodat de zonen van God vrijuit konden gaan? De vrienden van Jezus moeten op die sabbat wel gekweld zijn in hun verdriet door zo veel vreemde tekenen.

Het teken van het gescheurde gordijn

Intussen zullen mannen van aanzien zoals Nicodemus en Jozef van Arimatea wellicht niet een lokale synagoge hebben bezocht, maar de tempel zelf. Ze hadden hun nek al uitgestoken voor Jezus, en ik kan me zo voorstellen dat ze geen aanleiding voor roddel wilden zijn door op de dag na de kruisiging veelzeggend afwezig te zijn.

Enkele vissers en belastingambtenaren konden misschien wel onder de radar blijven op de grote sabbat (zeker als hun leven op het spel stond), maar mannen als Nicodemus en Jozef niet. Dat waren mannen wier levens vervlochten waren met de serieuze taak van burgerlijke verantwoordelijkheid. Als deze twee mannen die dag de tempel bezochten, wat zouden ze dan gezien hebben? Het evangelie van Marcus vertelt ons dat toen Jezus de geest gaf 'het voorhangsel van de tempel van boven tot onder in tweeën scheurde' (Mar. 15:38). Is het daarom mogelijk dat op die dag de dienst in de tempel plaatsvond tegen de dramatische achtergrond van dat gescheurde gordijn? Als dat zo is, dan ben ik benieuwd welke boodschap hierdoor gebracht werd in de stilte van die dag.

Bijbelgeleerden zijn verdeeld over welk gordijn in de tempel gescheurd was. Sommigen denken dat het de afscheiding was tussen het heilige en het heilige der heiligen. De geestelijke betekenis daarvan zou erg krachtig zijn, maar alleen de priesters zouden die schade hebben kunnen zien, want gewone mensen mochten dat gedeelte van de tempel niet betreden. De andere opwindende mogelijkheid is dat het ging om het buitengordijn dat tussen de voorhof en het heilige hing. In dat geval zou iedereen die de tempel bezocht op de dag na Christus' kruisiging met eigen ogen het gescheurde gordijn hebben kunnen zien en een glimp hebben kunnen opvangen van het heilige, waar normaal alleen de priesters mochten komen.

Probeer je het eens voor te stellen. Het buitengordijn was niet, zoals ik altijd dacht, een groot, los gordijn dat heen en weer bewoog in de wind. Het was gemaakt van linnen en het was dertig meter hoog. Dat is hoger dan een gebouw met vier verdiepingen![2] Dit soort enorme afmetingen zouden verklaren waarom Marcus er waarde aan hecht om te zeggen dat het 'van boven tot onder' doorscheurde. Josephus, de Joodse historicus uit de eerste eeuw, beschrijft de vier heldere kleuren op dit gordijn die symbool staan voor de vier elementen van het universum (vuur, aarde, lucht en water). Hierboven, zegt hij, was een panorama van de hemel te zien.[3]

Als het inderdaad het buitengordijn was dat scheurde, moet de aanbik van deze torenhoge verscheurde weergave van de hemel en de elementen een ongemakkelijke achtergrond zijn geweest voor de rituelen van die dag. De meeste aanwezigen zouden de schade aan dit onbetaalbare kunstwerk ongetwijfeld hebben toegeschreven aan de kleine aardbeving van de vorige dag (zie Mat. 27:51). Maar we weten dat anderen, zoals Nicodemus en Jozef, duisterdere theorieën hadden.

De troost van Betanië

Als ik een van de discipelen was geweest, dan wist ik wel waar ik die sabbat zou hebben doorgebracht. Ik zou weggegaan zijn, Jeruzalem uit, zo snel als ik kon naar Betanië zijn vertrokken om te schuilen bij Maria, Marta en hun broer Lazarus. Met Jezus dood en begraven, zou ik niemand anders liever hebben willen zien dan Lazarus. Lazarus had van Jezus gehouden. Lazarus was een van de beste vrienden van de Heer geweest. En, het allerbeste, Lazarus wist een paar dingen over dood-zijn en begraven worden. Zijn leven tartte de logica van de wanhoop, en het gegeven dat zijn huis slechts een paar kilometer buiten de stad lag, maakte het een perfect onderduikadres.

Het was tijdens een diner van Simon de Melaatse, de week ervoor in Betanië, dat Maria had gehuild en Jezus' voeten met parfum had gezalfd. Die parfum was duur geweest en ik kan me zo voorstellen dat die geur nog steeds rond Simons huis hing. En nu we het toch over Simon de Melaatse hebben, hij was toch zeker ook een voorbode van hoop vanwege het simpele feit dat hij, dankzij Jezus, geen melaatse meer was. In Betanië had de menigte 'Hosanna' geroepen. De plaats was vol van vreugdevolle aanbidding geweest. In Betanië kon een angstige en rouwende discipel veel sprankjes troost vinden en misschien hingen er wel vage fluisteringen in de lucht die, net als de geur van de parfum, de indruk wekten dat niet alles verloren was.

Ik hoop dat jij in je worsteling met onbeantwoord gebed een plaats zoals Betanië hebt waar je heen kunt gaan. Het kan een plaats zijn of een boek of een muziekstuk dat je herinnert aan alle goede dingen die God in het verleden heeft gedaan. Het kan een persoon zijn zoals Lazarus, die door te zijn wie hij is de aanwezigheid en kracht van God verwerkelijkt, zelfs als het leven voor jou op een dieptepunt is. Betanië is een kruispunt dat herinnert aan iets dat je ooit zeker wist: dat God onmetelijk veel meer kan doen dan alles wat je maar kunt vragen of bedenken, dat het koninkrijk een kwestie van kracht blijft (zie 1 Kor. 4:20), zelfs als je er in je huidige situatie maar weinig van terugziet, en dat alle dingen mogelijk zijn voor wie gelooft. Betanië is de gemeenschap of het soort familie waar je soms nog steeds de parfum van Gods aanwezigheid kunt ruiken.

Gods taal leren

'Christus is in u, hij is uw hoop op goddelijke luister.' Dat is wat Paulus tegen de gelovigen zei in Kolossenzen 1:27. Soms kunnen we de hoop op goddelijke luister alleen in elkaar vinden. Niet in gebed, niet in de Bijbel, niet in aanbidding, maar in het samen-zijn. De negentiende-eeuwse rabbijn Menachem Mendel van Rimanov zei ooit: 'mensen zijn de taal van God.' Met andere woorden, God spreekt tot ons door mensen. Hij spreekt tot ons door artsen en verpleegsters die zo hard werken om ons te helen en te helpen, door kinderen die vragen om een verhaaltje voor het slapen gaan, door vrienden die weten hoe ze ons aan het lachen moeten maken en wanneer ze stil moeten zijn, en door de spreker in de kerk, de documentaire op tv en het nummer op de radio. We verwachten dat Gods stem onmiskenbaar is, een donderende openbaring of een vasthoudende innerlijke fluistering. Maar voor wie oren heeft om te horen, spreekt Hij vaak het meest veelzeggend door alledaagse situaties van gewone mensen die zich dat niet bewust zijn.

Op een ochtend, na een traumatische nacht waarin Samie met spoed naar het ziekenhuis was gebracht, wankelde ik naar beneden om het ontbijt te maken voor de kinderen. Terwijl ik de cornflakes in bakjes deed, keek ik treurig terug op het feit dat het de laatste tijd met Samie juist wat beter was gegaan, met minder aanvallen. Dat is denk ik de reden waarom wakker worden in het ziekenhuis die ochtend extra pijnlijk was geweest. Het ambulancepersoneel had net na middernacht door ons huis gebanjerd en Samie met veel kabaal naar de ambulance gedragen, maar op de een of andere manier hadden Hudson en Danny er doorheen geslapen. Daar zaten ze dan, slurpend aan hun Weetabix in de keuken, niet wetend dat hun moeder niet boven in bed lag, maar aan de andere kant van de stad in het ziekenhuis.

'Oké, laten we gaan!' zei ik met een oog op de klok. 'Tijd voor school,' dat laatste was voor Hudson. 'En jij mag naar het kinderdagverblijf, Danny,' zei ik, terwijl ik hem uit zijn stoel tilde. *En ik mag naar het ziekenhuis*, dacht ik. *Maar wat moet ik tegen Samie zeggen dat haar misschien zou helpen om zich minder down en angstig voelen?* Ik veranderde in het 'kietelmonster' en joeg de kinderen lachend de gang uit, de auto in. Op mijn weg naar buiten botste ik bijna tegen de postbode aan. 'Eh, bedankt,' zei ik nog, terwijl ik de brieven aanpakte en de kinderen in hun autostoeltjes vastmaakte. Terwijl ik dat deed, zag ik dat Danny's haar recht overeind stond, als een statisch geladen orang-oetang. Ik speelde even met de gedachte om boven zijn haar te doen, maar bedacht me al snel dat het me niet genoeg kon schelen. En zeg nou zelf, als je op je tweede niet op een orang-oetang mag lijken, wanneer dan wel?

Nadat ik de kinderen had afgezet, kwam ik terug in het ziekenhuis en trof ik Samie aan in een zaal met zes oudere dames. De aparte geur van ziekenhuisontbijt hing nog in de lucht. 'Mogge,' zei ik vrolijk terwijl ik me voorover boog en haar op haar voorhoofd kuste. Ik kus mensen meestal niet op hun voorhoofd, maar het leek me nu, met zes oudjes die me aanstaarden, de perfecte plek.

Ik ben waardeloos als het gaat om meevoelend luisteren. Als mensen hun problemen met me delen, wil ik altijd direct met oplossingen op de proppen komen. De enige empathische woorden waar ik meestal op kan komen zijn belachelijke clichés zoals: 'Je zult je vast een heel stuk beter voelen na een goede nachtrust.' Soms hoor ik mezelf zeggen: 'Hmmm, ik weet hoe je je voelt,' terwijl ik er in werkelijkheid geen flauw idee van heb hoe de persoon zich voelt en eerlijk gezegd wil ik dat liever ook niet weten. Een enkele keer reageer ik op een bijzonder verdrietig verhaal door vol sympathie te knikken en te zeggen: 'Het spijt me zo voor je,' terwijl het overduidelijk niet mijn fout is dat ze zojuist voor de dertiende keer gezakt zijn voor hun rijexamen of dat hun opa tijdens het kamperen in de Ardennen is geveld door dysenterie. Ik weet erg weinig over counseling, maar ik weet wel dat dit in elk geval niet is waar het om gaat. Als mijn clichés niet werken en ik geen enkele praktische oplossing kan bieden, weet ik niet meer wat ik moet doen en ga ik, zoals de meeste mannen, over op onderwerpen zoals het weer of voetbal.

Die ochtend in het ziekenhuis was het duidelijk dat Samies situatie eersteklas empathie vereiste en dat een gesprekje over voetbal waarschijnlijk niet echt zou werken.

Om tijd te rekken gaf ik Samie de post en dat was het moment waarop God ingreep en tot haar sprak. De eerste envelop die ze opende bleek een echt, zuiver-op-de-graat, donderslag-bij-heldere-hemel, dank-U-Jezus Woord van God. Het was een wenskaart die was ondertekend door minstens 30 leden van een kerk uit Sheffield die ons op allerlei manieren verzekerden van hun voortdurende liefde en gebed. De bezorging van de kaart op dat exacte moment sprak duidelijk tot ons over Gods zorg en zelfs zijn aanwezigheid bij ons op die sombere ochtend in de ziekenzaal met de zes oude dames. Baz Gascoyne, de grootmoedige voorganger die voor de onverwachte kaart gezorgd had, vertelde me later dat hij zich gewoon geleid voelde om het de vorige zondag op te sturen, een paar dagen voordat Samie in het ziekenhuis belandde. Het was niet moeilijk Gods hand te zien in de timing van de bezorging van de kaart of zijn liefde die werd geuit in de kindertekeningetjes, bijbelteksten en krabbelige letters. Die krabbels waren, voor ons, de taal van God en ze waren juist op het moment uitgesproken dat we woorden van bemoediging en hoop nodig hadden.

Het Centre for the Study of Pain van de University of Winsconsin heeft een paar jaar geleden een experiment gedaan waarbij de onderzoekers bijhielden hoelang de proefpersonen hun voeten in een emmer met ijskoud water konden houden. Ze ontdekten iets heel opmerkelijks: Als een lotgenoot in de kamer aanwezig mocht zijn bij de persoon wiens voeten 'werden bevroren', dan kon hij of zij de kou twee keer zo lang verdragen als degenen die alléén leden. 'De aanwezigheid van een andere, meevoelende persoon verdubbelt de hoeveelheid pijn die een persoon kan verdragen,' schreven de onderzoekers.[4] Hetzelfde is ongetwijfeld waar voor emotionele pijn en we zien hier opnieuw dat 'mensen de taal van God zijn'.

Vrijuit spreken: Gods woord uiten in de stilte

Tijdens het schrijven van dit boek ontving ik regelmatig gebedsbrieven over de verslechterende conditie van Rob Lacey, een man die ik ken die een verloren strijd tegen kanker voert. Ondanks onze gebeden heeft de lelijke, ellendige werkelijkheid van onwonderen zichzelf gestadig uitgewerkt in Robs lichaam en in zijn jonge gezin. Het proces werd ingewikkeld gemaakt en verduisterd door het feit dat Rob vier jaar geleden werd 'genezen' van kanker in antwoord op wanhopig en vastberaden gebed. Omdat Rob een redelijk bekende acteur en schrijver is, werd zijn wonderbaarlijke herstel toentertijd breed uitgemeten.

Er zijn veel redenen waarom ik je iets over Rob wilde vertellen – zijn verhaal doorgeven dat Goede Vrijdag, Stille Zaterdag en Paasmorgen allemaal samengebald in één is – maar het leek allemaal te verbijsterend en te nabij en ik wist niet waar ik moest beginnen. Toen las ik een artikel van Ben Irwin, een Amerikaan die 6000 kilometer had gevlogen om Rob een paar dagen voor zijn sterven nog te zien. Bens stuk vertelde alles wat ik had willen zeggen, maar dan beter. Ben heeft me vriendelijk toestemming gegeven om het artikel in dit hoofdstuk op te nemen.

Vijf minuten met Rob

Kort geleden reisden mijn vrouw en ik naar Wales om een vriend te bezoeken die op sterven lag als gevolg van kanker. Toen we een week later weer vertrokken, vroeg ik me af waar ik moest beginnen om de stukken van mijn geloof weer in elkaar te zetten. Terwijl we ons een weg baanden door het doolhof van gangen in het ziekenhuis, zette ik me schrap voor het ergste; maar niets had me kunnen voorbereiden op de aanblik die ons te wachten stond toen we Robs kamer binnenstapten. Voor me lag een persoon die nauwelijks nog leek op degene die we minder dan een jaar geleden voor het laatst hadden gezien. Het gewichtsverlies was schokkend; hij zag eruit als een skelet, waarbij het vlees los over de botten hing. Het kostte hem al zijn kracht om op zijn ellebogen omhoog te komen terwijl ik naast hem ging zitten.

Het was de derde keer in tien jaar tijd dat Rob streed tegen kanker. De eerste diagnose kwam zes maanden nadat hij getrouwd was. Een paar jaar later kwam de kanker terug en duurde een aantal jaren, dat werd zijn tweede ronde. Men nam aan dat dit zijn leven zou beëindigen, maar het begon erop te lijken dat er een wonder aan het gebeuren was. Geleidelijk verdween de kanker; de artsen konden alleen maar achter hun oren krabben. Ze gaven toe dat er geen medische verklaring voor het verdwijnen van de kanker was. Rob en zijn gezin deden dus het enige wat je in zo'n situatie kunt doen: ze koesterden zich in Gods niet te bevatten genade.

Weer vier jaar later kwam de kanker opnieuw terug, eerst in zijn blaas, maar toen ook in zijn lymfeklieren. Wat een onbarmhartige ironie: een maand voor zijn dood schonk zijn vrouw het leven aan hun tweede kind, een prachtig meisje.

Toen hij geconfronteerd werd met de tragedie dat deze ontzettend getalenteerde, jonge echtgenoot en vader in de kracht van zijn leven wegteerde, had Ben Irwin veel vragen die hij aan God wilde stellen.

Het lijkt nogal onbelangrijk om terug te kijken op wat míj die dag overkwam, toen mijn vriend in het ziekenhuisbed lag en zich aan zijn leven vastklampte. Maar het feit is dat ik bij Rob wegging als een veranderd persoon; mijn theologie – al mijn keurig geordende ideeën over God en de rol die Hij in ons leven speelt – was in elkaar gestort. Als God het werkelijk voor het zeggen heeft, maakt dat Hem dan niet verantwoordelijk voor de langzame, martelende dood van Rob? Is het niet zijn schuld dat Hij een vrouw berooft van haar man, een zoon zijn vader ontneemt en een klein meisje zelfs de herinnering aan haar vader ontzegt? Welk groter doel, wat voor goddelijk plan kan deze wreedheid ooit rechtvaardigen?

Aan de andere kant, zelfs als God deze dingen niet zelf veroorzaakt, als Hij ze alleen maar toestaat, is Hij dan minder verantwoordelijk? Als ik het medicijn heb voor aids, maar het niet deel met degenen die eraan lijden, zou de maatschappij mij verantwoordelijk houden voor hun dood. Is God een greintje minder verantwoordelijk als Hij wel de kracht heeft om kanker te genezen, maar het niet doet? Toen ik die nacht in bed kroop, was ik razend vanbinnen – woedend op God omdat Hij mijn vriend liet sterven. Wezenloos geslagen omdat Hij ervoor zorgde dat Robs vrouw en kinderen dit alles moesten ondergaan.

De volgende dag gingen we nog een laatste keer naar Rob. Hij sliep. Omdat in zijn verzwakte conditie rust zo bijzonder waardevol is, kozen we ervoor hem niet te storen. Maar terwijl ik aan het bureau van de verpleegsters op een velletje papier onze afscheidswoorden aan hem schreef, voelde ik iets, dat ik de vorige dag niet had ervaren: Gods aanwezigheid. Het was niet overweldigend, de lucht was er niet vol van. Het was klein, subtiel en nauwelijks waar te nemen.

Ik verliet het ziekenhuis niet met antwoorden op de vragen die mijn gemoed de vorige dag hadden gekweld. Mijn theologie en mijn ideeën over God waren nog steeds in staat van verwarring. Maar in plaats daarvan begon er een nieuw idee te ontstaan: wat God ook moge zijn of niet zijn, Hij is aanwezig in onze pijn. Hij lijdt met ons. Waarom Hij niet ingrijpt en eenvoudig het lijden op dit moment beëindigt, weet ik niet. Geloven dat Hij ooit alle dingen in orde maakt, maakt het leven nu niet makkelijker. Maar toch, het feit dat God bij Rob was in het midden van zijn leed was in ieder geval iets. Het was bijna alsof God, op een bepaalde manier, ook kanker had. 'Hij was het die onze ziekten wegnam en onze kwalen op zich heeft genomen' (Mat. 8:17). Hij leefde niet alleen maar met ons mee en droeg niet alleen onze 'geestelijke' ziektes. De tekst zegt dat Hij daadwerkelijk onze kwalen op zich heeft genomen.

Uiteindelijk vlogen we dus 6000 kilometer om vijf minuten met Rob te kunnen doorbrengen. Maar ik zou die vijf minuten voor niets ter wereld willen ruilen… Soms is het niet genoeg om tegen een lijdende vriend te zeggen dat je voor hem bidt. Soms moet je het antwoord op je eigen gebed worden.

Op onze laatste avond in Wales kwamen we met wederzijdse vrienden samen om voor Rob te bidden. Ik realiseerde me toen dat God aanwezig is in het midden van ons lijden omdat wij erin aanwezig zijn.

Wij zijn Gods aanwezigheid.[5]

De aanwezigheid zijn in de afwezigheid

De Zuid-Afrikaanse Bisschop Tutu vertelde ooit het verhaal van een Joodse man in een concentratiekamp die gedwongen werd om toiletten schoon te maken. De man knielde, met zijn handen in de vuiligheid, terwijl hij schrobde en boende. Een nazibewaker probeerde hem nog meer te vernederen. 'Waar is je God nu?' sneerde hij. Rustig, zonder zijn handen uit het toilet te verwijderen, antwoordde de gevangene: 'Hij is hier, bij mij in de drek.'[6]

Stille Zaterdag is de dag waarop we ons afvragen, 'waar is God?' Toch zou het antwoord kunnen zijn, dat Hij gewoon bij ons is, midden in de troep. Als wij aanwezig zijn in een situatie – het maakt dan niet uit hoe erg het is – kan Hij niet afwezig zijn. Wanneer het leven zwaar is en we God om hulp roepen, is ons verlangen altijd dat we per helikopter uit het oorlogsgebied worden gehaald. Maar het is veel vaker zo dat God, in plaats van ons in veiligheid te brengen, met een parachute naar beneden springt om bij ons in de vuiligheid en de chaos van onze situatie te komen. Ik denk niet dat de Joodse man die het toilet aan het schoonmaken was fijne, geestelijke gevoelens had die de waarheid van zijn overtuiging die dag zouden bevestigen, maar hij had volkomen gelijk toen hij stelde dat de aanwezigheid van God op dat moment bij hem en in hem was.

Op dezelfde manier had Ben Irwin gelijk toen hij geconfronteerd werd met kanker en stelde dat 'God aanwezig is omdat wij er zijn'. Aan het ziekbed van Rob realiseerden Ben en zijn vrouw zich dat de aanwezigheid van God niet een gevoel of een theorie is, maar een fysieke realiteit die in ons leven vlees en bloed wordt telkens wanneer we met liefde delen in het lijden van Christus. Ben en zijn vrouw waren Gods taal van liefde geworden voor een man die op het punt stond te sterven. En Rob Lacey was – en *is* – ook Gods taal.

Nu we terugkijken, weten we dat Stille Zaterdag niet het einde van de wereld was. Het was de ruimte tussen twee werelden in, een dag waar het einde en het nieuwe begin elkaar raken. Omdat wij in ons leven kunnen terugkijken op Pasen, kunnen we onze eigen Stille Zaterdagen doorkomen met een zeker optimisme dat de discipelen nog niet werd verleend. God kan dan wel zwijgen, maar we weten dat hij spoedig zal spreken. Veel van onze gebeden zullen onbeantwoord blijven, maar niet voor lang! Het kan zelfs zo zijn dat we op sterven liggen, maar op onze Stille Zaterdag hebben we een reden – een goede reden – om in de opstanding te geloven die ons op Paasmorgen wacht.

Net als Lazarus en Maria van Magdala kunnen we met een dankbaar hart terugkijken op alles wat Jezus voor ons gedaan heeft in het verleden, zelfs als we niet weten waar Hij nu is. Maar anders dan zij, kunnen wij ook vooruitblikken met de realistische verwachting dat de Paaszondag eraan komt en dat het beste nog staat te gebeuren. Als we ons dagelijks leven leven wachtend op een doorbraak in onze carrière, ons gezin, onze gezondheid, onze bankrekening, onze seksualiteit, onze bediening, de ziekte van onze beste vriend, ons huwelijk of ons kind dat Jezus de rug heeft toegekeerd, doen we dat met onze hoop op Jezus, die opstond uit de dood. 'Deze hoop zal niet worden beschaamd' (Rom. 5:5).

Op verschillende plaatsen in de voorgaande pagina's heb ik Alan E. Lewis geciteerd, een theoloog wiens levenswerk uitmondde in een uitzonderlijk boek dat *Between Cross and Resurrection* heet. Lewis is een van de weinige theologen die de diepe betekenissen van Stille Zaterdag, waarover we in deze twee hoofdstukken maar heel oppervlakkig hebben gesproken, ooit hebben verkend. Terwijl Lewis dit geniale boek schreef, werd bij hem terminale kanker geconstateerd, waardoor de theologie veranderde in een autobiografie omdat hij merkte dat hij zijn eigen Stille Zaterdag meemaakte. Het boek eindigt met een krachtig gebed, geschreven toen Lewis zich voorbereidde op zijn naderende dood. Het werd tijdens zijn begrafenis hardop voorgelezen. Hier volgen de laatste paar regels, geschreven door een stervende man die zijn leven had toegewijd aan het verkennen en omarmen van het zwijgen van God.

GEBED

Hoor ons gebed voor een wereld die nog steeds een Paaszaterdag-bestaan leeft, verdrukt en eenzaam, schuldig aan goddeloosheid en overtuigd van godvergetenheid. Wees morgen nog steeds de God die U vandaag bent en gisteren reeds was: God met ons in het graf – die daardoor de angel uit de dood trekt en in uw definitieve koninkrijk een nog grotere overwinning belooft van overvloedige genade en leven dat de dimensie van zonde en dood overstijgt. En vanwege uw gezegende begrafenis, waarin wij zijn gedoopt, moge U voor eeuwig verheerlijkt zijn. Amen.

Alan E. Lewis

Paas Zondag

WANNEER elk gebed beantwoord is

Ik heb de Heer gezien!
Johannes 20:18

Het was een hels weekend geweest en nu, wanneer de zon opkomt op de ochtend van de eerste dag van de week, huilt Maria van Magdala bij het graf van Jezus. De vragen die we in dit boek stelden waren Maria's vragen al lang voordat ze de onze waren: Hoe *kan ze het overweldigende verdriet in haar ziel verdragen?* Waarom *zijn haar hoop en zelfs haar gebeden op niets uitgelopen? En* waar *ter wereld is God als Jezus dood in het graf ligt? Een diep getraumatiseerde Maria van Magdala komt bij het graf om Hem de laatste eer te bewijzen. En zo ziet ze het antwoord op al haar gebeden door haar tranen heen.*

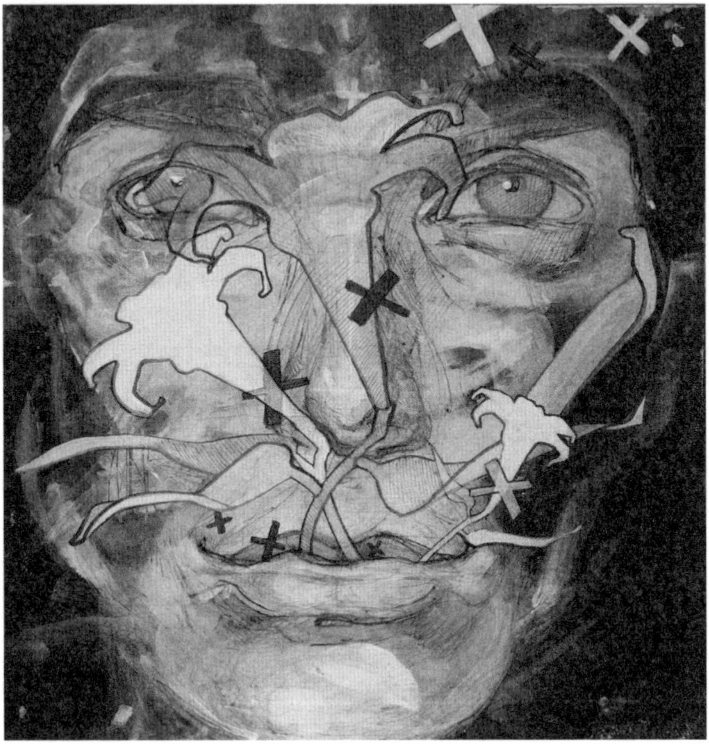

'Zondag' door Linnea Spransy

Hoofdstuk 12

Levende hoop

Geprezen zij de God en Vader van onze Heer Jezus Christus: in zijn grote barmhartigheid heeft hij ons opnieuw geboren doen worden door de opstanding van Jezus Christus uit de dood, waardoor wij leven in hoop.
De apostel Petrus

De Indiase dichter Tagore vertelt het verhaal van een bedelaar die een gouden koets vanuit de verte 'als een prachtige droom' ziet naderen. Hij realiseert zich dat dit de koets van de koning is en hij bidt om rijkdom. Hij is ervan overtuigd dat dit de grootste kans van zijn leven is.

En ja, de koets stopt bij de bedelaar en de koning klimt eruit met een glimlach op zijn gezicht. Maar dan gebeurt er iets heel erg vreemds: de koning strekt zijn lege hand uit en vraagt de bedelaar: 'Wat heb je mij te geven?' Verbaasd en onzeker tast de bedelaar in zijn zak en haalt er een graankorrel uit, eentje maar en ook nog de allerkleinste. Is dit een grap? Langzaam legt hij hem in de handpalm van de koning.

Aan het einde van de dag, als de bedelaar zijn tas leegschudt op de vloer, ontdekt hij tot zijn grote verrassing een graankorrel van puur goud, eentje maar en ook nog de allerkleinste. 'Ik huilde bitter,' zei de bedelaar, 'en wenste dat ik het lef had gehad alles te geven wat ik had.'[1]

Soms verwart de Koning der koningen ons en stelt Hij ons teleur. Het lijkt alsof Hij onze ellende belachelijk maakt: Hij, die zoveel heeft, vraagt nog meer van ons, die zo weinig hebben!

Misschien is dit wat er gebeurt wanneer wij ziek in het ziekenhuis liggen en Hij, in plaats van zijn hand uit te strekken en ons te genezen (wat we echt nodig hebben) van ons vraagt onze naaste lief te hebben – de vrouw die snurkt als een diesellocomotief, iedere nacht weer, in het bed naast ons. Of misschien zijn we gehuld in de dikke mist van depressie en vraagt God ons Hem te aanbidden alsof de wereld niet grijs is. Om je te *verheugen* ter wille van Christus! Misschien gebeurt het wanneer we op het randje van overspannenheid balanceren en Hij serieus van ons verwacht dat we de rommelmarkt van de kerk bezoeken.

Er gaat tijd voorbij. De Koning, die ons gebed zo eenvoudig had kunnen verhoren, lijkt ons feitelijk armer te hebben achtergelaten. Maar dan, aan het eind van de dag, komt het leegschudden van ons leven. Dan kunnen we eindelijk ontdekken dat we goud in onze handen hebben, gegoten in de vorm van onze offers. We kijken terug en zien hoe Hij onze tijd in het ziekenhuis heeft gebruikt om anderen te troosten. We herinneren ons dat, toen we zo gestrest waren dat we er bijna aan onderdoor gingen, het uitgerekend op die kerkelijke rommelmarkt was dat we gelachen hebben tot de tranen van onze wangen stroomden.

Er is een goddelijk soort chemie aan het werk in al het lijden dat trouw wordt doorstaan. We kijken terug en zien dat het de dieptepunten waren, en niet de hoogtepunten, die God in goud veranderde. Nu weten we wat we eens betwijfelden, 'dat voor wie God liefhebben, voor wie volgens zijn voornemen geroepen zijn, alles' – zelfs onze onbeantwoorde gebeden – 'bijdraagt aan het goede' (Rom. 8:28).

De apostel voor de apostelen

Maria van Magdala was vrijwel zeker dezelfde persoon als Maria van Betanië, de zondige maar buitensporige aanbidster die minder dan een week voordat Hij stierf bij een diner dure parfum over Jezus' voeten goot en met haar tranen zijn voeten waste.[2] We weten heel zeker dat ze was bevrijd van meerdere demonische wurggrepen en dat ze zo dankbaar was dat ze een van de welgestelde vrouwen werd die Jezus financieel ondersteunden.

Maria van Magdala was volgens de Bijbel ook een van de vijf personen die aan de voet van het kruis bij Jezus waren toen Hij stierf. Maria was er tot aan het einde bij en toen Jezus' lichaam van het kruis werd gehaald, volgde zij Jozef van Arimatea om te kijken waar ze zijn lichaam neerlegden. We nemen aan dat ze in de avondschemer van Stille Zaterdag (toen de sabbat officieel ten einde was) eropuit ging om de kruiden voor het lichaam van Jezus te kopen. Bij het ochtendgloren van de volgende dag keerde Maria van Magdala naar de graftuin terug, maar daar ontdekte ze dat Jezus' lichaam weg was. 'Ze hebben mijn Heer weggehaald,' zei ze vol afgrijzen, 'en ik weet niet waar ze hem hebben neergelegd' (Joh. 20:13). Na alles wat ze had doorstaan, beschrijft ze Jezus nog steeds als haar Heer.

Als mijn gebed niet wordt beantwoord, word ik vaak rancuneus of apathisch. Maar Maria van Magdala bleef haar aanbidding voor Jezus uitgieten, net zoals ze de parfum en haar tranen over Jezus' voeten had uitgegoten en net zoals ze haar rijkdommen in zijn bediening had gestoken. Anders dan de bedelaar uit het verhaal van Tagore had ze haar tas gepakt en hem voor de koning geleegd. En zo was het Maria van Magdala die Jezus Christus eerder dan wie dan ook op Paasmorgen ontmoette.

'Waarom huil je?' vroeg Jezus. 'Wie zoek je?'
Maria dacht dat het de tuinman was en zei: 'Als u hem hebt weggehaald, vertel me dan waar u hem hebt neergelegd, dan kan ik hem meenemen.'
Jezus zei tegen haar: 'Maria!'
Ze draaide zich om en zei: 'Rabboeni!' (Dat betekent 'meester'.)
'Houd me niet vast,' zei Jezus. 'Ik ben nog niet opgestegen naar de Vader. Ga naar mijn broeders en zusters en zeg tegen hen dat ik opstijg naar mijn Vader, die ook jullie Vader is, naar mijn God, die ook jullie God is.'
Maria uit Magdala ging naar de leerlingen en zei tegen hen: 'Ik heb de Heer gezien!' (Joh. 20:15-18)

Hoe geweldig mooi is het dat de eerste persoon op aarde die Jezus na zijn opstanding ziet dat door tranen heen doet. En misschien kwam het door de tranen – of misschien door de schemering, of door de onmogelijkheid van de realiteit en het feit dat ze zijn gezicht toch al het hele weekend door voor zich had gezien – maar als Maria de Heer voor het eerst ziet, ziet ze Hem aan voor een tuinman! Dit moment alleen al is voor mij genoeg om Christus voor de rest van mijn leven te willen volgen (mijn tranen lopen me over de wangen terwijl ik typ). Hoe zouden we niet van zo'n Heer kunnen houden? Hier staat de Alfa en de Omega, de Schepper van de hemelse gewesten, degene wiens opstanding uit de dood de heldere dageraad van een nieuw tijdperk inluidt. De aarde beefde en engelen aanbaden, maar Hijzelf wordt aangezien voor een nederige, rondscharrelende tuinman met vuil onder zijn nagels, klaar voor een nieuwe werkdag.

Dít is de grote openbaring. En het wordt niet aan een man bekendgemaakt – niet aan Pilatus of Kajafas en zelfs niet aan Petrus of Johannes. Het wordt eerst verteld aan een vrouw, en nog aan een slechte vrouw ook. Jezus had bij haar zeven demonische machten uitgedreven en ze zou (volgens de Katholieke overlevering) zelfs wel eens een prostituee geweest kunnen zijn. Maria was een slechte vrouw die een ruimhartige vrouw werd, royaal en trouw tot het einde.

De eerste woorden van het nieuwe verbond zijn een vraag. Geen aankondiging, geen antwoord, maar een zachte, meevoelende vraag, gesteld aan een huilende vrouw: 'Waarom huil je?' wil Jezus weten. En voor iedereen zoals Maria, iedereen zoals jij en ik, die door de duisternis van Witte Donderdag en de wanhoop van Goede Vrijdag zijn gegaan om bij dit tuingraf te komen, is het een stomme vraag. Maar het is ook een diepgaande vraag en achteraf gezien ook nog een grappige. Jezus, de God die je kunt verwarren met een tuinman, noemt gewoon Maria's naam. Pasen breekt aan met een vraag en een naam.

Instinctief wil Maria Hem aanraken, maar Jezus waarschuwt haar: 'Houd me niet vast. Ik ben nog niet opgestegen naar de Vader. Ga naar mijn broeders en zusters en zeg tegen hen dat ik opstijg naar mijn Vader, die ook jullie Vader is, naar mijn God, die ook jullie God is.' Maria rent naar de discipelen om ze het ongelofelijke nieuws te vertellen: Jezus is opgestaan uit het graf! Meer nog, Hij keert niet in een windvlaag snel terug naar de hemel met zijn zogenoemde 'vrienden'. Hij noemt ze zijn bróérs en wil ze uitdrukkelijk laten weten dat zijn God hun God is. Zijn Abba, Vader, is die van hen. Ze zijn dichter bij zijn hart dan ooit tevoren.

Vanwege deze opdracht wordt wel erkend dat Maria van Magdala de apostel voor de apostelen was, de eerste getuige van de opstanding! Maria's leven was totaal veranderd door Jezus. Het voormalige slachtoffer, dat door zoveel beproevingen trouw bleef, wordt de apostel voor de apostelen, de eerste ontvanger van het goede nieuws dat Jezus Christus leeft!

Louterend vuur

De verandering die Maria meemaakte, is ook miljoenen andere mensen overkomen, maar het gaat niet vanzelf. Het simpele feit is dat Maria de Heer als eerste zag omdat zij het meest buitensporig en toegewijd was in haar loyaliteit door lijden heen.

En nog steeds laat Jezus zich het eerst zien aan (en door) degenen die het lijden trouw verdragen zonder te stoppen met aanbidding. 'Gelukkig zijn de zachtmoedigen,' zegt Hij. 'Gelukkig de treurenden... wie dorsten' (Mat. 5:4-6). Uiteindelijk, en meestal geleidelijk aan, zegent Jezus ons verdriet. Misschien is ons verleden, net als bij Maria, getekend door beschamende geheimen en vervuild door een laag zelfbeeld. Misschien blijft ons heden pijnlijk en teleurstellend. Maar Goede Vrijdag (wanneer we niet snappen waarom de duisternis overheerst) en Stille Zaterdag (wanneer we niet weten waar God is gebleven) maken ruim baan, zoals de winter ruim baan maakt voor de zomer. Paaszondag komt eraan en uitgerekend wij worden boodschappers van ultieme hoop.

Samie en ik zijn bevriend met een oudere dame genaamd Sheila Giffard-Smith, die soms dingen tegen ons zegt die worden gekenmerkt door een leven van trouw aan Jezus en zo voor ons een grote bron van troost betekenen. Sheila's gevoeligheid voor onze problemen ligt misschien in de chronische migraine waaronder ze zelf het grootste deel van haar leven heeft geleden. Voor Sheila begon haar aandoening (waar ongeveer een op de tien mensen aan lijdt) op een nogal tragische manier toen ze pas acht jaar oud was. Ze had net te horen gekregen dat haar moeder, die twee jaar daarvoor uit het huis was gegaan, nooit meer terug zou komen omdat ze een relatie had gekregen met de huisarts. Sheila kreeg haar eerste migraineaanval toen ze voor het eerst bij haar moeder en de dokter ging logeren. De druk op haar acht jaar oude verstand veroorzaakte de aandoening die de rest van haar leven zou beïnvloeden. Sheila heeft daarna nooit meer bij haar moeder gelogeerd.

Telkens als 'haar ogen raar deden' op het internaat, lieten ze haar gewoon in een verduisterde kamer met een spuugbak achter tot de aanval voorbij was. Toen ze volwassen werd, kon ze vanwege de onberekenbaarheid van de vaak voorkomende migraines geen promotie krijgen als leerkracht en het ondermijnde haar sociale leven. 'Het gevoel dat ik "anderen in de steek liet" was voor mij de belangrijkste reden dat ik serieus om genezing ging bidden,' vertelt ze. 'Ik wilde echt vrij zijn om de Heer te kunnen dienen.'

Toch werden Sheila's gebeden niet beantwoord en geleidelijk nam ze het adagium aan van Amy Carmichael: 'In aanvaarding ligt vrede.' Opmerkelijk genoeg begon ze redenen te bedenken om God te prijzen midden in de migraines. 'En altijd was er wel iets!' zegt ze. Niemand weet waarom Sheila's gebeden niet werden verhoord. Maar wat we wel weten is dat Sheila's diepe karakter en haar bediening alleen konden worden gevormd door jaren van pijn. Een aandoening die haar makkelijk bitter had kunnen maken, louterde haar karakter tot iets schitterends voor God.

Wiens schuld is het?

Je leeft en zoekt in dwaling,
Want God betekent beweging en niet verklaring.
Elie Wiesel

Op een dag toen Samie en ik door onze situatie bijzonder ontmoedigd waren, ontvingen we een kaart van Sheila die, zoals gebruikelijk, vol stond met bijbelse bemoedigingen. Op dezelfde dag kreeg ik ook een e-mail van een campagne-evangelist uit Zuid-Amerika met het verbazingwekkende nieuws dat een paar honderd Brazilianen hadden gebeden voor de genezing van Samie! De e-mail ging echter verder met de kennisgeving dat ze bepaalde 'basisproblemen' hadden opgemerkt in Samies verleden. Niemand van deze mensen had haar ooit ontmoet, maar niettemin verzochten ze Samie dringend om berouw te hebben over de zonden die ze hadden vastgesteld, zodat de genezing die ze voor haar hadden geclaimd zou kunnen intreden.

Ik moet toegeven dat mijn bloed kookte. Een man die Samie nog nooit had ontmoet, meende te moeten constateren dat de foltering van haar ziekte op de een of andere manier haar eigen schuld was. Zelfs als zijn inzicht klopte (wat overduidelijk niet het geval was), zou de manier waarop hij het tegen ons zei nog steeds onvriendelijk zijn geweest. De e-mail liet veel meer zien over het karakter van zijn eigen geloof dan over dat van Samie. Voor mij leek het er meer op dat hij, net zoals vele anderen die ik ben tegengekomen, niet kon omgaan met de mogelijkheid van onbeantwoord gebed. Hij was niet van plan om 'nee' te accepteren en daarom had hij geleerd om rond te grabbelen naar iets dat, of iemand die, hij de schuld kon geven telkens wanneer de feiten zijn waterdichte theorieën over wat God in een bepaalde situatie zou moeten doen dreigden onderuit te halen. We zien dezelfde neiging bij de vrienden die Job troostten, die er niet van gediend waren dat Jobs leed hun 'God in mijn broekzak'-theologie ter discussie stelde; bang dat wat Job was overkomen ook hun zou kunnen overkomen.[3]

Terwijl ik daar zo zat en de boodschap uit Brazilië vergeleek met die van Sheila, werd ik me ervan bewust dat mensen die te lijden hebben onder onbeantwoord gebed vaak veel gevoeliger kunnen zijn en veel meer op Jezus kunnen lijken dan degenen die er steeds naar streven pijn in de naam van geloof te ontwijken. Sheila heeft een diepgang in haar karakter die werd gesmeed in het vuur van trouwe volharding.

Zoals W.H. Auden het zegt,*'Onder de vermoeide aanblik, de migraineaanval en de diepe zucht zit altijd een ander verhaal. Er is meer dan wat het oog ziet.'*[4]

Op een dag genas Jezus tien mannen van huidvraat en stuurde Hij ze naar de priester om zich te laten controleren. Er was er maar één – een Samaritaan – die terugkwam om Hem te bedanken. 'Zijn er niet tien gereinigd?' zei Jezus. 'Waar zijn de negen anderen? Wilde niemand anders terugkomen om God eer te bewijzen dan alleen deze vreemdeling?' (Luc. 17:17-18). Dit verhaal leert ons niet alleen goede manieren, maar heeft ook een belangrijke boodschap over prioriteiten: Alle tien de mannen waren evenzeer genezen, maar er was er maar één die echt aanbad. De andere negen vonden het verhoorde gebed interessanter dan de aanwezigheid van de Beantwoorder. Ze ontvingen hun genezing met plezier, maar misten het grootste wonder van allemaal: De aanwezigheid van God!

Bij een andere gelegenheid voorspelde Jezus dat mensen veel wonderen zouden meemaken maar nooit zijn vrienden zouden worden (zie Mat. 7:22-23). Als gevolg daarvan zouden ze in de hel worden geworpen, afgewezen door Jezus, zelfs nadat ze getuige waren geweest van zoveel duidelijke en dynamische antwoorden op gebed. In scherp contrast hiermee kunnen we er zeker van zijn dat mensen zoals Sheila, die Jezus dwars door vele teleurstellingen heen heeft vertrouwd, hartelijk ontvangen zullen worden in zijn tegenwoordigheid. Wie is er dan de meest gezegende? Jezus laat er geen twijfel over bestaan:

Gelukkig wie nederig van hart zijn,
want voor hen is het koninkrijk van de hemel.
Gelukkig de treurenden,
want zij zullen getroost worden.
Gelukkig de zachtmoedigen,
want zij zullen het land bezitten.
Matteüs 5:3-5

Onlangs schreef Sheila Giffard-Smith me een brief waarin ze met een opmerkelijke rust en vrede terugkijkt op 72 jaar van slopende ziekte. Ze zei: 'Mijn afhankelijkheid van de Heer in mijn nood heeft me steeds dichter naar Hem toe getrokken, waarbij ik *zijn* kracht in mijn zwakte ontdekte, *zijn* aanwezigheid in mijn pijn. Dus als ik terugkijk, kan ik zeggen dat ik bijna medelijden heb met degenen die zo probleemloos door het leven gaan dat ze nooit de grootste gave van Gods kracht ontdekken! Nu ik 80 jaar ben, voel ik me zo gezegend.'

Net als Maria van Magdala (en misschien niet zoals die Braziliaan) begrijpt Sheila dat het belangrijker is om Jezus te ontmoeten dan om wonderen te beleven of antwoorden te krijgen. Het was een ontmoeting met God die Jobs vragen deed verstommen (Job 40-41). Een ontmoeting met God is wat we allemaal het hardst nodig hebben.

Een onbekende soldaat legde deze prioriteit tijdens de Amerikaanse Burgeroorlog vast in een beroemd vers over de zegeningen van onbeantwoord gebed:

Ik vroeg om kracht om iets te kunnen bereiken;
Hij maakte me zwak om te kunnen gehoorzamen.
Ik vroeg om gezondheid om grotere dingen te kunnen doen;
ik ontving genade om betere dingen te kunnen doen.
Ik vroeg om rijkdom om gelukkiger te kunnen worden;
ik ontving armoede om wijzer te kunnen worden.
Ik vroeg om macht om door mensen gerespecteerd te worden;
ik ontving zwakte om mijn behoefte aan God te kunnen voelen.
Ik vroeg alles om van het leven te kunnen genieten;
ik ontving leven om van alles te kunnen genieten.
Ik ontving niets van wat ik had gevraagd, alles waarop ik had gehoopt.
Mijn gebed was verhoord, ik was zeer gezegend.

Vragen die genezing brengen

Het is interessant om te zien hoe vaak Jezus zichzelf na zijn opstanding aan mensen bekendmaakt door hun vragen te stellen.

Goede Vrijdag had een puinhoop achtergelaten en Jezus rekende systematisch af met de chaotische gevolgen hiervan in de levens van zijn vrienden door ze uit te dagen om te reageren op zijn aanwezigheid.

Jezus' vraag aan Maria van Magdala, 'Waarom huil je?' (Joh. 20:13) was op haar *pijn* gericht. Zijn vraag aan de twee mensen op de weg naar Emmaüs, 'Waar loopt u toch over te praten... Hebt u dan zo weinig verstand?' (Luc. 24:17-25), was op hun *verwarring* gericht. De vragen die Hij aan de discipelen stelde: 'Waarom zijn jullie zo ontzet en waarom zijn jullie ten prooi aan twijfel?' (Luc. 24:38), waren gericht op hun *geloofscrisis*. En toen maakte Hij een ontbijt voor Petrus klaar en stelde hem een vraag die zijn gevoel van *schuld* aansprak: 'Simon, zoon van Johannes, heb je me lief?' (Joh. 21:15).

De reis door Witte Donderdag, Goede Vrijdag en Stille Zaterdag zal ook een puinhoop in jouw leven scheppen. Maar Jezus houdt te veel van je om je lang in pijn, verwarring, twijfel of een toestand van ongeloof achter te laten. Hij wil je helpen om met je teleurstellingen om te gaan.

Omgaan met pijn. Misschien hebben jouw ervaringen met onbeantwoord gebed jou gekwetst en gedesoriënteerd achtergelaten, net als Maria van Magdala. Als dat zo is, stelt Hij jou de vraag die Hij aan haar stelde: 'Waarom huil je?' Vertel het Hem dus! Weeklaag. Ga tekeer als je dat nodig hebt. En als je klaar bent, wees dan stil en hoor hoe Hij je bij je naam noemt.

Omgaan met verwarring. Misschien hebben je teleurstellingen in gebed je verward achtergelaten, net als de twee ernstige mannen op de weg naar Emmaüs. Als dit het geval is, ren dan niet weg van de vragen. Geef Jezus de kans om de Schriften aan je uit te leggen door zijn Geest. Hij wil je helpen te begrijpen waar je doorheen gaat. Lees nauwkeurig en denk erover na. Praat erover met vrienden. Misschien zijn er tijdens het gesprek momenten waarop je beseft dat Jezus zich bij het gesprek heeft aangesloten, net zoals Hij dat deed onderweg naar Emmaüs. Misschien kun je een groep vrienden bijeenbrengen en samen de *gespreksvragen* aan het einde van dit boek doorwerken.

Omgaan met twijfel. Misschien heeft onbeantwoord gebed in jouw leven een stille geloofscrisis veroorzaakt. Net als bij de discipelen, die het nauwelijks konden geloven toen Jezus in hun midden verscheen, is je oude vertrouwen in God weggesleten. Je bent ouder en wijzer en dat is goed, maar je bent ook achterdochtig en vermoeid. Stel je eens voor dat Jezus door de gesloten deur van je hart binnenkomt en je vraagt: 'Waarom ben je bezorgd, en waarom twijfel je?' Vertel het Hem. Als God afwezig lijkt, kan het zinvol zijn om wat van de negatieve theologie te bestuderen die in hoofdstuk 10 aan de orde kwam. Het is ook belangrijk om je teleurstellingen eerlijk met anderen te delen (zie hoofdstuk 4) en hetzelfde geldt voor het toepassen van de sleutels voor het groeien in geloof (zie hoofdstuk 9). Je zou de eerste niet zijn, allicht niet, die tegen Jezus zegt: 'Ik geloof, kom mijn ongeloof te hulp!'

Optreden tegen zonde. Of misschien heb je in je reis door teleurstellingen wel eens toegegeven aan de verleiding om te zondigen. Net als Petrus was je bang en heb je dingen gezegd die je niet had moeten zeggen, en ben je stil gebleven toen je wel iets had moeten zeggen. Misschien heb jij het ook wel eens op willen geven en heb je anoniem tussen de dienstmeisjes en vreemdelingen gezondigd. Jezus kan je opzoeken in de dingen die je heel graag doet. Dat is per slot van rekening hoe Hij Petrus opzocht – op het strand na een lange nacht vissen – en hem hielp om zijn liefde opnieuw te uiten, één keer voor elke verloochening.

Wanneer we lijden komt Jezus met vragen om onze menselijkheid te louteren en te versterken. Juist Hij weet dat dit proces, dat de puinhoop aanpakt die door onze teleurstellingen in gebed veroorzaakt is, ontzettend veel pijn kan doen. Hij weet dat we zonder zijn hulp niet beter maar bitter worden en dat we als een hond onze wonden zullen likken of ons oprollen in een bal van zelfbescherming zoals een egel dat doet. Maar als we, net als Maria, doorgaan met aanbidden, zelfs bij het graf van alles waarin we geloofden, dan verandert ons verdriet in goud. Het grootste wonder in de wereld – groter dan welke genezing of openbaring ook – is de genade die vrijkomt in een leven dat gelouterd wordt door lijden. Het is een genade die voor het eerst vrijkwam toen Jezus verlatenheid en dood doorstond, zodat Maria van Magdala, en miljoenen mensen na haar, een levende hoop konden ontvangen die niet meer kan sterven.

> *Geprezen zij de God en Vader van onze Heer Jezus Christus: in zijn grote barmhartigheid heeft hij ons opnieuw geboren doen worden door de opstanding van Jezus Christus uit de dood, waardoor wij leven in hoop… Verheug u hierover, ook al moet u nu tot uw verdriet nog een korte tijd allerlei beproevingen verduren. Zo kan de echtheid blijken van uw geloof – zoveel kostbaarder dan vergankelijk goud, dat toch ook in het vuur wordt getoetst – en zo verwerft u lof, eer en roem wanneer Jezus Christus zich zal openbaren.*
> 1 Petrus 1:3, 6-7

Hoofdstuk 13

Meer dan wonderen

Als wij alleen voor dit leven op Christus hopen, zijn wij de beklagenswaardigste mensen die er zijn. Maar Christus is werkelijk uit de dood opgewekt, als de eerste van de gestorvenen.
1 Korintiërs 15:19-20

Van alle gebouwen in de wereld is *El Templo de la Sagrada Familia* (de Kerk van de Heilige Familie) mijn favoriet. Het is de nog onvoltooide basiliek in Barcelona, ontworpen door Anthonie Gaudí. Het gebouw lijkt uit het trottoir op te wellen, als een imposant hoge berg van smeltende, druipende was. Het is verbazingwekkend en uniek. De eerste keer dat ik uit de metro stapte en dit monumentale bouwwerk aanschouwde, was letterlijk een adembenemend moment. En eenmaal binnen viel me op dat elke ronding, elke stenen plaat en gebogen balk van het immense complex, helemaal tot in het kleinste detail, op de een of andere manier het evangelie van het leven, het sterven en de opstanding van Christus probeert uit te drukken.

Voor de architect Gaudí was *La Sagrada Familia* het onvoltooide hoogtepunt van zijn levenswerk. Hij woonde zelfs meerdere jaren op de bouwplaats, waar hij het stof inademde en zijn inspiratie opdeed uit de organische symmetrie van de schepping en het onderwijs van de kerk. Naarmate het gebouw vanuit de fundamenten omhoog rees en het geluid van de werkplaats als halleluja's tot God opsteeg, steeg Gaudí's faam ook steeds hoger. Koningen en koninginnen kwamen op de bouwplaats kijken, om zich voor te stellen wat het op een dag zou worden. Maar toen, op hoge leeftijd, werd Gaudí door een tram overreden. Vanwege zijn versleten kleren en zijn lege zakken wilden taxichauffeurs hem niet meenemen, ze dachten dat hij een zwerver was. Uiteindelijk belandde hij in een ziekenhuis voor armen. Niemand herkende de grote man, totdat zijn vrienden hem de volgende dag opspoorden. Ze probeerden hem naar een aangenamer ziekenhuis te krijgen, maar Gaudí weigerde en naar verluidt zei hij: 'Ik hoor hier tussen de armen.' Twee dagen later stierf hij aan zijn verwondingen en hij werd midden in zijn onvoltooide meesterwerk begraven.

Gaudí was rond 1880 begonnen met de planning van *La Sagrada Familia* en werkte er nog steeds aan toen hij zo'n 40 jaar later stierf. Sindsdien zijn andere architecten doorgegaan met het toepassen en interpreteren van zijn ontwerpen, maar het zal nog zeker tot 2026 – op zijn vroegst – duren voordat de basiliek af zal zijn. Gaudí's enorme project herinnert mij eraan dat we allemaal geroepen zijn ons leven in te zetten voor iets dat groter is dan wijzelf. 'Mijn klant,' grapte Gaudí ooit, 'heeft geen haast.'

Het leven is geen kort verhaal. Ik ben niet de ster. Dus, net als Gaudí, de ogenschijnlijke zwerver die zijn leven inzette voor de constructie van een enorm gebouw dat grootser was dan hijzelf en langer zou bestaan, dragen ook wij bij wat we kunnen aan het goddelijke epos, een verhaal met vele karakters, enorme slagvelden, miljoenen met elkaar verweven kleinere verhalen en vele verwarrende krommingen en wendingen.

In het boek Openbaring worden de gebeden van de eeuwen beschreven als wierook die opstijgt naar de troon van God. Het is een beeld dat ons kan helpen te begrijpen welke rol ons onverhoorde gebed uiteindelijk zal spelen in de vervulling van Gods epos. In Openbaring 5 ziet Johannes het Lam dat was geslacht voor de troon van God staan, met de exclusieve autoriteit om de boekrol van Gods plannen voor verlossing en oordeel te openen. Midden in dit buitengewone schouwspel ziet Johannes onze gebeden, bij elkaar gebracht om spoedig te worden uitgestort in een enorm 'Amen': 'Op hetzelfde moment wierpen de vier wezens en de vierentwintig oudsten zich voor het lam neer. Ieder van hen had een lier en een gouden schaal vol wierook; dat zijn de gebeden van de heiligen' (Op. 5:8).

Het is ontzagwekkend als je bedenkt dat onze onbeantwoorde gebeden – alle frustraties, de tranen, de hoop die de bodem ingeslagen is – door God worden bewaard in deze gouden schalen van waaruit ze misschien uiteindelijk onze meest krachtige bijdrage voor de wereld kunnen worden. Laat me het nog een keer zeggen: Onze onbeantwoorde gebeden zouden wel eens de echte bediening van ons leven kunnen zijn. Of zoals Tim Chester schrijft in *The message of prayer*:

> *Gebeden waarvan we denken dat ze gericht zijn op het heden, zijn in feite opgeslagen om op de laatste dag beantwoord te worden. Wanneer we bidden voor mensen die lijden aan een slechte gezondheid, geven we uiting aan ons verlangen naar de dag waarop er geen ziekte meer zal zijn (Op. 21:4). Als we God bidden om oorlogen en onderdrukking te beëindigen, geven we uiting aan ons verlangen de dag te zien, waarop de koninkrijken van deze wereld het koninkrijk worden van onze God en zijn Christus (Op. 11:15). Als we bidden om genade voor degenen die natuurrampen te verduren hebben, dan uiten we ons verlangen naar de dag waarop de schepping opnieuw gemaakt zal worden (Op. 21:1)... De gebeden waarvan wij denken dat ze onbeantwoord verdwenen zijn, zouden in feite wel eens opgeslagen kunnen zijn in de schalen met wierook, die worden vastgehouden door de vierentwintig oudsten, wachtend op een grotere vervulling dan die we ooit anticipeerden... Veel van onze gebeden zijn daar weggeborgen en er komt een dag dat ze de definitieve loop van de geschiedenis zullen bepalen.*[1]

De basiliek van Gaudí zal uiteindelijk drie façades hebben, die ieder een ander aspect van het leven van Christus verbeelden. Gaudí zelf bouwde in zijn generatie de geboortefaçade; hij onderzocht en verheerlijkte sierlijk de geboorte en het leven van Jezus. In onze generatie is de tweede façade bijna afgebouwd: het is die van het Paasverhaal. Terwijl deze vleugel trouw blijft aan het oorspronkelijke ontwerp van Gaudí, geeft hij ook de nuances van onze tijd weer. Hij is verfrissend anders en toch esthetisch en qua structuur hetzelfde.

Reeds twee generaties hebben hun inzichten, technologische vaardigheden en vakmanschap in deze ene vorm van aanbidding gestoken, en toch zal het nog vele jaren duren voordat de hijskranen zullen worden verwijderd en iedereen een definitief 'Amen' op het gebed van Gaudí's leven kan zeggen. Wie weet of we *El Templo de la Familia Sagrada* tijdens ons leven voltooid zullen zien worden? Mijn pretenties verzinken in het niet, mijn zelfbelang wordt tot zwijgen gebracht, door een verhaal dat zoveel groter is dan ikzelf. *La Sagrada Familia* zet, zoals zoveel grote kathedralen in Europa, mijn problemen behulpzaam in perspectief.

Maar hoe zit het met de derde, nog onvoltooide dimensie van Gaudí's verbeelding? Het werk aan de laatste constructie, de façade van de glorie, is net begonnen. Eindelijk hebben we het geld, de tijd en de technische bekwaamheid om een begin te maken met het uitbeelden van Gaudí's ideeën over het wonder van de opgestane Christus die regeert in de hoge en in heerlijkheid zal terugkomen.

Ik zie het bewerkelijke bouwproces als een krachtige afbeelding van de christelijke ervaring. We zijn ongekend dankbaar voor de objectieve werkelijkheid van zijn geboorte en kruisiging waardoor wij zijn verlost. De verkondigingen van Kerst en Pasen rijzen torenhoog boven ons uit, net als de eerste twee façades van Gaudí's basiliek. Maar we wachten nog op de voltooiing van het verhaal, het moment waarop de glorie van Christus volledig zal worden onthuld en zijn tempel compleet zal zijn. De apostel Paulus zegt: 'Vanuit hem groeit het hele gebouw, steen voor steen, uit tot een tempel die gewijd is aan hem, de Heer, in wie ook u samen opgebouwd wordt tot een plaats waar God woont door zijn Geest' (Ef. 2:21-22).

De hemel verbeelden

Dood, waar is je overwinning?
Dood, waar is je angel?
1 Korintiërs 15:55

Wanneer we proberen de heerlijkheid van God te beschrijven, of het nu in steen, plastiek, muziek of woorden is, we komen onvermijdelijk in het rijk van de metaforen. Toen Samie en ik onder ogen zagen dat er een grote kans was dat zij op 30-jarige leeftijd zou sterven, ontdekte ik tot mijn ontsteltenis dat ik geen duidelijke metaforen had voor het hiernamaals; geen enkel beeld van het komende koninkrijk. Ik werd niet enthousiast van het vooruitzicht om al tokkelend op een harp op een wolk te zitten. Ook deed het idee van een eindeloze aanbiddingsdienst mij niet van opwinding huiveren. (Het spijt me, maar het is zo.) De hele tijd kronen aan Gods voeten werpen klonk pijnlijk. De gedachte dat Samie een serene geest zou worden en niet langer mijn vrouw was niets minder dan griezelig. Mijn verbeelding, zo ontdekte ik, was beroofd van elke beeldtaal of woordenschat die echte troost en blijdschap zou kunnen brengen over het vooruitzicht van de opstanding uit het graf.

De hemel is volgens de apostel Paulus een mysterie (zie 1 Kor. 15:41-51) en daar heb ik geen problemen mee. Het is juist mijn liefde voor mysteries die mij motiveert om het leven te verkennen (en nu ook de dood) met de verlokkende mogelijkheden van muziek, literatuur en film en door Catalaanse basilieken en ingewikkelde relaties. Albert Einstein zegt, 'Het mooiste dat we kunnen ervaren is het mysterieuze... Degene voor wie deze emotie een vreemdeling is, is zo goed als dood.' Het mysterie is vol betekenis. Maar er is niets minder mysterieus dan een lege kamer, zonder schaduwen en rommel, en dat was precies de toestand van mijn verbeelding als het ging om de eeuwigheid. Het leven en sterven van Jezus waren realiteit voor mij. Maar de derde façade – de glorie van de opstanding – was in mijn innerlijke werkelijkheid nog niet gebouwd.

Ik benaderde een ervaren kerkleider en bekende hem dat ik geen uitgesproken verlangen had om naar de hemel te gaan (niet dat ik naar het alternatief solliciteerde). Ik vroeg hem om mij te helpen en legde hem uit dat ik iemand nodig had die mij een beeld van de hemel kon schetsen dat letterlijk de moeite waard was om voor te sterven. De voorganger luisterde met zorgzame aandacht en antwoordde met heel veel woorden. Maar hoe meer hij praatte, hoe meer het duidelijk werd dat – ook al had hij een spectaculaire visie op de komende pakweg 30 jaar op aarde – het ook hém ontbrak aan visie op de eeuwigheid. Ik vermoed dat, hoewel hij ouder was dan ik, hij gewoon nog nooit gedwongen was om in de afgrond te kijken en zich af te vragen: '*Wat staat me nu te wachten?*'

De hedendaagse, westerse kerk lijkt mij over het algemeen weinig geloof te hebben in het hiernamaals. We zijn zo gericht op het tijdelijke en op het comfortabele. We kunnen de bedrieglijke waanvoorstellingen van onze eigen onsterfelijkheid langer in stand houden dan iedere voorgaande generatie, maar tenzij we in een vroeg stadium van het leven op slag gedood worden, zullen we wel over dit soort dingen na moeten denken. We missen iets als we dat niet doen. En dus ben ik begonnen aan een ernstige, levenslange pelgrimage die sommigen waarschijnlijk een beetje droefgeestig zullen vinden. Mijn doel? Het ontdekken van een opwindende visie op de eeuwigheid met Jezus.

Zoals een kind in een snoepwinkel ontdekte ik al snel dat er overal om ons heen allerlei moois te vinden is. De artikelen en boeken van de theoloog N.T. Wright hebben me aan het begin van mijn zoektocht geholpen, omdat ze uitleggen dat het leven na de dood niet een ontastbare geestenwereld zal zijn los van onze lichamen, maar een fysieke wereld, en dat dit niet in een verre hemel zal zijn, maar hoe controversieel, hier op een vernieuwde aarde. 'Verreweg de meeste christelijke uitspraken over hoop uit de middeleeuwen en ten tijde van de Reformatie en de Contrareformatie waren misleidend,' schrijft Wright. Hij betoogt dat ze hun oorsprong vinden in heidens-Griekse denkbeelden in plaats van in bijbelse concepten. 'De hemel is niet de uiteindelijke bestemming van een christen. Voor de vernieuwde lichamen hebben we een vernieuwde kosmos nodig, inclusief een vernieuwde aarde. Dat is wat het Nieuwe Testament belooft.' Hij gaat als volgt verder:

> *Wat bedoelen de schrijvers van het Nieuwe Testament dan wanneer ze spreken van een erfenis die in de hemel op ons wacht? Dit is vaak verkeerd begrepen en dat heeft ontzaglijke gevolgen gehad voor tradities op het gebied van ideeën, gebed, leven en kunst. De*

> *clou van passages zoals 1 Petrus 1:4, 2 Korintiërs 5:1, Filippenzen 3:20 enzovoorts is niet dat men 'naar de hemel' moet gaan, zoals in veel populaire fantasieën, om daar van de erfenis te genieten. Nee, de 'hemel' is de plaats is waar God zijn plannen en doelen voor de toekomst bewaart. Als ik tegen een vriend zeg dat er bier in de koelkast ligt, betekent het toch niet dat hij de koelkast moet ingaan om van het bier te kunnen genieten!*[2]

We weten dat Jezus na zijn opstanding anders was, maar toch dezelfde. Hij was herkenbaar, maar niet overduidelijk. Hij kon door muren heen lopen, maar ook genoot Hij van echte relaties, uitte diepe emoties, maakte ontbijt klaar op een strand en droeg de lichamelijke littekens van zijn kruisiging. Meerdere keren schoof Hij aan voor het eten van een warme maaltijd vol van geur en smaak, opgaand in de gesprekken. Opmerkelijk genoeg was zijn verschijning niet opvallend. Hij was opgestaan uit de dood, maar niemand gaf Hem extra aandacht op straat! Misschien dat daarom onze opgewekte lichamen, hoewel anders, verrassend normaal zullen zijn.

Toen ik een concretere visie op de eeuwigheid begon te ontwikkelen, hielp het mij ook om te kijken op wat voor soort plekken ik wel een paar duizend jaar zou willen doorbrengen. Drie kilometer van mijn oude huis bijvoorbeeld, bevindt zich een stuk buitengebied met een witte windmolen onder een enorme hemel die zich uitstrekt boven glooiende velden met gras en gerst. Steeds als ik daar tegenwoordig naartoe ga, stel ik me zo voor dat dit een glimp van de hemel is – niet per se die van jou, maar die van mij. In de nevelige verte herken ik kleine Engelse dorpjes, ingestopt in de plooien van de heuvels; ze spreken mij van oude pubs waarin natte honden in een hoek bij de haard op de plavuizen liggen en waar de gesprekken worden onderbroken door gelach en het klinken van de glazen. Op heldere dagen kan ik de plek zien waar Samie en ik zijn getrouwd, en ver weg aan de horizon kan ik net de stad Portsmouth zien liggen, waar we ouders werden en waar mijn voetbalteam zich hijgend, grommend en juichend door de wintermaanden heen speelt. Dit fenomenale uitzicht wordt omarmd door de ronding van een altijd veranderende oceaan, soms strijdlustig en soms glinsterend blauw.

Onderzoekende zielen kunnen op verschillende plaatsen een glimp van de hemel opvangen; van een windmolen in Engeland tot een kerk in Barcelona en van de Sixtijnse Kapel tot een oude, stoffige studeerkamer, vergeven van boeken. Goede literatuur, muziek en films kunnen hetzelfde teweegbrengen (het is duidelijk dat alle goede kunst de drie façades van leven, dood en nog onvoltooide glorie bij elkaar brengt). De film *Finding Neverland* bijvoorbeeld, over het leven van J.M. Barrie, zorgde ervoor dat mijn vrienden en ik verdwaasd en huilend in de foyer van de bioscoop zaten. We zaten daar te bidden, getraumatiseerd maar ook met een nieuw soort gevoeligheid, terwijl de popcorn etende mensenmassa langzaam voorbij stroomde. En dan is er natuurlijk Tolkiens driedelige epos, *In de ban van de ring*, met deze scène uit *De terugkeer van de koning*:

> *Maar Sam ging achterover liggen en bleef met open mond liggen staren en een ogenblik kon hij tussen verbijstering en grote vreugde in geen antwoord vinden. Eindelijk hijgde hij: 'Gandalf! Ik dacht dat je dood was! Maar ik dacht dat ik zelf ook dood was. Zullen alle droevige dingen nou niet waar meer zijn? Wat is er met de wereld gebeurd?'*
> *'Een grote Schaduw is heengegaan,' zei Gandalf en toen lachte hij, en dat geluid was als muziek of als water in een verdord land; en terwijl hij luisterde, kwam bij Sam de gedachte op dat hij ontelbare dagen achtereen geen gelach had gehoord, het geluid van pure vrolijkheid. Het klonk als de echo van alle vreugden die hij ooit had gekend. Maar hijzelf barstte in snikken uit. En toen, zoals een lentewind volgt op een frisse regen en de zon daardoor helderder schijnt, verdwenen zijn tranen en borrelde er een lach omhoog en sprong hij lachend van zijn bed.*
> *'Hoe ik me voel?' riep hij uit. 'Nou, ik weet niet hoe ik het moet zeggen. Ik voel me, ik voel me...' Hij zwaaide met zijn armen in de lucht, 'Ik voel me als lente na de winter en als zon op de bladeren; en als trompetten en harpen en al de liederen die ik ooit gehoord heb!'* [3]

Op de dag dat 'alle droevige dingen niet meer waar blijken te zijn' zullen we opstaan en ons voelen als 'trompetten en harpen en al de liederen die we ooit gehoord hebben'. De façade van de glorie zal zich hemelhoog verheffen, en daarmee wordt het verhaal van de geboorte, de dood en de opstanding van Christus voltooid in de tempel van ons leven. Misschien zal ik in het tijdperk dat komen gaat soms in alle rust bij mijn windmolen zitten. Jij zult in jouw heilige plaats zitten. Dit soort metaforen zijn beperkt, maar ze helpen mij een vreugdevolle visie te ontwikkelen op het eeuwige vooruitzicht van de opstanding.

Een visioen van Jezus

Toen mijn tante Cleeve nog een jonge vrouw was, leidde ze een flamboyant leven vol muziek en mode. Ze had een grote fascinatie voor mensen, met name voor artistieke mensen, en toen ze na verloop van tijd christen werd, was haar geloof levendig en aanstekelijk. Maar toen ze op leeftijd was gekomen en ze zich bewust werd van haar naderende dood, begon ze steeds angstiger te worden, want haar vroegere misdragingen begonnen haar te achtervolgen. De laatste keer dat Samie en ik tante Cleeve zagen, was ze echter opgewekt. Zodra we haar kleine kamer in het verzorgingshuis vlakbij Tunbridge Wells binnenstapten, voelden we de vrede van Gods aanwezigheid. In eerste instantie viel haar blik op Samies hippe, kniehoge laarzen en begon ze herinneringen op te halen aan een vergelijkbaar paar dat ze in de jaren 30 had gedragen, maar al snel nam het gesprek een serieuzere wending. Een paar dagen voor ons bezoek was er iets bijzonders gebeurd dat, zoals ze met een uitdrukking van verbaasde blijheid op haar gezicht vertelde, haar angst om te sterven compleet had weggenomen. Ze sprak zacht en met zorg over een ontmoeting die ze met Jezus had gehad. Ze zei dat Hij op een nacht werkelijk aan haar was verschenen, zo bij het bed. Mijn tante Cleeve, die met de dood in het vooruitzicht zo kapot was geweest van angst, had de Heer gezien. Dat was alles. Er was verder niets gezegd. Woorden waren onnodig. Vanaf dat moment had de dood zijn angel verloren.

Of we nu wel of niet de geruststelling van zo'n visioen van Jezus ontvangen (en maar weinig mensen maken zoiets mee), christenen delen een prachtige hoop. Wij hoeven niet 'te treuren, zoals zij die geen hoop hebben,' schrijft de apostel Paulus (1 Tes. 4:13). Waarom niet? Omdat wij, anders dan zij, 'geloven dat Jezus is gestorven en is opgestaan'.

De bittere zinloosheid van zwaar verlies zonder geloof in Jezus drong stevig tot me door na een tragische gebeurtenis die slechts honderd meter van mijn huis plaatsvond. Een 18-jarige jongen genaamd Karl stierf onlangs in een auto-ongeluk aan het eind van onze straat. Zijn vrienden waren zo te zien bijeengekomen bij de lantaarnpaal waar hij gestorven was, want de volgende morgen stonden er bloemen en lege bierblikjes (één ervan was ongeopend; een briefje erop legde uit dat het een cadeautje voor Karl was). Hoewel ik Karl niet kende, vond ik het belangrijk om hem de laatste eer te bewijzen omdat hij slechts meters van onze voordeur was gestorven. Toen ik bij de plek kwam, zag ik dat een van zijn vrienden het volgende verdrietige gedicht had geschreven en dat tussen wat bloemen had gestoken:

Duizend woorden kunnen je niet terugbrengen
We weten dat want we hebben het geprobeerd
Ook duizend tranen niet
We weten dat want we hebben gehuild
Je hebt gebroken harten achtergelaten
En ook gelukkige herinneringen
Maar we hebben nooit herinneringen gewild
We wilden alleen maar jou
Rust in vrede, vriend.

De inkt van dit wanhopige gedicht was uitgelopen door de regen. In de weken die erop volgden, werd het gekleurde papier om de bloemen papperig en de bloemen zelf gingen dood.

Wanneer ik nu langs deze langzaam rottende herdenkingsplaats rijd, word ik herinnerd aan het zinloze van het leven zonder Christus. Het komt des te tragischer over wanneer het wordt vergeleken met de hoopvolle ervaringen van mensen zoals mijn tante Cleeve, of met de glorieuze verbeeldingen door Tolkien en Gaudí, of met de daadwerkelijke ontmoeting tussen Maria van Magdala en de opgestane Jezus Christus.

Talloze christenen blijven natuurlijk doodsbenauwd voor de dood. Zij hebben Jezus niet gezien zoals Maria van Magdala of mijn tante Cleeve en zij naderen de eeuwigheid met veel twijfel en diepe spijt. De zeventiende-eeuwse Engelsman John Bunyan, die gevangen zat omdat hij had gepreekt zonder vergunning, stelde juist dit thema aan de orde in misschien wel de beroemdste christelijke allegorie aller tijden. Tijdens zijn reis door de beproevingen van het leven komt de held, die simpelweg 'Christen' wordt genoemd, uiteindelijk bij de Doodsrivier, waarvan hij weet dat hij hem moet oversteken. Maar anders dan zijn metgezel Hoopvol is Christen doodsbang:

> *Zij begaven zich daarop te water; maar spoedig begon Christen te zinken en riep tot zijn vriend Hoopvol: 'Ik zink in de diepe wateren, de golven gaan over mijn hoofd, al zijn baren bedekken mij.'*
> *De ander zei: 'Wees goedsmoeds, mijn broeder, ik voel al grond en hij is zeer goed.' Christen antwoordde: 'Ach, mijn vriend, de angsten des doods hebben mij omgeven, ik zal het land, dat van melk en honing vloeit, niet zien.'*
> *Terstond daarop viel er een grote schrik en duisternis op hem, in zulk een mate, dat hij niet meer voor zich zien kon. Hier verloor hij ook voor een groot deel zijn bezinning zodat hij zich noch herinneren, noch ordelijk spreken kon van de zoete verkwikkingen, die hij op de weg genoten had.*
> *'Mijn broeder,' zei Hoopvol...'Deze angsten en benauwdheden zijn geen tekenen, dat God u verlaat, maar worden u alleen toegezonden om u te beproeven, of u nu ook gedenkt aan wat u weleer en tot dusver van Zijn goedheid genoot en ook op Hem vertrouwt in uw benauwdheden.'*
> *Ik merkte ook, dat Christen enige tijd als in gepeins stond en dat Hoopvol tot hem zei: 'Zijt goedsmoeds, Jezus Christus maakt u gezond.'*

> *Kort daarop brak Christen uit en riep met een luide stem: 'Oh, ik zie Hem weer en Hij zegt mij: "Als gij door het water gaat, zal Ik bij u zijn; en door de rivieren, zij zullen u niet overstromen" (Jes. 43:2)…' Christen vond nu ook terstond grond om te staan en dat voelde hij doorlopend, zodat bij hem de rivier verder alleen nog ondiep was. Zo kwamen zij aan de overkant.*[4]

We benaderen het zwijgen van God, en in het bijzonder de dood, op verschillende manieren. Sommige mensen zijn, net als Hoopvol, tot het einde vol geloof. Maar anderen, zoals Christen, staan doodsangsten uit wanneer ze geconfronteerd worden met hun sterven. Ze worden gekweld door schuldgevoelens en twijfelen misschien zelfs aan hun redding. Maar de boodschap van Bunyan is voor beide soorten mensen dezelfde. Hoopvol en Christen staken allebei de rivier over, de een met geloof, de ander vol angst. En beiden ontvingen ze de beloning voor hun trouwe pelgrimstocht door vele beproevingen heen want, zoals Jezus zegt: 'wie standhoudt tot het einde, zal worden gered' (Mat. 24:13).

Als ik soms 's nachts wakker lig en naar Samie kijk terwijl ze rustig naast me slaapt, weet ik dat ik rekening moet houden met de mogelijkheid dat hoe we ook met heel ons hart bidden om volledige genezing, het misschien nooit zal gebeuren. Het is heel goed mogelijk dat ze voor de rest van haar leven aan epilepsie zal lijden. Sterker nog: de tumor zou terug kunnen komen. Het is lang geleden sinds die eerste aanval toen ik dacht dat ik Samie zag sterven – Danny was toen nog maar zeven weken oud, nu is hij zes en Hudson acht.

Een paar dagen geleden toen ze uit school kwamen, zagen ze verschrikt dat Samie op het schoolplein lag te schokken en trillen terwijl de andere moeders toekeken. Ik zat geknield naast haar, me niet bewust van de nerveuze toeschouwers, en bad voor het stoppen van de aanval, maar het had zoals gewoonlijk geen zichtbaar effect.

Maar of de toekomst nu wonderlijke antwoorden op het gebed brengt, of doorgaand lijden en zwijgen, niets kan de dingen wegnemen die God ons heeft geleerd en in ons heeft gedaan door Samies ziekte. Zoals de profeet Jesaja zegt: 'Het gras verdort en de bloem verwelkt, maar het woord van onze God houdt altijd stand' (Jes. 40:8). Met tegenzin moet ik toegeven: 'Ook al gaat ons uiterlijke bestaan verloren, ons innerlijke bestaan wordt van dag tot dag vernieuwd. De geringe last die we tijdelijk te dragen hebben, brengt ons een eeuwige luister, die alles omvat en alles overtreft' (2 Kor. 4:16-17).

We zien hoe het lijden op een glorieuze manier ten goede wordt gekeerd in de levens van de vele mensen die in dit boek werden vermeld. Het is overduidelijk zichtbaar in het leven van Floyd McClung, die bereid was voor Gods eer te kiezen, zelfs als het betekende dat hij zijn dochter zou verliezen. We zien het in het leven van Barbara Fisher, die geloof vond om te sterven en die daarmee Gods Woord in mijn leven uitsprak. We zien het in Rob Morris, die zijn leven in dienst heeft gesteld van de bevrijding van kinderen uit seksuele slavernij. We zien het in Margaret Lee die, terwijl haar keel werd dichtgeknepen door kanker, in staat was een lijst te maken met de beperkingen van kanker en de eeuwige kwaliteiten van Gods liefde.

En als ons verhaal je op de een of andere manier heeft geholpen om wijs te worden uit je onbeantwoorde gebeden, laat dan de gekruisigde Christus de eer ontvangen omdat Hij het zo beraamd heeft dat er een beetje troost zou worden gebracht door een chronische ziekte en een chronische lafaard zoals ik.

Geprezen zij de God en Vader van onze Heer Jezus Christus, de Vader die zich over ons ontfermt, de God die ons altijd troost en ons in al onze ellende moed geeft, zodat wij door de troost die wijzelf van God ontvangen, anderen in al hun ellende moed kunnen geven.
2 Korintiërs 1:3-4

Bijlage A

Persoonlijke checklist

Waarschuwing: Betekenis geven aan onbeantwoord gebed is zelden eenvoudig, dus bied ik deze Persoonlijke Checklist met enige terughoudendheid aan. Ieder van ons is natuurlijk uniek en de factoren die in onze situatie meespelen zijn ingewikkeld en waarschijnlijk pijnlijk. Bovendien heeft God zelf op mysterieuze manieren invloed op deze factoren, wat onze mooie, nette grafieken en tabellen zonder pardon in de war stuurt! Ik bied deze checklist daarom slechts aan als een *eenvoudige samenvatting* van de bijbelse verklaringen en reacties die al eerder in dit boek zijn beschreven.

<table>
<tr><th></th><th>Waarom werkt mijn gebed niet?</th><th>Wat kan ik er aandoen?</th></tr>
<tr><td rowspan="10">Gods wereld (hoofdstuk 7)</td><td colspan="2">1. Gezond verstand (p. 107)</td></tr>
<tr><td>Vraag ik God iets stoms, zinloos of onlogisch?</td><td>Overweeg om op een andere manier te bidden of doe zelf gewoon iets praktisch!</td></tr>
<tr><td colspan="2">2. Tegenstrijdigheid (p. 108)</td></tr>
<tr><td>Zijn mijn gebeden misschien tegenstrijdig aan die van iemand anders?</td><td>Onthoud dat je de planeet deelt met meer dan 6 miljard anderen. Dank God ervoor dat Hij, door jouw gebed met nee te beantwoorden, waarschijnlijk iemand anders zegent.</td></tr>
<tr><td colspan="2">3. Natuurwetten (p. 112) Mat. 8: 3-27</td></tr>
<tr><td>Zijn mijn gebeden mogelijk nadelig voor de natuurlijke orde of voor de levens van anderen?</td><td>Houd niet op met bidden! God kan wonderen die tegen de natuurlijke orde ingaan doen en doet dat soms ook! Maar onthoud dat, hoewel je gebed misschien redelijk klinkt, God soms anderen beschermt door jouw gebed met 'nee' te beantwoorden.</td></tr>
<tr><td colspan="2">4. Het leven is hard (p. 115) Joh. 16:33; Rom. 12:12; 2 Kor. 4:16-18</td></tr>
<tr><td>Verwacht ik dat God mij gewoon, menselijk leed bespaart, dat het gevolg is van de zondeval?</td><td>Praat over je situatie met God en met je vrienden. Is er sprake van een satanische aanval of van een bijverschijnsel van de zondeval? Vraagt God je hiertegen te bidden of wil Hij dat je bidt om genade, zodat je het met Hem kunt doorstaan?</td></tr>
<tr><td colspan="2">5. Bijbelse leer (p. 120) 1 Tim. 4:16</td></tr>
<tr><td>Weerspiegelt mijn gebed Gods karakter en zijn beloften zoals die in de Bijbel staan? Past mijn gebed misschien niet in zijn plan met mijn leven?</td><td>Praat met een verstandig persoon over wat je van God vraagt. Denkt die persoon ook dat het past bij wat God wil? Als dat zo is, ga dan naar punt 13 in deze lijst. Is dat niet zo, stel je verwachtingen dan niet naar beneden bij, maar verhef ze tot wat God voor je heeft!</td></tr>
</table>

	Waarom werkt mijn gebed niet?	Wat kan ik er aandoen?
Gods wil (hoofdstuk 8)	**6. Het beste van God** (p. 132) Jer. 29:11-12; 1 Kor. 2:9-11	
	Bestaat de mogelijkheid dat, hoewel ik in mijn gebed verlang naar iets goeds, God iets beters voor me heeft?	Alleen de tijd zal leren of God gewoon 'nee' zegt omdat het niet goed voor je is, of 'nog niet' omdat hij iets beters heeft. Blijf vragen, maar houd je wensen niet te strak vast en denk eraan terug dat God in eerdere situaties je altijd het beste heeft gegeven.
	7. Motivatie (p. 134) Jak. 4:2-3	
	Zijn mijn gebeden in wezen gewoon zelfzuchtig?	Als je niet iets wilt dat zondig is, voel je dan vrij om met God te praten over wat je wilt, net zoals een kind dat met zijn vader zou doen, maar verwacht niet en sta er niet op dat alles waar je om vraagt gebeurt. Let er ook op dat je niet iets wilt dat eigenlijk van iemand anders is!
	8. Persoonlijke relatie (p. 136) 2 Kor. 12:7-10; Fil. 3:10	
	Biedt mijn huidige situatie de mogelijkheid om mijn relatie met God te verdiepen?	Onthoud dat het uiteindelijke antwoord de Beantwoorder zelf is. Neem de tijd om te aanbidden en God te danken. Verander je gebed in een conversatie en laat de boodschappenlijst los. Ben je bereid Hem te vertrouwen, ook als het antwoord 'nee' is?
	9. Vrije wil (p. 140) Gen. 2:16-17; Joh. 7:17	
	Verwacht ik dat God de vrije wil van iemand terzijde schuift?	Bid met kleine stappen tegelijk en bid op een creatieve manier over de situatie. Denk eraan, dat hoewel God een persoon nooit zal dwingen iets te doen, Hij je die persoon wel door gebed laat beïnvloeden. In plaats van een gebed als, 'Maak dat Jan alstublieft een christen wordt,' zou je misschien beter 'Stuur een christen om met Jan te praten' kunnen bidden.
	10. Invloed (p. 148)	
	Probeer ik invloed die niet van God komt in iemands leven uit te oefenen?	

	Waarom werkt mijn gebed niet?	Wat kan ik er aandoen?
Gods oorlog (hoofdstuk 9)	**11. Satanische tegenstand** (p. 166) Dan. 10; Ef. 6:10-18	
	Staat mijn gebed wel op één lijn met Gods wil, maar is er een soort demonische tegenstand?	Bestudeer wat geestelijke strijd inhoudt. Bestudeer wat de Bijbel zegt over je autoriteit in Christus. Gebruik het zwaard van de Geest, Gods woord. Zoek bijbelteksten die je in gebed kunt gebruiken. Deel je gebedslast met anderen. Vraag God om specifieke inzichten die de situatie verder kunnen helpen. Zorg ervoor dat je Jezus meer aanbidt dan dat je over Satan nadenkt. Probeer ook eens een keer te vasten.
	12. Geloof (p. 168) Dan. 3:16-18; Mar. 9:24; 11:23-24	
	Geloof ik echt dat God dit kan? Is het te hoog gegrepen voor mij?	Kun je misschien met iets kleiners beginnen en vandaar met kleine stappen tegelijk verdergaan? Sleutels tot groei in geloof zijn onder meer aanbidding, vasten en het memoriseren van Gods beloften. (Zie hoofdstuk 9 voor de volledige lijst.)
	13. Standvastigheid (p. 176) Luc. 18:1	
	Wil ik het zo graag dat ik ervoor wil blijven bidden?	Geef niet op! Verzin een manier waarop je regelmatig voor deze situatie kunt bidden en maak daar een gewoonte van.
	14. Zonde (p. 180) Mar. 11:25; Jak. 5:16	
	Tijd voor eerlijkheid: is er een geheime zonde die ik moet belijden?	Zoek een christen die je vertrouwt en belijd je zonden. Zijn er bolwerken in je denken, vraag dan een volwassen persoon om er samen met jou een weg uit te vinden. Bedenk ook of er iemand is aan wie je nog excuses verschuldigd bent of die je moet vergeven.

	Waarom werkt mijn gebed niet?	Wat kan ik er aandoen?
Go	**15. Recht doen** (p. 182) Jes. 58	
	Ben ik actief bezig invulling te geven aan Gods liefde voor de armen?	Sluit vriendschap met iemand in je omgeving die het niet breed heeft. Maak elke maand tijd en geld beschikbaar om die persoon gastvrij te kunnen ontvangen. Stel je op de hoogte van de uitdagingen waar armen in je omgeving en in ontwikkelingslanden mee te maken hebben. Neem politieke standpunten in!
De stilte verkennen (h 10)	**16. Geen van het voorgaande** 1 Kor. 13:12-13; 2 Kor. 12:7-10	
	Probeer ik antwoorden te vinden terwijl ik eigenlijk meer moet vertrouwen?	Au! Je doet alles zoals het zou moeten, maar je kunt geen wijs worden uit je situatie. Wees eerlijk naar God toe. Houd je aan Hem vast als een kind met pijn dat niet begrijpt waarom. Je hebt nu echt je vrienden nodig.

Bijlage B

Geloofshelden en onbeantwoord gebed

Het is niet erg om te worstelen met onbeantwoord gebed. Dat hebben alle geloofshelden gedaan. Hier volgen een paar voorbeelden:

Job (gekwelde zoon van Israël, ongeveer 2000 v.Chr.; zie p.60)

'Ik roep u om hulp, maar u antwoordt niet; ik sta voor u, maar u wilt mij niet zien' (Job 30:20).

Henoch, Noach, Abraham (stamvaders van Israël, ongeveer 1900 v.Chr.)

'Zij allen zijn in geloof gestorven; wat hun beloofd was zagen ze geen werkelijkheid worden, ze hebben slechts een glimp ervan begroet, en ze zeiden van zichzelf dat zij op aarde leefden als vreemdelingen en gasten' (Heb. 11:13).

David, zoon van Isaï (tweede koning van Israël, 1005-965 v.Chr.)

'David bad tot God voor de jongen. Hij vastte streng en legde zich 's nachts op de grond te slapen... Na zeven dagen stierf het kind' (2 Sam 12:16, 18).

Elia (Hebreeuwse profeet, ongeveer 900 v.Chr.)

'Daar ging hij onder een bremstruik zitten, verlangend naar de dood' (1 Kon 19:4).

Jona (Hebreeuwse profeet, ongeveer 8e eeuw v.Chr.)

'"Laat mij maar sterven, HEER: ik ben liever dood dan dat ik zo verder moet leven." Maar de HEER zei: "Is het terecht dat je zo kwaad bent?"' (Jona 4:3-4).

Jeremia (Hebreeuwse profeet, ongeveer 7e eeuw v.Chr.)

'U hult u in een wolk, geen gebed dringt tot u door' (Klaagl. 3:44).

Jezus

'Ik bid niet alleen voor hen, maar voor allen die door hun verkondiging in mij geloven. Laat hen allen één zijn, Vader. Zoals u in mij bent en ik in u... Dan zullen zij volkomen één zijn' (Joh. 17:20-23).

'Mijn God, mijn God, waarom hebt u mij verlaten?' (Mar. 15:34).

De discipelen

'Later kwamen de leerlingen naar Jezus toe. Eenmaal met hem alleen vroegen ze: "Waarom konden wij die geest niet uitdrijven?"' (Mat. 17:19).

Paulus

'Om te verhinderen dat ik mezelf zou verheffen, werd mij een doorn in het vlees gestoken: ik word gekweld door een engel van Satan. Ik heb de Heer driemaal gesmeekt mij van hem te bevrijden, maar hij zei: "Je hebt niet meer dan mijn genade nodig, want kracht wordt zichtbaar in zwakheid"' (2 Kor. 12:7-9).

Johannes van het Kruis (karmelieter mysticus, 1542-1591)

'De donkere nacht van de ziel... in deze tijd van droogte ondergaan geestelijke mensen grote beproevingen... ze geloven dat geestelijke zegeningen iets uit het verleden zijn en dat God hen heeft verlaten.'

Maarten Luther (Duitse monnik, theoloog en kerkhervormer, 1483-1546)

Over de dood van zijn 13-jarige dochter in 1542:

'Mijn kleine dochter (Magdalena) is dood. Het is ongelofelijk hoe ziek het mijn hart heeft gemaakt, zo veel verdriet voel ik voor haar... Zelfs de dood van Christus kan dit allemaal niet wegnemen zoals het zou moeten doen... Ik ben boos op mijzelf omdat ik niet in staat ben me vanuit mijn hart te verblijden.'

J. Hudson Taylor (zendeling in China, 1832-1905; zie p. 48 e.v.)

Raakte zwaar overspannen na het horen van het nieuws over de slachting van 58 van zijn zendelingen en 21 kinderen in China:

'Ik kan niet lezen; ik kan niet denken; ik kan niet eens bidden; maar ik kan vertrouwen.'

J.O. Fraser (zendingspionier en in Zuidwest-China, 1909-1938; zie p. 134 e.v. en 178 e.v.)

'Verhoort God gebed?' Deze kwellende vraag werd steeds belangrijker voor hem. 'Weet Hij het wel en interesseert het Hem wel?'

C.S. Lewis (schrijver en geleerde, 1898-1963; zie p. 43)

'Elk gebed en elke hoop wordt gesmoord door de herinnering aan de gebeden die [Joy] en ik hebben gedaan en alle valse hoop die we

hebben gekoesterd... Stap voor stap werden we op het verkeerde been gezet. Keer op keer, wanneer Hij het genadigst scheen, was Hij in werkelijkheid bezig de volgende kwelling voor te bereiden.'

Moeder Teresa (oprichter van de Zusters van Liefde, 1910-1999; zie p. 198)

'Ik heb het gevoel dat God me niet wil, dat God niet God is, en dat God niet bestaat.'

Henri Nouwen (katholieke priester en schrijver, 1932-1996)

'Dus hoe zit het met mijn gebedsleven? Houd ik ervan om te bidden? Wil ik bidden? Neem ik de tijd om te bidden? Mijn antwoord is eerlijk gezegd "nee" op alle drie de vragen. Na 63 jaar te hebben geleefd en 38 jaar van priesterschap lijkt mijn gebed morsdood... De waarheid is dat ik weinig, misschien wel niets voel als ik bid.'

Ruth Bell Graham (vrouw van evangelist Billy Graham, 1920-heden)

'God heeft mijn gebeden niet altijd verhoord. Als Hij dat wel had gedaan, was ik meerdere keren met een verkeerde man getrouwd!'

Bijlage C

Gespreksvragen voor kringen en huisgroepen

Door Pete Greig en Stephanie Heald

We hebben deze gespreksvragen ontworpen voor gebruik door vrienden, huisgroepen en boekenclubs, maar ze kunnen ook handig zijn voor persoonlijk gebruik tijdens je stille tijd. Elk hoofdstuk uit *Als God zwijgt…* wordt gebruikt als aanzet tot eerlijke dialoog en gebed. Het doel ervan is genezing brengen en geloofsopbouw, door mensen de middelen te geven waarmee ze de belangrijke kwesties die in dit boek aan de orde komen in een veilige context bedachtzaam en biddend kunnen toepassen.

Waarom *Als God zwijgt…* in je huisgroep behandelen?

Er zijn duidelijke tekenen dat Gods mensen wereldwijd bijeen worden gebracht om voorbede te doen op een schaal die in onze tijd nog niet is vertoond. Er vindt momenteel een opleving van gebed plaats in kerken, universiteitscampussen, complete denominaties, steden en zelfs landen. Het is een spannende tijd om in te leven, want iedereen die de kerkgeschiedenis een beetje bestudeerd heeft, weet dat dit soort gebedsbewegingen altijd vooraf gingen aan grote manifestaties van Gods kracht.

In zo'n periode is het echter van belang om op een bijbelse manier na te denken over gebed en hypes af te wijzen, anders lopen we het risico dat we op de lange duur teleurstelling zaaien in ons verlangen naar een te snelle oogst. Veel mensen hebben serieuze vragen en zelfs teleurstellingen met betrekking tot gebed, en daar moeten we toegewijd, intelligent en vooral *getrouw* mee omgaan. Als we dat niet doen, dan geloof ik dat de fundamenten van de opkomende gebedsbeweging (en niet te vergeten die van ons eigen gebedsleven) zwak zullen blijken te zijn wanneer de stormen komen om het te testen. Terwijl ik er nu over nadenk, merk ik dat ik niet zozeer verlang naar een explosie van gebed, iets dat meestal maar van korte duur is en een puinhoop achterlaat, maar naar miljoenen kleine vuurtjes die worden aangestoken en bewaakt zodat ze blijven branden in ieder hart, elk gezin en alle gemeenschappen die van de naam van Jezus houden en verlangen naar zijn wederkomst.

ONBEANTWOORD GEBED EN INDIVIDUELE CHRISTENEN

Veel mensen hebben hun relatie met God opgegeven, omdat er nooit op een goede manier op hun ervaringen met onbeantwoord gebed is ingegaan. Een nog groter aantal mensen heeft bijna onmerkbaar hun geloof verloren. Ze blijven naar de kerk gaan en noemen zich wel christen, maar ze stellen geleidelijk hun verwachtingen van wat God in hun leven kan doen naar beneden bij, en zo verliezen ze de passie die eens zo fel brandde. Maar het hóéft niet zo te gaan als we individuele mensen helpen om hun teleurstellingen moedig en op een bijbelse manier te verwerken. Waarom?

- Zodat er geen ‘giftige kiem’ in ons leven kan opgroeien (Heb. 12:15).
- Zodat wonden en teleurstellingen kunnen worden geheeld (zie Jak. 5:16).
- Zodat anderen naast ons kunnen staan, onze last kunnen delen en ons kunnen aansporen om te volharden (zie Gal. 6:2).
- Zodat we de moed niet verliezen (zie 2 Kor. 4:16).
- Zodat anderen namens ons naar de Heer kunnen luisteren en ons kunnen helpen om te weten hoe we mogen bidden (zie 1 Kor. 2:12-14).
- Zodat anderen onze situatie met wijsheid kunnen beoordelen en inzicht kunnen bieden in mogelijke oorzaken voor onze worsteling (zie Jak. 1:2-5).
- Zodat anderen ons kunnen bemoedigen met verhalen over verhoorde gebeden en ons kunnen herinneren aan de beloften uit de Bijbel die ons geloof zullen doen toenemen (zie Heb. 10:24-25).
- Zodat we door onze worstelingen kunnen groeien in geloof

en autoriteit.
- Zodat we kunnen worden geholpen om in onze situatie de hand van God te herkennen en daarop te vertrouwen.

ONBEANTWOORD GEBED EN KERKEN

Onbeantwoord gebed is niet alleen iets voor individuele mensen. Ik ken vele geweldige gemeenschappen die zijn beschadigd en leeggelopen, doordat ze wel opriepen tot gebed en bemoedigingen graag naar buiten brachten, maar nooit de bijkomende ervaringen van teleurstelling aan de orde stelden.

Een voorbeeld. Een grote kerk in Engeland ontving een opmerkelijk profetisch woord dat hun verzekerde dat de Heer hun een bijzonder belangrijk gebouw in hun omgeving zou geven als nieuw auditorium. Ze reageerden met groot geloof, ze baden, vastten en gaven veel geld. Ze bleven meerdere jaren op deze manier bidden, maar de eigenaren wilden het gebouw niet aan hen verkopen. Uiteindelijk zakte bij de grote gemeente de moed in de schoenen – zoals staat in Spreuken: 'Almaar onvervulde hoop maakt ziek' (13:12) – en ze gingen door een langdurige teruggang in ledenaantal, die duidelijk te maken had met de teleurstelling die terug te voeren was op deze grootschalige gezamenlijke ervaring met onbeantwoord gebed.

Een andere kerk, dit keer in de Verenigde Staten, bad vele jaren geleden voor de genezing van de vrouw van de voorganger, die aan kanker leed. Ze hielden gebedswaken, vastten meerdere dagen, er waren momenten dat het beter met haar leek te gaan en bemoedigingen, maar uiteindelijk stierf ze. Over de tragedie wordt sindsdien niet meer gesproken. De voorganger had zichzelf niet voorbereid op de mogelijkheid dat hij zijn vrouw zou kunnen verliezen en liet zijn gemeente nooit iets merken van zijn verdriet. Niemand praat erover in het openbaar, maar op persoonlijk niveau leven er nog steeds veel vragen omdat de gemeenschap nooit de kans heeft gehad om deze pijnlijke teleurstelling te benoemen en ervan te leren.

Toen ik op de universiteit zat, was ik een van de leiders van een kleine groep van 30 christenen. We raakten ervan overtuigd dat God ons wilde zegenen met groei, zodat we aan het eind van het academische jaar 100 leden zouden hebben. We reageerden met halve nachten van gebed, we kochten 'in geloof' materiaal voor discipelschapstrainingen, we begonnen een studentenkrant vol getuigenissen en bezorgden die deur aan deur op de campus en we waren actief bezig met relationele evangelisatie. Ondanks al dat geloof was de groep een jaar later slechts gegroeid naar 35. Ik weet nog dat ik me teleurgesteld voelde en me geneerde.

Het is niet makkelijk om onze teleurstellingen over gebed toe te geven, maar het kan bevrijdend zijn, verhelderend, bemoedigend en heilzaam, om er in een geschikte groep over te praten. Het kan je geloof zelfs weer opbouwen.

Het gebruik van deze gespreksvragen

Je kunt deze gespreksvragen op verschillende niveaus gebruiken:

- Alleen. Hoewel de vragen bedoeld zijn voor groepsdiscussies, kun je de vragen ook gebruiken tijdens je eigen tijden van reflectie.
- Met je huwelijkspartner, gebedspartner of een andere vriend(in). We bidden vaak met anderen, dus kan het ook toepasselijk zijn om samen je teleurstellingen te delen en te verwerken.
- In een huisgroep/leesgroep. Een goede kringleider kan een gezonde balans creëren tussen wederzijds onderwijs, eerlijkheid en geestelijke bemoediging door ruimte te bieden voor het delen van wat de groepsleden echt denken. Onthoud dat dit een leidraad is en geen wetboek. Doe er alles aan om een klimaat te scheppen van meelevend gebed en gevoeligheid voor de realiteit van de diepe pijn die mensen ervaren.

> *Geprezen zij de God en Vader van onze Heer, Jezus de Messias! Vader die zich over ons ontfermt! God die ons altijd troost! Hij staat naast ons als we door een moeilijke tijd gaan en voordat je het weet, plaatst Hij ons naast iemand anders die door een moeilijke tijd gaat, zodat we er voor die persoon kunnen zijn, zoals God er voor ons was.* 2 Korintiërs 1:3-4 *The Message*

Hoofdstuk 1
Confetti

ONTDEKKEN: BIDDEN ALS IEMAND DIE VAN DE TRAP VALT

Denk terug aan een crisistijd, misschien na een ongeluk, een stukgelopen relatie of een plotseling verlies. Neem even de tijd om, alleen of met zijn tweeën, over de details van die tijd na te denken of om ze door te spreken – hoe het voelde en hoe je erop reageerde.

- Weet je nog of je bad en hoe je toen bad?
  Het is oké om te bidden als een zesjarige of als iemand die van de trap valt. Het is zelfs meer dan oké; het is waarschijnlijk het belangrijkste soort gebed dat er is (p. 36).

- Was je je in die tijd bewust van Gods aanwezigheid? Hoe zou je dat willen omschrijven?
  Gek genoeg werd ik me ook bewust van een soort innerlijke warmte. Het was het verzachtende gevoel van een dikke winterjas met diepe zakken op een bitterkoude avond. Artsen zouden het misschien toeschrijven aan de schok, voor mij voelde het meer als de aanwezigheid van God (p. 31).

- Weet je nog hoe je bad in de weken die daarop volgden (als je bad)? Herken je jezelf in Pete's angst om niet genoeg te bidden of te vasten, niet genoeg geloof te hebben of gewoonweg niet meer te weten wat je moet zeggen?
  Als onze ziel, net als die van Christus, zo overmand is door verdriet dat we er bijna aan sterven, bidden we niet altijd zoals Jezus. We bidden vaak nauwelijks nog (p. 34).

OVERDENKING

Was er een bepaalde bijbeltekst waaraan je je in die tijd vasthield? Lees dat nu of zoek Filippenzen 4:6 op. Lees daarna Psalm 23 en herschrijf deze in je eigen woorden, zodat het over jouw ervaring gaat.

Hoofdstuk 2
Magische vruchten zoeken en tranen vinden

Als God onze meest wanhopige en diepste gebeden beantwoordt met stilte – geen ja door een wonder en geen nee door een duidelijk teken dat ons in ieder geval laat weten dat Hij ons gehoord heeft – is het normaal dat we concluderen dat het God niets kan schelen (p. 42).

ONTDEKKEN: EEN LOFLIED IN DE DUISTERNIS

Lees de volgende bijbelverzen en denk erover na. Neem de tijd.

- Zacharia 2:12: 'Wie aan mijn volk komt, komt aan mijn oogappel!'
- Zefanja 3:17: 'Hij zal vol blijdschap zijn, verheugd over jou, in zijn liefde zal hij zwijgen, in zijn vreugde zal hij over je jubelen.'
- Jesaja 49:16: 'Ik heb je in mijn handpalm gegrift.'
- Psalm 139:5, 7: 'U omsluit mij, van achter en van voren, u legt uw hand op mij. Hoe zou ik aan uw aandacht ontsnappen, hoe aan uw blikken ontkomen?'

In hoeverre komen deze teksten overeen met jouw beeld van God als Vader, met name als het gaat om hoeveel Hij om jou persoonlijk geeft? Waarom denk je dat het zo is?

Maar ik weet wel dat het beste in ons leven – en ons grootste goed – is dat de maker van miljoenen sterren volkomen en voor eeuwig goed is, dat Hij druk bezig is met de details van onze situatie en meer om ons geeft dan wij zelf (p. 50).

OVERDENKING: ABBA, VADER

Lees het gebed op pagina 52 en houd daarbij in gedachten dat 'de kracht van ons gebed bijna helemaal berust op ons besef van wie het is tegen wie we spreken'.[1] Neem wat tijd om alleen of in tweetallen te bidden.

BID

Vraag de Heer om je beter te laten begrijpen wat het inhoudt dat Hij je hemelse Vader is in de situatie waarin je je bevindt.

Hoofdstuk 3
Het mysterie ingaan

ONTDEKKEN: GOD KLEINER MAKEN

Pete spreekt over het psychoanalyseren van God en God kleiner maken. Op welke manieren doen we dat?

> *Het gebeurt eerder dat ze dingen zeggen die geestelijk en vol geloof klinken, zoals 'Gebed gaat niet over het veranderen van de realiteit, maar over verandering van de manier waarop we naar de realiteit kijken' (p. 59).*

WILLEKEURIGE WONDEREN

Hoe kan een God van liefde lijden toestaan? Dit is misschien wel de fundamentele vraag waar we allemaal mee moeten worstelen. Lees een antwoord erop in Job 38:1-42:6 en Matteüs 10:29-31.

OVERDENKING: MOGELIJKHEDEN

> *Wanneer ik leef met onbeantwoord gebed heb ik een grote God nodig; een ontzagwekkende, onbeschrijfelijk verbazingwekkende God; een God die de dood trotseert en eeuwig is; een God die sterft in Siberische concentratiekampen en die omkomt in auto-ongelukken om zo de dood te vernietigen en een onverwoestbaar leven mogelijk te maken. Ik heb een God nodig die beloften doet die zeker zijn; een God die het al eerder meegemaakt heeft, zodat Hij me kan meenemen en me kan begeleiden en voor me kan bidden en plaats voor me kan maken, en die zelfs alle dingen kan laten meewerken ten goede (p. 67).*

Wanneer heb je een openbaring gekregen van de ontzagwekkendheid van Gods macht? Zijn er specifieke plaatsen, mensen of omstandigheden die je de ogen openen voor Gods grootheid? Hoe heb je hierop gereageerd? Bid om een frisse blik op Gods kracht in je leven of situatie. Neem de tijd om God te aanbidden.

> *'Hij zal alle tranen uit hun ogen wissen. Er zal geen dood meer zijn, geen rouw, geen jammerklacht, geen pijn, want wat er eerst was is voorbij.' Hij die op de troon zat zei: 'Alles maak ik nieuw!' Toen zei hij tegen mij: 'Wie overwint komen al deze dingen toe. Ik zal zijn God zijn en hij zal mijn kind zijn.'* Op. 21: 4-7

Hoofdstuk 4
Naakt gebed

ONTDEKKEN: EERLIJK TEGEN GOD

> *Het is niet onze zonde die ervoor zorgt dat God buiten ons leven blijft. Het is onze dwangmatige geneigdheid om te doen alsof, om onze naaktheid met vijgenbladeren te bedekken, om in vijgenbomen te klimmen zodat wij ongezien de ander kunnen zien (p. ???).*

Welke manieren gebruik jij om God te vermijden of je voor Hem te verbergen? Waarom?

OVERDENKING: LEREN TE TREUREN

Lees Psalm 89:47-53, Lucas 18:11-14 en Matteüs 5:4. Wat leren deze bijbelteksten je over eerlijkheid in gebed?

Samen:

Noem allemaal je favoriete (of minst favoriete) aanbiddingsliederen en bespreek de teksten. Gebruik een liedboek als je dat bij de hand hebt. Zijn er liederen die je helpen of juist niet helpen? Waarom? Luister eens naar het nummer 'I still haven't found what I'm looking for' van U2 en bespreek waarom dit nummer protest opriep bij teleurgestelde christenen toen het net uitkwam. Of neem allemaal een Bijbel en blader door de Psalmen. Kies een strofe die je aanspreekt vanwege de eerlijkheid. Lees dat gedeelte voor aan de groep.

Alleen:

Schrijf in de meest eenvoudige en eerlijke termen die je hebt een lied, gebed of gedicht aan God. Vertel Hem hoe je je voelt over je situatie, over jezelf, over Hem. Religieus klinkende woorden die je normaalgesproken niet zou gebruiken (zoals 'getrouw' of 'rechtvaardig') zijn verboden!

Hoofdstuk 5
Een donkerder vertrouwen

De macht om te kiezen voor Gods wil in plaats van onze eigen voorkeuren is volgens de Bijbel wat de menselijke mogelijkheid definieert. In de hof van Eden baden onze voorouders voor het eerst het tragische gebed dat wij sindsdien zijn blijven bidden: 'Niet uw wil...' zeiden ze tegen God, met een begerig oog op de vrucht van kennis en macht, 'Niet uw wil, maar onze wil geschiede' (p. 89).

ONTDEKKEN: HERINNERINGEN AAN PASEN

Lees Genesis 22:1-19 en een of meer van de volgende passages over Getsemane

Lucas 22:39-46; Matteüs 26:36-45; Marcus 14:32-42

Wanneer (recent of in het verleden) moest jij je eigen wil ondergeschikt maken aan de wil van God? Hoe beïnvloeden deze gedeelten je gedachten over die tijd?

Misschien vraag je je inmiddels af of sommige van je onbeantwoorde gebeden in feite toch zijn beantwoord. Het kan zijn dat God op je gebeden reageerde met een liefdevol maar pertinent 'nee'. Ik doe deze suggestie niet lichtvaardig. Het kan heel goed de meest pijnlijke mogelijkheid zijn die je ooit heb moeten overwegen, en het kan ook in lijken te druisen tegen alles wat je van Gods hart en wil weet (p. 92).

Vergelijk de tijd die je eerder noemde (toen je je wil moest overgeven aan die van God) met een ander moment, toen je de indruk had dat het Gods wil was dat je tegen de omstandigheden moest vechten. Hoe wist je wat God in deze situaties wilde?

OVERDENKING: HEMEL EN AARDE BEWEGEN

Pete suggereert dat het accepteren van Gods wil soms gepaard gaat met de stadia van rouwverwerking: ontkenning, woede, marchanderen, depressie en aanvaarding. Herken je deze fases in je eigen situatie? Misschien zit je nu midden in een van de fases. Bespreek het of schrijf ze op.

Hoofdstuk 6
Je afvragen waarom

Hoewel we nooit zo zullen lijden als Jezus op die dag, hebben we allemaal onze Goede-Vrijdag-periodes, wanneer pijn, teleurstelling, verwarring of een gevoel van geestelijke verlatenheid maken dat we God de ultieme vraag stellen, 'Waarom?' (p. 99).

ONTDEKKEN: WAAROM?

Soms wordt ons gebed verhoord, maar niet op de manier die we verwachtten. Soms is een half wonder moeilijker te accepteren dan helemaal geen wonder. Misschien wachten we wel de rest van ons leven op de andere helft.

Op welke manier heeft God pijn of incomplete gebedsverhoringen gebruikt in jouw leven of in dat van anderen?

Samie en ik zouden natuurlijk niet graag weer terug willen gaan naar de donkere dagen van hersenchirurgie. Maar we zouden ook niet graag terugkeren naar de tijd toen ons leven nog niet in de ban was van angst. Volgens mij zijn we het liefst de mensen die we door al deze tegenstellingen geworden zijn.

OVERDENKING: DANKZEGGING

Noem eens wat dingen waarvoor je geleerd hebt om God te danken midden in de tijden van pijn. Neem wat tijd om God te danken voor de sporen van zijn goedheid midden in pijn. (Dit betekent dus niet dat je God moet danken voor de pijn zelf, maar dat je God dankt voor wat Hij tijdens en ondanks je situatie doet.)

Gelukkig zijn zij die hun deel van de pijn van de wereld dragen; op de lange termijn zullen ze meer geluk kennen dan degenen die de pijn proberen te vermijden.
Matteüs 5:4 (Phillips-vertaling)

Hoofdstuk 7
Waarom worden mijn gebeden niet beantwoord? Gods wereld

ONTDEKKEN: HET LEVEN IS HARD

Kies twee van de volgende vragen om over te discussiëren:

1. Wat is je hoop voor je leven, je werk, je gezin, je vrienden of je huis?
2. Mike, Pete's vriend zegt: *'En als de dingen gewoon goed gaan, zoals dat soms het geval is ... echt, je moet die perioden waarderen, want ze zijn niet normaal'* (p. 117). Welke dingen hebben jou doen inzien dat het leven 'gewoon hard' is?
3. Vertel iets over je eigen gebeden die misschien niet zijn beantwoord als gevolg van de complexiteit van de schepping
4. Wat vind jij van de constatering van Francis Schaeffer, dat *'onze gebeden voor onszelf bijna alleen maar gericht zijn op het tegen elke prijs kwijtraken van het negatieve in plaats van dat we bidden dat het negatieve met de juiste houding tegemoet zal worden getreden'* (p. 125)[2]

OVERDENKING: GELOOF EN DE ZONDEVAL

Lees Lucas 22:31-32 en 1 Petrus 4:12-19 en beantwoord de volgende vragen:

Deze passages werden geschreven aan christenen die omwille van hun geloof werden vervolgd.

- Wat kunnen we hiervan leren met betrekking tot onze reactie op andere vormen van lijden?

De apostel Paulus verlangt er niet alleen naar 'Christus te kennen en de kracht van zijn opstanding te ervaren,' maar ook 'te delen in zijn lijden' (Fil. 3:10).

- Wat denk je dat dit betekent? Waarom zouden we geroepen zijn dit te doen?

Het christelijk getuigenis en onze uiteindelijke hoop ligt niet in een wonderbaarlijke opeenvolging van wonderbaarlijke ontsnappingen aan al het menselijk lijden. Het gaat juist om de vreugde over een steeds dieper wordende relatie met de 'man die het lijden kende en met ziekte vertrouwd was' (Jes. 53:3), die van ons houdt en in ons leeft (p. 120).

BIDDEN

Dank God voor de enorme schoonheid en complexiteit van de schepping. Het kan helpen om eens wat door een exemplaar van het tijdschrift *National Geographic* te bladeren of naar een natuurdocumentaire van Discovery Channel te kijken.

Hoofdstuk 8
Waarom worden mijn gebeden niet beantwoord? Gods wil

ONTDEKKEN: GODS WIL IS HET BESTE

Over welke gebeden ben je nu ontzettend blij dat God die niet beantwoord heeft?

GODS WEGEN HERKENNEN

Lees Jesaja 55:8-9, Jakobus 4:2-3 en 1 Johannes 5:14-15. Welke dingen hebben jou geholpen om Gods wegen te herkennen en volgens zijn wil te bidden? Hoe kun je dit in de praktijk brengen?

> *Het is als wij 'in overeenstemming met zijn wil' bidden, dat God hoort en handelt, wat betekent dat wonderen alleen gebeuren wanneer onze gebeden in harmonie zijn met Gods ruime verlangens voor ons leven (p. 136).*

GODS WIL IS EEN PERSOONLIJKE RELATIE

Kun je zien hoe pijn, volharding in gebed en het steeds weer uitroepen naar God je dichter bij Hem hebben gebracht?

> *En als we hierop reageren – als we besluiten dat we Hem meer willen dan we zijn dingen willen – gebeurt er iets heel wonderlijks. We worden vanbinnen 'opnieuw bedraad' en onze verzoeken worden ook veranderd doordat we zijn wil voor ons beter leren kennen en daar de voorkeur aan geven boven onze eigen wil, of ze worden gewoon verhoord omdat, wanneer we het koninkrijk van God zoeken, 'al die andere dingen' ons erbij gegeven worden (Mat. 6:33) (p. 139).*

UIT ZIJN OP EEN GROOT AANTAL BEKEERLINGEN

Als God ervoor kiest zijn macht in te perken door mensen hun vrije wil te gunnen, hoe zou je dan kunnen bidden voor familie en vrienden die Hem (nog) niet kennen?

BIDDEN

Bid aandachting het gebed van overgave van George MacDonald op de volgende pagina.

Gebed van overgave

Opnieuw zoek ik U, leid mij – bid ik nog een keer –
Zelfs als het tegen mijn wil ingaat, op uw manier.
Laat mij geen enkel uur het gevoel hebben dat U een vreemde bent,
Of bang van U worden, alsof U een vervreemde kracht bent.
Door twijfel, door geloof, door geluk, door uiterste wanhoop,
Door zonneschijn, wind, of sneeuw, of mist, of regen
Trek mij naar U toe, U die mijn enige dag bent.
George MacDonald

Hoofdstuk 9
Waarom worden mijn gebeden niet beantwoord?
Gods oorlog

ONTDEKKEN: HET GEVECHT VAN JE LEVEN

Als mikpunten van vijandigheid is het onze roeping om stand te houden, nooit twijfelend aan de realiteit van de strijd die tegen onze levens woedt, en ook niet aan de overwinning die ons deel zal worden (p. 165).

Wat vind je van het idee een 'mikpunt van vijandigheid' te zijn? Herken je dit in je leven? Hoe ga je daarmee om?

MOEDIG STANDHOUDEN

Sta stil bij de volgende vragen:

- Wat is het engste dat God je ooit gevraagd heeft te doen? Wat hielp je de confrontatie ermee aan te gaan?
- Wat zijn je moeilijkste worstelingen in het dagelijks leven? Welke overwinningen heb je daarin gezien?

Voor de meesten van ons voelt het opgeven van ons leven zelden heroïsch. In plaats daarvan neemt het de aardse vorm aan van een dagelijkse worsteling… waarbij we anderen voor laten gaan, onze tong in bedwang houden wanneer we kritiek willen hebben en op God vertrouwen als we het bijltje er eigenlijk bij neer willen leggen… We hebben ons alleen nooit goed gerealiseerd dat winnen soms zo hels pijn doet (p. 167).

STANDHOUDEN IN GELOOF

Op welke manieren heeft God je geloof doen groeien? Lees opnieuw de lijst met 'sleutels tot geloof' op pagina ??? en verder. Kies een paar punten uit de lijst en probeer ze een week uit.

Geloof is een relationele vertrouwenshouding die in ons in staat stelt Gods wil te ontvangen op een manier waarop anderen dat niet kunnen. Geloof is een paar open handen (p. ???).

MET VOLHARDING STANDHOUDEN

Lees Lucas 18:1-8.

- Wat zijn de redenen dat je moet bidden en niet opgeven?

MET INTEGRITEIT STANDHOUDEN

Jacobus 5:16 zegt: 'Want het gebed van een rechtvaardige is krachtig en mist zijn uitwerking niet.'

- Ken jij een rechtvaardig persoon wiens gebeden altijd maar lijken te worden beantwoord? Wat kun je daarvan leren?

BIDDEN

Bid met aandacht het gebed ´Help me standvastig te zijn'

Heer,
Help me vandaag stand te houden.
Er is overal beproeving en verleiding.

Als het leven pijn doet,
Word ik verward, oneerlijk, wantrouwend en kritisch.
Ik doe de gordel van de waarheid om.
Als het leven pijn doet,
lijden mijn relaties daaronder, vooral mijn relatie met U
Ik doe het harnas van de rechtvaardigheid aan.
Als het leven pijn doet,
Word ik heel lui of juist extreem druk.
Ik trek de schoenen aan van het evangelie.
Als het leven pijn doet,
Word ik minder waakzaam en ben ik kwetsbaar.
Ik pak het schild van het geloof op.
Als het leven pijn doet,
Ga ik negatief denken en trek ik alles in twijfel.
Ik zet de helm van de verlossing op.
Als het leven pijn doet,
Ben ik een lafaard.
Ik pak het zwaard van het Woord.

Heer, het voelt hier niet erg 'volbracht'.
Ik voel me niet erg 'volbracht'.
Zie me knielen.

Hoofdstuk 10
De stilte verkennen

ONTDEKKEN: DE STILTE VERKENNEN

Wees twee minuten lang helemaal stil en let op de geluiden die hoorbaar worden wanneer je stil wordt. Hoe reageer je op stilte? Probeer je de ruimtes in de conversatie op te vullen? Ontspan je je? Moet je per se muziek of achtergrondlawaai om je heen hebben? Wanneer vind je het het makkelijkst om God te horen?

ALS GOD VERMIST WORDT

Denk na over de volgende uitspraak van Eugene Peterson:

> *'Het verhaal waarin God zijn reddende werk doet, ontstaat te midden van een volk voor wie de voornaamste ervaring van God diens afwezigheid is... Deze schijnbaar oneindige periode waarin de afwezigheid van God werd ervaren, vindt in het grootste deel van ons leven opnieuw plaats en de meesten van ons weten niet wat ze ermee aan moeten' (p. 191).*[3]

WAAROM IS GOD AFWEZIG?

Beantwoord de volgende vragen:

- Als het de primaire roeping van ons leven is om God lief te hebben met heel ons hart, heel onze ziel en heel ons verstand, waarom verbergt Hij zich dan voor ons? Waarom hult Hij zich in een wolk?
- Maarten Luther betoogt dat God zich terugtrekt om onze relatie met Hem te verdiepen. Pete suggereert ook nog dat God soms stil is om ons te leren leven zonder 'toezicht door volwassenen', om te leren fietsen zonder zijwieltjes. Hoe denk jij daarover?
  Ik ben van mening dat de negatieve theologie wel kan helpen, maar dat deze niet volledig rekening houdt met het feit dat wanneer God zwijgt, Hij niet afwezig is (p. 203).
- Maak een wandeling en denk eens terug aan een tijd waarin het voelde alsof God afwezig was. Vraag Hem je te laten zien hoe Hij daarop terugkijkt.

> *Als ik deze zaken God voorleg, krijg ik geen antwoord. Maar het is een speciaal soort 'geen antwoord'. Het is niet de gegrendelde deur. Het is veel meer iets van een stil, zeker niet onbarmhartig staren. Het is alsof Hij zijn hoofd schudt, niet als een weigering maar om de vraag af te weren. Zoiets als 'Kalm mijn kind; je begrijpt het niet' (p. 203).*[4]

Hoofdstuk 11
De stilte omarmen

De grote beproevingen in het leven kunnen ons óf bitter maken óf beter. Ze laten ons nooit onveranderd (p. 205).

Al was het alleen maar om mezelf voor bitterheid te behoeden, maar ik heb geprobeerd om mijn persoonlijke moeilijkheden te zien als een kans om mijzelf te veranderen en anderen, die door de tragische situatie verwond zijn geraakt, te helen.[5]

Pete suggereert dat we manieren moeten vinden om de stilte op een creatieve manier te omarmen, door de manier waarop God eerder sprak en bewoog te gedenken, te zoeken en erover te spreken.

TERUGKIJKEN:
JE GODS WOORD HERINNEREN IN DE STILTE

- Aan welke gedeelten uit de Bijbel heb je tijdens je reis het meest gehad? Zoek ze op en sta erbij stil. Probeer Psalm 18, 22, 23, 88 en 89:46-52 te lezen of blader door Job, Jeremia, Klaagliederen en de evangeliën.

Zoek een serie bijbelstudies die bij je past en neem aan de hand daarvan een enkel bijbelboek door, zoals bijvoorbeeld het boek *Marcus voor iedereen* van Tom Wright. Denk ook aan de laatste keer dat God dicht bij je was en duidelijk tot je sprak. Probeer alles wat je er nog van weet goed te overdenken.

OM JE HEEN KIJKEN:
GOD ONTMOETEN IN ANDERE MENSEN EN PLAATSEN

Aan welke concrete tekenen van Gods goedheid moet je je vasthouden? Welke gebeden heeft Hij in het verleden beantwoord en zijn nu duidelijk zichtbaar in je leven? Ken je iemand die het voor jou makkelijker maakt om te geloven? Misschien moet je die eens bellen of, beter nog, deze week opzoeken.

UITSPREKEN

Probeer te bevestigen wat je leert of wat je weet dat waar is – wat God in het verleden voor je gedaan heeft, dat Hij van je houdt, dat soort dingen. Spreek dit hardop uit, in gebed of in gesprekken. Schrijf daarna een gebed aan God waarin je Hem vertelt waarom je van Hem houdt. Vertel je verhaal – en wees daarbij eerlijk – aan iemand die God nog niet kent.

BIDDEN

Bid met aandacht het gebed van Alan E. Lewis.

GEBED

Hoor ons gebed voor een wereld die nog steeds een Paaszaterdagbestaan leeft, verdrukt en eenzaam, schuldig aan goddeloosheid en overtuigd van godvergetenheid. Wees morgen nog steeds de God die U vandaag bent en gisteren reeds was: God met ons in het graf – die daardoor de angel uit de dood trekt en in uw definitieve koninkrijk een nog grotere overwinning belooft van overvloedige genade en leven dat de dimensie van zonde en dood overstijgt. En vanwege uw gezegende begrafenis, waarin wij zijn gedoopt, moge U voor eeuwig verheerlijkt zijn. Amen.

Hoofdstuk 12
Levende hoop

LOUTEREND VUUR

> *Er is een goddelijk soort chemie aan het werk in al het lijden dat trouw wordt doorstaan. We kijken terug en zien dat het de dieptepunten waren, en niet de hoogtepunten, die God in goud veranderde (p. 226).*

Zoek Romeinen 8:28 op.

- Wat vind je van deze belofte?
- Kun je die ook op je persoonlijke omstandigheden toepassen?

APOSTELEN

Lees en denk na over het opstandingsverhaal uit een van de evangeliën: Matteüs 28, Marcus 16, Lucas 24 of Johannes 20-21. Neem er goed de tijd voor als je dit alleen doet en probeer je tijdens het lezen te verplaatsen in Maria of Petrus.

- Welke vraag denk je dat God aan jou stelt?
- Kun je bedenken hoe je jouw liefde voor de Heer zou kunnen laten blijken – op welke (kleine) manier dan ook?

Hoofdstuk 13
Meer dan wonderen

Lees 1 Petrus 1:4, 2 Korintiërs 5:1 en Filippenzen 3:20. Beantwoord de volgende vragen:

- Hoe duidelijk is jouw beeld van de hemel?
- Wat denk je dat je in de eeuwigheid zult doen? Wat verwacht je dat er in de hemel op je wacht?

Alleen Gods woord blijft eeuwig bestaan. Of het nou door wonderbaarlijke verhoring van gebed of juist door lijden waar geen eind aan lijkt te komen gebeurt, alleen wat God tegen ons zegt en in ons doet leeft voort. Alleen die dingen blijven bestaan.

Bijlage D

Verwijzingen

Introductie

1. Karl Barth, *Prayer and Preaching.* London, U.K.: SCM Press 1964, p. 19.
2. Annie Dillard, *Pilgrim at Tinker Creek.* New York: Harper Perennial, 1998) p. 205.

Hoofdstuk 1 Confetti

1. Karl Barth, *Church Dogmatics.* vol. 3, part 3, ed. G.W. Bromiley en T.F. Torrance, Edinburgh, U.K.: T & T Clarke Publishers, 1960, p. 268.
2. Idem.

Hoofdstuk 2 Magische vruchten zoeken en tranen vinden

1. Andrew Murray, *In de gebedsschool van Jezus.* HeartCry, 2004, p. 68.
2. C.S. Lewis, *Het neefje van de tovenaar.* Kampen: Callenbach, 2000, p. 117.
3. Idem, p. 123-124.
4. C. S. Lewis, *Verdriet, dood en geloof.* Franeker: Van Wijnen, 1989, p. 31.
5. Bertrand Russell, *The Autobiography of Bertrand Russell.* New York: Routledge, 2000, p. 194.
6. Roger Steer, *J. Hudson Taylor: A Man in Christ.* Littleton, CO: OMF Books, 1990, p. 356.
7. Brennan Manning, *Ruthless Trust.* London, U.K.: SPCK Publishing, 2002, p. 37.
8. Jenny Robertson, *Windows to Eternity.* Oxford, U.K.: BRF Publishing, 1999, n.p.

Hoofdstuk 3 Het mysterie ingaan

1. John Kirvan, *God Hunger.* Notre Dame, IN: Sorin Books, 1999, p. 50.
2. De term 'theodicee' werd in 1710 bedacht door de Duitse filosoof Gottfried Leibniz in een artikel waarin hij aantoont dat het kwaad in de wereld niet tegenstrijdig is met de goedheid van God.
3. Harold S. Kushner, *When Bad Things Happen to Good People.* New York: Shocken Books, 1981, pp. 158–159. Kushners ideeën zijn gebaseerd op het werk van de christelijke theologe Dorothee Sölle, die betoogde dat de holocaust het traditionele joods-christelijke dogma van Gods almacht onhoudbaar maakt.
4. Idem, p. 45.
5. C.G. Jung, *Antwoord op Job*, Rotterdam: Lemniscaat, 1978, 1998, p. 28.
6. Idem, p. 15.
7. Van de drie standpunten die hier beschreven worden, is de meest 'christelijke' misschien wel de meest mystieke. Dit idee is verkend door vele mystici, zoals Johannes van het Kruis en de moderne 'negatieve' theologen. In hoofdstuk 10 zullen we kijken naar de sterke en zwakke kanten van dit standpunt.
8. Elie Wiesel, *The Night Trilogy: Night, Dawn, The Accident.* New York: Hill and Wang, 1987, pp. 73–75.
9. Reeve Robert Brenner, *The Faith and Doubt of Holocaust Survivors.* New York: The Free Press, 1980, pp. 103–105.
10. Harold S. Kushner, *When Bad Things Happen to Good People*, pp. 99–100.
11. W.H. Auden, *For the Time Being: Advent.* New York: Random House, 1976, p. 274.
12. Bert Ghezzi, *The Sign of the Cross: Recovering the Power of Ancient Prayer.* Chicago: Loyola Press, 2004, pp. 3–5. Ik heb mijn best gedaan de oorsprong van dit verhaal te achterhalen, maar zonder succes. Ik kan me herinneren het ergens gelezen te hebben, maar de mogelijkheid bestaat dat het apocrief is.

Hoofdstuk 4 Naakt gebed

1. Dorothee Sölle, *Lijden*. Philadelphia, PA: Fortress Press, 1975, p. 76.
2. Bono, introductie van *Selections From The Book of Psalms*. New York: Grove Press, 1999) p. viii.
3. Ik ben Cecily Kellogg er erg dankbaar voor dat ze me toestemming heeft gegeven voor het citeren van stukken van haar blog http://uppercasewoman.com/
4. Eugene Peterson, *Christ Plays in Ten Thousand Places: A Conversation in Spiritual Theology*. Grand Rapids, MI: Wm. B. Eerdmans Publishing, 2005, n.p.
5. Walter Brueggemann, *The Prophetic Imagination*. Philadelphia, PA: Fortress Press, 2001, p. 57.
6. Richard Foster, *Gebed; waar het hart zijn thuis vindt*. Hoornaar: Gideon, 1996, p. 38.
7. Joseph M. Scriven, 'What a Friend We Have in Jesus', 1855.

Hoofdstuk 5 Een donkerder vertrouwen

1. Floyd McClung, *Living on the Devil's Doorstep*. Word Publishing, 1988, p. 39.
2. Barry K. Ray, M.D., Manuel C. Vallejo, M.D. en Mitchell D. Creinin, M.D., et al., 'Amniotic Fluid Embolism with Second Trimester Pregnancy: A Case Report', *Canadian Journal of Anesthesia*, vol. 51, 29 mei 2003, pp. 139–144. www.cja-jca.org/cgi/content/full/51/2/139.
3. Dylan Thomas, *The Poems*. J.M. Dent & Sons, 1971.
4. Joan Chittister, geciteerd in: Jim Wallis en Joyce Hollyday, eds., *Clouds of Witnesses*. Maryknoll, NY: Orbis Books, 2005.
5. The Schomburg Center for Research in Black Culture, *Standing In the Need of Prayer*. New York: Free Press, 2003, p. 145.

Hoofdstuk 7 Gods wereld

1. C.S. Lewis, *Het probleem van het lijden*. Kok: Kampen, 2005, p. 27.
2. Jezus nodigt ons uit – en Paulus raadt ons aan – te bidden over de details van ons leven (zie Mat. 7:7; Ef. 6:18, Fil. 4:6).
3. C.S. Lewis, *Het probleem van het lijden*, p. 33.
4. Idem, p. 33
5. Idem, p. 14
6. C.S. Lewis, *God in the Dock* (Grand Rapids, MI: Wm. B. Eerdmans Publishing Company, 1994), n.p.
7. G.K. Chesterton, *Orthodoxie*. Kampen: Kok, Kampen, 2001, p. 107.
8. Alexander Solzhenitsyn, *One Day in the Life of Ivan Denisovich*. New York: Signet Classics, 1998, p. 139.
9. Idem.
10. Francis Schaeffer, *True Spirituality*. Wheaton, IL: Tyndale House, 1971, p. 26–27.
11. D.M. Lloyd-Jones, *The Christian Warfare*. Edinburgh, U.K.: The Banner of Truth, 1976, p. 115.
12. Alan E. Lewis, *Between Cross and Resurrection*. Grand Rapids, MI: Wm. B. Eerdmans Publishing Company, 2003, p. 425.

Hoofdstuk 8 Gods wil

1. Annie Dillard, *Pilgrim at Tinker's Creek*. New York: Bantam Books, 1974, p. 16.
2. P.T. Forsythe, *The Soul of Prayer*. Vancouver, Canada: Regent College, 2002, p. 12.
3. Eileen Crossman, *Mountain Rain*. Littleton, CO: OMF Books, 1982, p. 89.
4. Arthur Green en Barry W. Holtz, *Your Word Is Fire*. New York: Paulist Press, 1977, p. 24.
5. John Newton, *Letters of John Newton*. Edinburgh, U.K.: Banner of Truth, 1960, n.p.
6. P.T. Forsythe, *The Soul of Prayer*, p. 18.
7. C.S. Lewis, *Het probleem van het lijden* Kok: Kampen, 2005, p. 25.
8. Alan E. Lewis, *Between Cross and Resurrection*. Grand Rapids, MI: Wm. B. Eerdmans Publishing Company, 2003, p. 414. Lewis schrijft dat 'God afhankelijkheid is die oneindig is gemaakt'.
9. Barbara Brown Taylor, *When God Is Silent*, Cowley Publications, 1998, n.p.

10. Francis Thompson, 'The Hound of Heaven,' 1910.
11. George MacDonald, *Diary of an Old Soul.* London, U.K.: SPCK Publishing, 2001, p. 46.

Hoofdstuk 9 Gods oorlog

1. Walter Lippmann, zoals aangehaald in Phillip Yancey, *Geruchten uit een andere wereld*, Heereveen: Jongbloed, 2003, p.119.
2. Idem.
3. Chris Cook, 'Demon Possession and Mental Illness,' Kent Institute of Medicine and Health Science, University of Kent in Canterbury, 11 mei 1997.
4. C.S. Lewis, *Brieven uit de hel*. Kampen, Kok, 2002,p. 9.
5. Tom Wright, *The Epistles of Paul to the Colossians and to Philemon: An Introductory Commentary.* Downers Grove, IL: InterVarsity Press, 1986, p. 114.
6. George Eldon Ladd, *The Gospel of the Kingdom.* Grand Rapids, MI: Wm. B. Eerdmans Publishing Company, 1959, p. 39.
7. 'Omaha Beach,' Wikipedia.com, en.wikipedia.org/wiki/Omaha_Beach (geraadpleegd in november 2006).
8. Chuck Lowe, *Territorial Spirits and World Evangelization.* Littleton, CO: OMF Books, 1998, p. 70.
9. Arthur Wallis, *God's Chosen Fast.* Oldbury, U.K.: Christian Literature Crusade, 1986, n.p.
10. Maarten Luther, *Faith and Freedom.* New York: Vintage Classics, 2002, p. 95.
11. Brennan Manning, *Ruthless Trust.* London, U.K.: SPCK Publishing, 2002, p. 13.
12. Dallas Willard, *God verstaan*, Amersfoort: Inside Out Publishers 2005, p. 199.
13. Dagboek aantekening van J. O. Fraser van 6 februari 1916, zoals aangehaald in: Geraldine Taylor, *Behind the Ranges.* Littleton, CO: OMF Books, 1944, p. 89.
14. Idem, p. 156.
15. Idem.
16. Augustine, *The City of God.* New York: The Modern Library, 1994, p. 327.
17. Martin Luther, zoals aangehaald in: J. Pelikan en H. Lehmann, eds., *Luther's Works.* St. Louis, MO: Concordia Publishers, 1974, p. 105.
18. C.S. Lewis, *Brieven uit de hel*, pp. 44–46.

Hoofdstuk 10 De stilte verkennen

1. Rabindranath Tagore, *Gitanjali.* Boston, MA: Digireads.com, 2005, p. 25.
2. C.S. Lewis, *Verdriet, dood en geloof.* Franeker: Van Wijnen, 1989, p. 9
3. Eugene Peterson, *Christ Plays in Ten Thousand Places.* Grand Rapids, MI: Wm. B. Eerdmans Publishing Company, 2005, p. 153.
4. Idem.
5. Martin Luther, zoals geciteerd in Alan E. Lewis. *Between Cross and Resurrection: A Theology of Holy Saturday.* Grand Rapids, MI: Wm. B. Eerdmans Publishing Company, 2001, p. 2.n.
6. Zie Craig L. Blomberg, *The Historical Reliability of John's Gospel.* Downer's Grove, IL: InterVarsity Press, 1998, p. 265.
7. *Il Segreto di Madre Teresa.* Het geheim van Moeder Teresa, zoals geciteerd in: Bruce Johnston, *'Mother Teresa's Diary Reveals Her Crisis of Faith'*, Telegraph.co.uk, 29 november 2002.
8. Moeder Teresa, zoals geciteerd in: Bruce Johnston en Brigid Delany, *'Does God Exist? The Agony of Teresa,'* November 30, 2002. www.smh.com.au/articles/2002/11/29/1038386314539.html (November 2006).
9. Bruce Johnston, *'Mother Teresa's Diary Reveals Her Crisis of Faith.'*
10. Fr. Cyril Halley, zoals geciteerd: in Bruce Johnston en Brigid Delany, *'Does God Exist? The Agony of Teresa'*.
11. Tim Chester, *The Message of Prayer*. Downer's Grove, IL: InterVarsity Press, 2003, p. 240.
12. Elie Wiesel, *Night*. New York: Bantam Books, 1982, p. 62.
13. Jürgen Moltmann, *The Crucified God.* London, U.K.: SCM Press, 1999, pp. 273–274.
14. Rudolf Bultmann, zoals geciteerd in: Moltmann, *The Crucified God*, p. 148.

15. Albert Camus, zoals geciteerd in: Moltmann, p. 226. Sommigen brengen hier Heb. 12:2 tegenin, waar staat dat Jezus, 'denkend aan de vreugde die voor hem in het verschiet lag, zich niet liet afschrikken door de schande van het kruis.' Maar uit Jezus' schreeuw blijkt duidelijk dat Hij in de eigenlijke laatste momenten vlak voor zijn dood de schande van het kruis niet zo gering achtte, en ook niet zodanig uitkeek naar de vreugde die voor Hem in het verschiet lag, dat het de extreme fysieke, mentale en spirituele crisis verlichtte of verzachtte.
16. Raniero Cantalamessa, *'The Rocks Were Split'*, De derde meditatie in de vastentijd aan het Pauselijk huishouden, April 7, 2006. www.cantalamessa.org/en/2006quaresima3.htm (november 2006). Cantalamessa maakt onderscheid tussen wat hij 'actief atheïsme' noemt en het 'passieve atheïsme' van degenen die de verlatenheid van God ervaren: 'In feite is er een actief atheïsme, dat schuldig is, het wijst God af, en er is een passief atheïsme, van bestraffing en boetedoening, dat daarin bestaat dat men afgewezen wordt of zich afgewezen voelt door God.'
17. P.T. Forsythe, *The Soul of Prayer.* Vancouver, B.C.: Regent College Publishing, 1997, p. 12.
18. R.S. Thomas, *Later Poems: 1972–1982*. London, U.K.: Macmillan London Ltd., 1983, p. 23.
19. C.S. Lewis, *Verdriet, dood en geloof*, p. 66

Hoofdstuk 11 De stilte omarmen

1. Martin Luther King Jr., *'Suffering and Faith,'* Christian Century Magazine, 27 april 1960.
2. Pelletier, zoals geciteerd in: Raymond E. Brown, *The Death of the Messiah,* vol. 2 New York: Doubleday Books, 1994, p. 1112.
3. Flavius Josephus, *The Jewish War*, 5.5.4, no. 213–14, zoals geciteerd in Raymond E. Brown, *The Death of the Messiah,* p. 1112.
4. Kushner, zoals geciteerd in Raymond E. Brown, *The Death of the Messiah,* p. xiv.
5. Ben Irwin, 'Five Minutes with Rob,' voor het eerst gepubliceerd in *Relevant Magazine*, 23 mei 2006. Rob Lacey, vader, echtgenoot en schrijver van *The Word on the Street*, een moderne hervertelling van de Bijbel, stierf op 1 mei 2006. Meer informatie over zijn boeken vind je op zijn website www.thewordonthestreet.co.uk.
6. Aartsbisschop Desmond Tutu, in een toespraak voor de Zuid-Afrikaanse Waarheidscommissie, 11 september 2002, www.cathedral.org/cathedral/worship/911images/dt020911.shtml (geraadpleegd in november 2006).

Hoofdstuk 12 Levende hoop

1. Rabindranath Tagore, *Gitanjali.* New York: Penguin Classics, 2005, p. 272.
2. Hoewel de synoptische evangeliën minder duidelijk zijn op dit punt, beschouwt het evangelie van Johannes vrijwel zeker Maria van Magdala en Maria van Betanië als dezelfde persoon. Het vermeende 'bewijs' dat wordt gebruikt in Dan Browns boek *The Da Vinci Code* (waarin wordt gesuggereerd dat Maria van Magdala in feite Jezus' vrouw was en de leider van de eerste kerk) is een historische dwaling, omdat het is gebaseerd op bepaalde gnostische teksten die pas na de bijbelse evangeliën zijn geschreven.
3. Gregory A. Boyd, *Is God to Blame?* Downers Grove, IL: InterVarsity Press, 2003, p. 161.
4. W.H. Auden, *Twelve Songs* (song VIII) from *Collected Poems*. New York: Vintage International, 1991, p. 135.

Hoofdstuk 13 Meer dan wonderen

1. Tim Chester, *The Message of Prayer.* Downers Grove, IL: InterVarsity Press, 2003, p. 243.
2. N.T. Wright, *'Jesus' Resurrection and Christian Origins'*, oorspronkelijk uitgegeven in Gregorianum, vol. 83, no. 4, 2002, pp. 615–635.
3. J.R.R. Tolkien, *The Return of the King.* New York: Ballantine Books, 1978, p. 283.
4. John Bunyan, *The Pilgrim's Progress.* New York: Penguin Classics, 1987, pp. 136–138.

Bijlage C Gespreksvragen voor kringen en huisgroepen

1. Andrew Murray, *With Christ in the School of Prayer* Spire, 1965), p. 68.
2. Francis Schaeffer, *True Spirituality*. Wheaton, IL: Tyndale House, 1971, pp. 26–27.
3. Eugene Peterson, *Christ Plays in Ten Thousand Places*. Grand Rapids, MI: Wm. B. Eerdmans Publishing Company, p. 153.
4. C. S. Lewis, *Verdriet, dood en geloof*, Franeker: Van Wijnen, 9e druk 2013, p. 66
5. Martin Luther King Jr., 'Suffering and Faith,' *Christian Century Magazine*, 27 April 1960.

Dankwoord

Ik ben ontzettend dankbaar voor degenen die het manuscript hebben uitgepluisd in de verschillende stadia. De fouten zijn allemaal door mijzelf gemaakt, maar deze mensen hebben *Als God zwijgt...* veel beter gemaakt dan het anders zou zijn geweest: James Greig, Gill en Peter Greig-Allen, Carla en Steve Harding, Phil Togwell en in het bijzonder de legendarische Stephanie Heald.

Dank komt ook toe aan Linnea Spransy, Brian McLaren, Friar Jon Peterson, Rev. Mike Fox, Roger Forster, Mike Ash en de Lange Magere Kiwi voor hun input. Ik ben veel verschuldigd aan Richard Herkes, Les Moir en Carolyn Owen van Kingsway (Survivor) en aan Alex Field, Bill Greig III, en Roger Thompson van Regal Books.

Ook veel dank voor de moedige mensen die me toestemming hebben gegeven om hun verhaal te vertellen: Sheila Giffard-Smith, Cecily Kellogg, Mike en Jo King, Rob Morris, Greg Russinger, Misha en Lionel Thompson, Floyd en Sally McClung en Ben Irwin.

Graag wil ik ook mijn dankbaarheid uiten aan de mensen die door hun toewijding, praktisch of in gebed, dit geweldige leven mogelijk maken: Andy en Andrea voor de plek die ze me gegeven hebben waar ik kon schrijven, Helen Monkton voor het in vorm houden van mijn rug, Susan en Peter in Canada, Will en Dani in Zwitserland, Tony en Jo in Zambia, Roger en Donna in Tulsa, Andrew en Linda, Baz en Linda, Ken en Fiona, Richard en Steph en, natuurlijk, Daniel B. waar je nu ook bent.

En ten slotte...

Samie, ik heb er geen woorden voor. Ruim 80.000 staan er tussen de kaften van dit boek en nog kan ik niet de juiste vinden die duidelijk maken hoeveel ik van je houd en hoe dankbaar ik ben dat je iedere dag nog steeds hier bij me bent. Bedankt dat ik je verhaal mocht vertellen.

Hudson en Danny, jullie mogen dit boek niet lezen voordat jullie in ieder geval 16 zijn! Jullie hebben echter wel geholpen bij het schrijven, op manieren die jullie nooit zullen weten. Jongens, jullie hebben van me gehouden, me ondersteund en Gods woord tot me gesproken door alle moeilijkheden heen die beschreven zijn in dit boek. En van over de hele wereld hebben mensen van jullie gehouden en voor jullie gebeden, want jullie zijn heel, heel speciaal. Wat er ook gebeurt, houd er nooit mee op om op God te vertrouwen – jullie Vader en de mijne.

Nawoord

Samie Greig

Ik ben er dolenthousiast over dat Pete *Als God zwijgt…* geschreven heeft. De laatste jaren zijn een moeilijke en pijnlijke reis voor ons geweest, maar ze hebben ons ook dichter bij Hem gebracht en ervoor gezorgd dat we meer over Gods hart hebben geleerd.

Het terugkijken op de gebeurtenissen van de laatste vijf jaar (zodat we zo eerlijk mogelijk konden zien wat er in onze levens is gebeurd sinds de tumor werd ontdekt) heeft ons beiden verrast. Soms waren we in tranen, soms zelfs midden in de nacht, en riepen we op oude en nieuwe manieren uit naar God. Op andere momenten konden we niets anders dan Hem danken voor de geweldige dingen die Hij heeft gedaan.

Dit is echt het boek geworden waar ik op hoopte toen ik als gevolg van mijn diagnose wanhopig zocht naar hoop, hulp en antwoorden. Het is mijn gebed dat onze eerlijkheid over onze moeilijke tijden (hoewel ik vind dat Pete me positiever heeft beschreven dan ik verdien) iemand, ergens, die worstelt met onbeantwoorde gebeden kan helpen. Ik begrijp lang niet altijd wat God in mijn leven doet, maar ik weet zeker dat Hij te vertrouwen is.

> *In hem worden alle beloften van God ingelost; en daarom is het ook door hem dat we amen zeggen, tot Gods eer.*
> 2 Korintiërs 1:20

Samie Greig,
Guildford England